# KÜNSTLICHE INTELLIGENZ
# IM KLARTEXT

ALISON CAWSEY

# KÜNSTLICHE INTELLIGENZ

## IM KLARTEXT

ein Imprint von Pearson Education

München • Boston • San Francisco • Harlow, England
Don Mills, Ontario • Sydney • Mexico City
Madrid • Amsterdam

Bibliografische Information Der Deutschen Bibliothek

Die Deutsche Bibliothek verzeichnet diese Publikation in der Deutschen Nationalbibliografie;
detaillierte bibliografische Daten sind im Internet über *http://dnb.ddb.de* abrufbar.

Umwelthinweis:
Dieses Produkt wurde auf chlorfrei gebleichtem Papier gedruckt.

10  9  8  7  6  5  4  3  2  1

06  05  04  03

ISBN 3-8273-7068-X


© 2003 Pearson Studium
ein Imprint der Pearson Education Deutschland GmbH
Martin-Kollar-Straße 10–12, D-81829 München/Germany
Alle Rechte vorbehalten
www.pearson-studium.de
Übersetzung: Monica Gröver, Euskirchen
Lektorat: Dr. Isabel Schneider, ischneider@pearson.de, Sandra Schaper
Fachlektorat: Horst Samulowitz, Stolberg
Korrektorat: Marita Böhm, München
Einbandgestaltung: helfer grafik design, München
Herstellung: Monika Weiher, mweiher@pearson.de
Satz: mediaService, Siegen (www.media-service.tv)
Druck und Verarbeitung: Media Print, Paderborn

Printed in Germany

## KÜNSTLICHE INTELLIGENZ

## IM KLARTEXT

# INHALTSVERZEICHNIS

# VORWORT ZUR DEUTSCHEN AUSGABE

Sie halten einen Band der Reihe „Im Klartext" in den Händen. Und das ist gut so. Denn mit dem Kauf oder dem Ausleihen dieses Buchs (Ersteres ist uns als Verlag natürlich lieber) haben Sie sich in die optimale Ausgangslage gebracht, um sich nun rasch und effektiv auf eine Vorlesung, Klausur oder mündliche Prüfung vorbereiten zu können. Oder um sich einen Überblick über ein bestimmtes, für Sie neues Thema zu verschaffen. Oder um schon fast vergessenes Grundwissen aufzufrischen. Oder ...

Es gibt viele gute Gründe, zu einem „Im Klartext"-Buch zu greifen, und unterschiedliche Möglichkeiten, es durchzuarbeiten. Sie können das Buch ganz klassisch von der ersten bis zur letzten Seite durchlesen oder spontan einzelne Themen herausgreifen und sich nur das entsprechende Kapitel anschauen. Bei der Orientierung helfen Ihnen die Lernziele am Kapitelanfang und die Kapitelzusammenfassungen. Natürlich kann ein schmales Buch wie dieses nicht das gesamte Wissen eines komplexen Fachgebiets oder einer vierstündigen Vorlesung über zwei Semester enthalten. Deshalb gibt es in jedem „Im Klartext" Hinweise auf weiterführende Literatur, mit der Sie das nun vorhandene Grundwissen anschließend vertiefen können. In den aus dem Englischen übersetzten „Im Klartext"-Büchern wurden die Literaturhinweise am Ende des Buchs um deutschsprachige Literatur ergänzt.

Um eine bessere Lesbarkeit zu erreichen, wurde auf die Doppelnennung bei Personenbezeichnungen verzichtet, es sind aber selbstverständlich beide Geschlechter gemeint und angesprochen.

Alle „Im Klartext"-Bände wurden von Dozenten geschrieben, die ihre Erfahrungen aus dem Unterricht mitbringen und wissen, wo Studierende oft Verständnisprobleme oder Wissenslücken haben. Durch die Übungsaufgaben im Buch können Sie testen, ob Sie alles Gelesene auch verstanden haben. Und weil es sich gemeinsam mit anderen leichter lernen lässt, laden wir Sie ein, Ihre Lösungen mit den anderen Lesern dieses Buches zu teilen. Das geht so:

Lösen Sie eine Aufgabe aus dem Buch. Überprüfen Sie anschließend, ob auf der Website bereits eine Lösung zu dieser Aufgabe vorhanden ist – wenn ja, können Sie überprüfen, ob Sie richtig liegen. Wenn nicht, schicken Sie uns Ihre Lösung! (Die Adresse hierfür: *info@pearson-studium.de*).

Wenn Sie die erste richtige Lösung zu einer Aufgabe einsenden, stellen wir sie (gerne mit Angabe Ihres Namens) auf die Website. Wenn Sie uns mehr als drei richtige Lösungen schicken, die noch nicht vorhanden waren, bedanken wir uns außerdem mit einem kostenlosen Klartext-Band Ihrer Wahl.

Wir freuen uns auf ihre Lösungsvorschläge!

Und nun viel Spaß mit „Im Klartext"

Ihr Lektorat Pearson Studium

# VORWORT

Lehrbücher zur künstlichen Intelligenz (KI) scheinen immer umfangreicher zu werden. Dieses Buch versucht, diesen Trend umzukehren und eine prägnante und zugängliche Einführung in das Thema zu bieten, die besonders für Einführungskurse im Rahmen eines Informatikstudiums geeignet ist.

Das Buch nähert sich dem Thema nüchtern und versucht, es zu entmystifizieren, greifbar und transparent zu machen. Es werden durchgängig Beispiele und Algorithmen angeführt. Ich möchte, dass der Leser in die Lage versetzt wird, einfache KI-Systeme zu programmieren, z.B. Expertensysteme, Spielsysteme, Programme, die lernen, und sprachverarbeitende Systeme. Dies ist ein einführendes KI-Buch für Programmierer und nicht für Mathematiker.

Das Buch bietet eine solide Einführung in die Schlüsselthemen der KI. Um aber prägnant zu sein und verständliche Ansichten der Themen zu bieten, ist es unerlässlich, dass bestimmte Themen ausgelassen oder nur gestreift werden. Ich hoffe, dass die Lektüre dieses Buchs die Leser anregen wird, aus längeren oder spezialisierteren Lehrbüchern oder aus der Forschungsliteratur selbst mehr über einzelne Themen herauszufinden.

In diesem Buch wird keine bestimmte Programmiersprache vorausgesetzt (oder gelehrt). Ein Großteil der dargestellten Algorithmen und Techniken kann in einer Vielzahl unterschiedlicher Sprachen vernünftig implementiert werden. Bei einigen Themen (z.B. Sprachverarbeitung) erlaubt die Sprache Prolog einfache erste Schritte. Eine grundlegende Vertrautheit mit Prolog wäre daher nützlich, ist aber nicht erforderlich. Einige kleine Prolog-Programme veranschaulichen unterschiedliche Themen und eine Reihe von Links zu weiteren KI-Sites im Internet finden Sie über die Website zu diesem Buch unter:

*http://www.pearson-studium.de*

Dieses Buch basiert auf Kursmaterialien, die von der Autorin für Einführungskurse zur KI und Expertensystemen an der Glasgow University verwendet wurden, während des Lehrauftrags an der Heriot-Watt University aber erweitert und überarbeitet wurden. Ich möchte den Studenten danken, die mich dazu gebracht haben, mir Gedanken darüber zu machen, wie dieses Material klar präsentiert werden kann. Den Fachbereichen von Glasgow und Heriot-Watt danke ich dafür, dass sie mir (irgendwie) genug Zeit gelassen haben, um das Buch zu beenden! Danke auch an Sandra dafür, dass sie mir bei der Formatierung geholfen hat. Und natürlich an Richard, der mich immer glücklich sein lässt.

# 1

# EINFÜHRUNG

**Lernziele**

Einführung in die Grundlagen der künstlichen Intelligenz (KI)

**Sie sollten in der Lage sein:**

➜ typische KI-Aufgaben zu beschreiben

➜ die Techniken zu umreißen, die erforderlich sind, um KI-Probleme zu lösen

➜ die Erfolge und Aussichten der KI zu erörtern

## 1.1 WAS IST KÜNSTLICHE INTELLIGENZ?

Die künstliche Intelligenz (KI) ist ein weites Feld und bedeutet für unterschiedliche Personen unterschiedliche Dinge. Sie beschäftigt sich damit, Computer dazu zu bringen, Aufgaben auszuführen, die menschliche Intelligenz erfordern. Es gibt aber viele Dinge – wie z.B. komplexe Arithmetik –, bei denen wir zu Recht davon ausgehen, dass sie Intelligenz erfordern, und die Computer ganz leicht vollbringen können. Im Gegensatz dazu gibt es viele Dinge – z.B. ein Gesicht erkennen –, die Menschen tun können, ohne überhaupt darüber nachzudenken, und die sich nur sehr schwer automatisieren lassen. Die künstliche Intelligenz beschäftigt sich mit derartigen schwierigen Aufgaben, die komplexe und anspruchsvolle Folgerungsprozesse und Wissen erfordern.

Es gibt verschiedene Gründe, zu versuchen, die menschliche Intelligenz zu automatisieren. Ein Grund besteht einfach darin, sie besser zu verstehen. Wir wären z.B. möglicherweise in der Lage, Theorien zur menschlichen Intelligenz zu testen und zu verfeinern, indem wir Programme schreiben, die versuchen, Aspekte des menschlichen Verhaltens zu simulieren. Ein weiterer Grund besteht darin, dass wir uns klügere Programme und Maschinen wünschen. Es ist uns vielleicht nicht wichtig, ob die Programme menschliche Folgerungsprozesse akkurat simulieren, aber indem die menschlichen Urteilsprozesse studiert werden, können wir nützliche Techniken entwickeln, um schwierige Probleme zu lösen.

Die ultimative schlaue Maschine ist vielleicht der menschenähnliche Roboter aus Science-Fiction-Geschichten und das endgültige Ziel besteht vielleicht darin, eine wirklich intelligente Maschine zu entwickeln. Wir können uns darüber streiten, ob es möglich oder auch nur wünschenswert ist, solch ein Ziel zu erreichen. Diese Streitigkeiten haben aber kaum Auswirkungen auf die praktische Arbeit der Entwicklung von schlaueren Programmen und darauf, dass wir ein besseres Verständnis unserer eigenen Denkprozesse erreichen.

Die KI ist ein faszinierendes Studienobjekt, da sie sich mit so vielen verschiedenen Themenbereichen überschneidet, und zwar nicht nur innerhalb der Informatik. Dazu gehören Psychologie, Philosophie und Linguistik. Diese verschiedenen Bereiche tragen auf unterschiedliche Arten zu unserem Verständnis dazu bei, wie wir intelligent und effektiv agieren und kommunizieren können. Einsichten aus diesen (und anderen) Bereichen helfen uns dabei, Computer dazu zu bringen, Aufgaben zu vollbringen, die Intelligenz erfordern. Dies wirft wiederum Licht auf die menschliche Intelligenz, was auch Rückschlüsse auf die verwandten Disziplinen erlaubt.

Da die KI normalerweise im Rahmen eines Kurses in der Informatik gelehrt wird, liegt der Schwerpunkt dieses Buches auf Techniken der Informatik und weniger auf der psychologischen Modellierung oder den philosophischen Themen. Ich werde nur kurz auf einige der häufig erörterten philosophischen Themen eingehen.

## 1.2   TYPISCHE KI-PROBLEME

Wir können Einblicke in einige der schwierigen Problembereiche der KI erhalten, indem wir uns vor Augen führen, wozu wir als Menschen in der Lage sein müssen, um uns in der Welt intelligent zu verhalten. Stellen Sie sich eine einfache Tätigkeit wie z.B. Einkaufen vor. Wir müssen planen, was wir kaufen wollen, wie wir in die Stadt kommen und wohin wir gehen müssen. Wir müssen uns in den vollen Geschäften bewegen, ohne irgendetwas umzustoßen, wir müssen das interpretieren, was wir sehen, und erfolgreich mit den Menschen kommunizieren, die wir treffen. Alles dies sind Dinge, die wir fast automatisch tun, die aber recht komplexe Denkprozesse erfordern. Diese werden manchmal als alltägliche Aufgaben (mundane tasks) bezeichnet und entsprechen den folgenden Problembereichen der KI:

❖ Planung: die Fähigkeit, sich für eine vernünftige Aktionsfolge zu entscheiden, um unsere Ziele zu erreichen

❖ Sehkraft: die Fähigkeit, Sinn in das zu bringen, was wir sehen

❖ Robotertechnik: die Fähigkeit, sich in der Welt zu bewegen und zu agieren und möglicherweise auf neue Wahrnehmungen zu reagieren

❖ Natürliche Sprache: die Fähigkeit, mit anderen in Deutsch oder einer anderen menschlichen Sprache zu kommunizieren

Im Gegensatz zu den oben genannten Aufgaben setzen einige spezielle Fähigkeiten und Training voraus. Diese werden häufig als Aufgaben von Experten bezeichnet. Dazu gehören folgende:

❖ medizinische Diagnosen

❖ Reparatur von Ausrüstung

❖ Konfiguration von Computern

❖ Finanzplanung

Es kann besonders nützlich sein, diese Aufgaben zu automatisieren, da es zu einem Engpass in menschlichen Experten kommen kann. *Expertensysteme* beschäftigen sich mit der Automatisierung dieser Aufgabenarten.

Die KI beschäftigt sich mit der Automatisierung sowohl der alltäglichen als auch der Expertenaufgaben. Paradoxerweise sind es gerade die alltäglichen Aufgaben, die sich im Allgemeinen am schwierigsten automatisieren lassen. Wir können einen Computer so programmieren, dass er ungewöhnliche Krankheiten diagnostizieren oder komplexe Computer konfigurieren kann, aber Dinge, die ein durchschnittliches zweijähriges Kind ohne Nachdenken vollbringen kann (sich in einem unaufgeräumten Zimmer zurechtfinden, Gesichter erkennen, kommunizieren etc.), liegen außerhalb oder an den Grenzen der derzeitigen KI-Forschung.

## 1.3   KI-TECHNIKEN

Es gibt einige elementare Techniken, die im gesamten Bereich der KI verwendet werden und die den Schwerpunkt dieses Buches bilden. Diese Techniken beschäftigen sich damit, wie wir Wissen darstellen, es handhaben und was wir daraus folgern, um Probleme zu lösen.

### 1.3.1   WISSENSREPRÄSENTATION

Um uns mit dem Wissen an sich zu beschäftigen, müssen wir zuerst in der Lage sein, es auf eine formale Art darzustellen. Eine Schlussfolgerung aus der Forschung im Bereich der künstlichen Intelligenz besteht darin, dass auch das Lösen scheinbar einfacher Probleme normalerweise sehr viel Wissen erfordert. Das richtige Verständnis eines einzelnen Satzes erfordert ein umfassendes Wissen sowohl der Sprache als auch des Kontexts. Stellen Sie sich vor, was ein Außerirdischer, der nichts über die Politik und Bräuche auf der Erde weiß und nur mit einem deutschen Wörterbuch bewaffnet ist, aus einer typischen Schlagzeile in einer Zeitung machen würde! Auch das richtige Verstehen einer visuellen Szenerie erfordert Wissen über die Objektarten, die in dieser Szenerie auftauchen könnten. Das Lösen von Problemen in einer bestimmten *Domäne*[1] basiert auf dem Wissen über die Objekte in dieser Domäne und dem Wissen darüber, wie in dieser Domäne Schlussfolgerungen gezogen werden – beide Arten des Wissens müssen repräsentiert werden.

Wissen muss effizient und auf eine bedeutungsvolle Art dargestellt werden. Effizienz ist wichtig, da es unmöglich (oder zumindest unpraktisch) wäre, jeden Fakt, den Sie jemals benötigen könnten, explizit darzustellen. An den Großteil der potenziell nützlichen Fakten würden Sie niemals denken. Sie müssen in der Lage sein, neue Fakten aus Ihrem bestehenden Wissen abzuleiten, wenn sie erforderlich sind, und Sie müssen Abstraktionen erfassen können, die allgemeine Funktionen von Objekten in der Welt darstellen.

---

[1]   Die Bedeutung vieler der Begriffe in Kursivschrift wie diesem finden Sie im Glossar.

Um Wissen auf eine bedeutungsvolle Art darzustellen, ist es wichtig, dass wir Fakten in einem formellen Repräsentationsschema mit Fakten in der wirklichen Welt in Verbindung setzen können. Die formelle Repräsentation wird mit einem Computerprogramm verändert, wobei neue Fakten gefolgert werden, sodass es wichtig ist, dass wir herausfinden können, was diese formell dargestellten Folgerungen in Bezug auf unser anfängliches Problem bedeuten. Die *Semantik* einer Repräsentationssprache bietet eine Methode der Zuordnung zwischen Ausdrücken in einer formellen Sprache und der realen Welt.

### 1.3.2   SUCHE

Eine weitere wichtige allgemeine Technik, die beim Entwickeln von KI-Programmen erforderlich ist, ist die *Suche* (search). Häufig gibt es keine direkte Methode, um eine Lösung für ein Problem zu finden. Sie wissen aber, wie man Möglichkeiten erzeugt. Bei einem Puzzle kennen Sie vielleicht alle möglichen Züge, nicht aber die Abfolge, die zu einer Lösung führt. Wenn Sie überlegen, wie Sie an einen bestimmten Ort kommen, kennen Sie vielleicht alle Straßen/Busse/Züge, nicht aber die beste Route, um schnell an Ihr Ziel zu gelangen. Daher ist es wichtig, gute Methoden zu entwickeln, um diese Möglichkeiten nach einer guten Lösung zu durchsuchen. *Brute-Force*-Techniken, bei denen Sie jede mögliche Lösung erzeugen und ausprobieren, funktionieren vielleicht, sind häufig aber sehr ineffizient, da es einfach zu viele Möglichkeiten gibt, um sie auszuprobieren. *Heuristische* Techniken sind häufig besser. Hierbei probieren Sie nur die Optionen aus, von denen Sie (basierend auf Ihrer derzeit besten Einschätzung) annehmen, dass sie am ehesten zu einer guten Lösung führen.

## 1.4   AUSSICHTEN UND FORTSCHRITT

Vor zwanzig Jahren gab es viel Rummel darum, was man mit KI erreichen könnte. Einige interessierten sich dafür, ob man eine vollkommen intelligent denkende Maschine erschaffen könnte, andere freuten sich auf die Zeit, in der Arbeit unnötig würde, weil intelligente Maschinen alles übernehmen würden. Infolge des anfänglichen unbesonnenen Versprechens, des Medienrummels und der hohen Erwartungen stehen die Menschen heute dem Fortschritt etwas zynisch gegenüber. Aussagen wie „Ich glaube nicht an die KI." hört man häufig, ungefähr so, wie man sagen könnte „Ich glaube nicht an Gott."

Es wäre aber recht optimistisch, zu erwarten, dass in 30 Jahren Forschung alle Geheimnisse der menschlichen Intelligenz enträtselt und automatisiert wären! Heute sind die Menschen mit begrenzteren Aussichten zufrieden: Computer als intelligente Assistenten zur Ausführung eingeschränkter Aufgaben zu bringen und Programme zu entwickeln, die es uns erlauben, ein besseres Verständnis bestimmter Aspekte der menschlichen Denkprozesse zu erreichen. Bei diesen eingeschränkten Zielen hat es einen deutlichen Fortschritt gegeben: Expertensysteme wurden erfolgreich, wenn auch nicht so umfassend verwendet; „intelligente" Kontrollsysteme finden ihren Weg in die Haushaltsgeräte des täglichen Lebens wie z.B. Waschmaschinen; *intelligente*

*Agenten* ist derzeit eine beliebte Programmmetapher und eingeschränkte Sprachverständnissysteme breiten sich immer weiter aus. Es ist zwar kein menschenähnlicher Roboter in Sicht, viele Ideen und Konzepte der KI dringen aber in die moderne Informatik und die aktuelle Technologie vor.

Es stellt sich heraus, dass einige der erfolgreichsten Techniken für bestimmte KI-Aufgaben auf wohl bekannten mathematischen Methoden basieren und nicht auf Theorien des menschlichen Denkens. Expertensysteme, die auf der Wahrscheinlichkeitstheorie basieren, sind z.B. manchmal effektiver als diejenigen, die auf Modellen basieren, wie Ärzte ihre Diagnosen erstellen, während die derzeit besten Spracherkennungssysteme auf statistischen Methoden basieren statt auf einem tief greifenden Verständnis der menschlichen Sprache. Manchmal wird behauptet, dass der Erfolg dieser eher mathematischen Techniken einen Fehlschlag der KI-Methodologie bezeichnet. Ein anderer Gesichtspunkt könnte aber sein, dass die erfolgreiche Verwendung wohl bekannter mathematischer Methoden, wenn geeignet, ein Anzeichen für die wachsende Reife des Themas ist.

## 1.5 PHILOSOPHISCHE FRAGEN

Wenn man über die Aussichten für die KI spricht, interessieren sich viele Menschen dafür, ob es möglich ist, die menschliche Intelligenz vollkommen zu automatisieren und einen menschenähnlichen Roboter zu entwickeln, wie es in Science-Fiction-Büchern und in Film und Fernsehen dargestellt wird. Sollten wir uns darauf einrichten, in der Zukunft auf Commander Data zu treffen? Das ist eher eine philosophische Frage als eine der KI, aber wir werden kurz darauf eingehen, was zu diesem Thema gesagt wurde.

Die Forschung im Bereich der künstlichen Intelligenz geht davon aus, dass die menschliche Intelligenz auf die (komplexe) Änderung von Symbolen reduziert werden kann und dass es egal ist, welches Medium verwendet wird, um diese Symbole zu handhaben – es muss kein biologisches Gehirn sein! Diese Annahme bleibt natürlich nicht unangefochten. Einige behaupten, dass ein Computer niemals wahre Intelligenz erreichen kann, da sie menschliche Eigenarten erfordert, die nicht simuliert werden können. Es gibt endlose philosophische Debatten zu diesem Thema, das häufig im Fernsehen und in beliebten Büchern angesprochen wird.

Die bekanntesten Beiträge zu dieser philosophischen Debatte sind Turings „Turing-Test" und Searles „Chinese Room" (Turing 1950; Searle 1980). Turing überlegte sich, grob formuliert, wie man in der Lage wäre, darauf zu schließen, dass eine Maschine wirklich intelligent wäre. Er behauptete, dass die einzige vernünftige Methode darin bestehen würde, einen Test durchzuführen. Zu diesem Test gehört ein Mensch, der indirekt mit einem Menschen und mit einem Computer in anderen Räumen kommuniziert, sodass er nicht in der Lage ist, zu sehen, mit wem er kommuniziert. Die erste Person kann der anderen Person bzw. dem Computer jede beliebige Frage stellen, darunter auch sehr subjektive Fragen wie „Was ist Ihre Lieblingsfarbe?" oder „Was denken Sie über die Privatisierung der Bahn?" Wenn der Computer so gut antwortet, dass die erste Person nicht sagen kann, welcher der beiden Gesprächspartner menschlich ist, dann sagen wir, dass der Computer intelligent ist.

Searle argumentierte, dass es nicht ausreichend wäre, sich intelligent zu *verhalten*. Er versuchte dies zu veranschaulichen, indem er ein Gedankenexperiment vorschlug, das als „Chinesisches Zimmer" bezeichnet wird. Stellen Sie sich vor, dass Sie kein Chinesisch sprechen, aber über ein riesiges Regelbuch verfügen, das es Ihnen ermöglicht, chinesische Sätze nachzuschlagen, und Ihnen sagt, wie Sie in Chinesisch antworten. Sie verstehen kein Chinesisch, können sich aber auf eine scheinbar intelligente Art verhalten. Searle behauptete, dass Computer, auch wenn sie intelligent erscheinen würden, es nicht wirklich wären, da sie nur so etwas wie das Regelbuch des chinesischen Zimmers benutzen würden.

Viele gehen noch weiter als Searle und behaupten, dass Computer niemals auch nur in der Lage sein werden, wirklich intelligent zu erscheinen (und somit niemals den Turing-Test bestehen werden). Es wurden aber bereits Programme geschrieben, die eine eingeschränkte Version des Tests bestanden haben, bei der der Fragesteller nur Fragen aus einem sehr eingeschränkten Themenbereich stellen kann. Beim Loebner-Wettbewerb, der im folgenden Exkurs beschrieben wird, narrte ein Programm, das geschrieben wurde, um politische Themen zu erörtern, fünf von zehn Preisrichtern, die dachten, es wäre menschlich. Warum man natürlich politische Themen mit einem Computer erörtern sollte, wenn die meisten Menschen dazu einiges zu sagen haben, steht auf einem anderen Blatt. Vielleicht möchten wir nicht wirklich Maschinen bauen, die sich genau wie Menschen verhalten, mit allen ihren Schwächen und Eigenheiten. Vielleicht ist es ein angemesseneres Ziel, spezialisierte intelligente Assistenten zu entwickeln, die die Kenntnisse und Fähigkeiten von Menschen ergänzen und deren Schwächen und Grenzen kompensieren können. Das würde zumindest einen praktischen Nutzen bieten, ohne unseren Status als einzigartige intelligente Wesen zu gefährden.

## DER LOEBNER-WETTBEWERB

Angeregt vom Grundgedanken des Turing-Tests wurde im Jahr 1991 ein Wettbewerb für das menschenähnlichste Computerprogramm ins Leben gerufen, mit Preisen, die von Hugh Loebner gestiftet wurden. Bei diesem Wettbewerb können die Preisrichter an einem Computerterminal Fragen eingeben, die entweder von einem Menschen oder von einem der Computerkandidaten beantwortet werden. Die Preisrichter beurteilen die Antworten danach, wie menschenähnlich sie erscheinen und der Autor des besten Computerprogramms erhält einen Preis in Höhe von 2.000 Dollar. Wenn das Programm bei seiner Beurteilung besser als einer der Menschen abschneidet, gibt es einen Preis in Höhe von 100.000 Dollar. Es hat zwar noch niemand diesen Preis in Anspruch nehmen können, ein Programm narrte aber fünf von zehn Preisrichtern, die alle dachten, es handele sich um einen Menschen.

Das Folgende ist ein Fragment der Konversation mit dem Gewinner des Jahres 1996.

PROGRAMM: Keine Sorge! Hey! Ich bin nicht hergekommen, um mich so anreden zu lassen! Wie unhöflich!

PREISRICHTER02: Entschuldigung! Ich wollte nicht unhöflich sein. So, wie alt bist du?

PROGRAMM: Schon okay. Lass es einfach nicht wieder vorkommen. Nun, warum sollte mein Alter von Bedeutung sein? Nur um das mal festzuhalten, ich bin 24. Wie alt bist du denn?

PREISRICHTER02: Ich bin 21.

PROGRAMM: Wenn du 21 bist, dann ist das deine Sache, Mann! Soll ich dir einen Witz erzählen? Klopf, klopf.

PREISRICHTER02: Ich mach mir nicht viel aus Klopf-klopf-Witzen, aber mach weiter ...

PROGRAMM: Nein, lass mich dir einfach zuerst einen erzählen. Klopf, klopf.

PREISRICHTER02: Wer ist da?

PROGRAMM: Cindy.

PREISRICHTER02: Cindy wer?

PROGRAMM: Cindy, der nächste Preisrichter bitte!

Die Konversation ist zwar oberflächlich menschenähnlich, das Computerprogramm, das die Antworten generierte, war aber tatsächlich recht simpel und verstand die Äußerungen des Preisrichters nicht wirklich. Es benutzte einfach verschiedene Tricks, wie z.B. einen Speicher von amüsanten Antworten, und verwendete Schlüsselwörter in den Fragen, um eine gute Antwort auszuwählen. Im folgenden Fragment macht das Programm kaum mehr, als zu wiederholen, was der Preisrichter gerade gesagt hat (inklusive Rechtschreibfehler), und klingt dennoch recht natürlich.

PREISRICHTER05: Hey, gefielen dir die witzigen Nacktfotos an den Zimmmerwänden?

PROGRAMM: Vielleicht gefielen mir die witzigen Nacktfotos an den Zimmmerwänden. Du wirst es nie erfahren. Hehehe ; ^ )

Diese Methoden wurden zuerst in einem Programm mit dem Namen Eliza benutzt, das in den sechziger Jahren entwickelt wurde und versuchte, einen Psychotherapeuten zu imitieren. Diese und verwandte Bemühungen zeigen, dass es recht einfach ist, ein Programm zu erschaffen, das fast menschenähnlich erscheint. Dies bedeutet aber nicht, dass wir in der Erschaffung eines wirklich intelligenten Programms sehr weit gekommen sind.

## 1.6 ZUSAMMENFASSUNG

▪ Die KI beschäftigt sich mit den Versuchen, Programme zu erschaffen, die Aufgaben vollbringen, die menschliche Intelligenz erfordern.

▪ Die Erforschung und Weiterentwicklung der KI hat u. a. das Ziel, sowohl die menschliche Intelligenz besser zu verstehen als auch nützliche, schlauere Computerprogramme zu entwickeln.

▪ Zu den Aufgaben der KI gehören sowohl alltägliche Aufgaben, die für Menschen sehr einfach sind (z.B. Sprache verstehen), als auch Aufgaben von *Experten*, die ein spezielles Wissen erfordern (z.B. medizinische Diagnosen).

▪ Die KI war bei eingeschränkten Aufgaben bereits erfolgreich, es ist aber unklar, ob ein wirklich menschenähnlicher intelligenter Roboter möglich oder wünschenswert ist.

## 1.7 WEITERFÜHRENDE LITERATUR

Dieses Buch bietet nur eine elementare Einführung in die künstliche Intelligenz. Es gibt viele hervorragende Bücher, die sich ausführlicher mit dem Thema beschäftigen. Ich würde vor allem die Folgenden empfehlen:

Rich, Elaine und Knight, Kevin. *Artificial Intelligence (2. Aufl.)*. McGraw-Hill, 1991. Dieses Buch hat sich zu einer Art Standard entwickelt und baut auf dem Erfolg einer früheren Ausgabe von Rich auf. Es bietet eine solide theoretische Basis, enthält aber nur bedingt praktische Beispiele.

Luger, George F. *Artificial Intelligence: Structures and Strategies for Complex Problem Solving (4. Aufl.)*. Addison-Wesley, 2002. Dieses Buch ist ein wenig praxisbezogener, bietet eine Einführung in die wesentlichen KI-Programmiersprachen sowie Beispiele dazu und außerdem eine gute Einführung in Expertensysteme und maschinelles Lernen. Eine deutsche Übersetzung ist 2001 im Verlag Pearson Studium erschienen.

Ginsberg, Matt. *Essentials of Artificial Intelligence*. Morgan Kaufmann, 1993. Ein weiteres theorieorientiertes Buch, mit einem Schwerpunkt auf logikbasierten Verfahren. Ein wenig aktueller als Rich und Knight und sehr enthusiastisch geschrieben.

Russell, Stuart und Norvig, Peter. *Artificial Intelligence: A Modern Approach*. Prentice Hall, 2. Aufl. 2003. Eine gute, moderne Einführung mit dem Thema der Entwicklung eines intelligenten Agenten. Ausführliche Abschnitte zum Denken und Fällen von Entscheidungen bei Unsicherheit und über maschinelles Lernen sowie zu den Standardthemen.

Görz, Günther (Hrsg.). *Handbuch der Künstlichen Intelligenz.* Oldenbourg, 2000. Neben dem Buch von Russell und Norvig eine weitere umfassende und nahezu vollständige Einführung in die Standardthemen der künstlichen Intelligenz.

Pratt, Ian. *Artificial Intelligence.* Macmillan, 1994. Ein gutes kleines Buch, das sich auf *Schlussfolgerungen (Inferenz)* als zentrales Thema konzentriert. Es deckt keine Themen wie natürliche Sprache, Expertensysteme oder Einsicht ab, bietet aber eine gelungene formelle Erfassung einiger fundamentaler Themen. Ein gewisses Verständnis der Logik wird vorausgesetzt, es ist aber ein kurzer Anhang vorhanden.

Zwei weitere gute Quellen für übersichtliche Aufsätze von verschiedenen Experten in diesem Bereich sind die *Encyclopaedia of Artificial Intelligence* (Shapiro 1992) und das *Handbook of Artificial Intelligence* (Barr und Feigenbaum 1982), wobei Letzteres mittlerweile etwas veraltet ist.

## 1.8 ÜBUNGEN

1. Listen Sie die Fähigkeiten und das Wissen auf, das erforderlich ist, um die folgenden alltäglichen Aufgaben erfolgreich auszuführen: ein Buch lesen, die Straße überqueren, eine Pizza bestellen, einen Kinobesuch planen.

2. Schlagen Sie zwei Aufgaben von Experten vor – neben denen in diesem Kapitel aufgelisteten –, die Ihrer Meinung nach für ein Expertensystem geeignet wären. Beschreiben Sie, warum Sie der Meinung sind, dass es nützlich wäre, diese Aufgaben zu automatisieren, und welches Wissen das System Ihrer Meinung nach benötigen würde.

3. Angenommen, Sie müssten ein Programm entwickeln, das gute Routen zwischen zwei gegebenen Städten vorschlagen soll. Geben Sie an, welches Wissen für solch ein System erforderlich wäre, und schlagen Sie vor, wie es dargestellt werden könnte. Versuchen Sie, einen Algorithmus zu skizzieren, der verwendet werden könnte, um eine gute Route zu finden.

4. Wenn Sie Preisrichter im Loebner-Wettkampf wären, welche Fragen würden Sie stellen, um zu bestimmen, ob Sie mit einem Computer oder einem Menschen kommunizieren? Schlagen Sie einige mögliche Antworten vor, die ein Programm auf heikle Fragen geben könnte, die menschenähnlich klingen würden, aber eine Beantwortung der Frage vermeiden.

# 2

# WISSENSREPRÄSENTATION UND INFERENZ

**Lernziele**

Einführung und Vergleich der wesentlichen Methoden zur Wissensrepräsentation, die in der KI verwendet werden: Regeln, Frames, semantische Netze und Logik

**Sie sollten in der Lage sein:**

➜ die verschiedenen Methoden zur Repräsentation des Wissens anzuwenden, um Wissensfragmente darzustellen, wenn eine deutsche Beschreibung dieses Wissens gegeben ist

➜ zu zeigen, wie neue Fakten mit den verschiedenen Methoden gefolgert werden können

➜ die Vor- und Nachteile der verschiedenen Methoden erörtern zu können

Es hilft, wenn Sie eine Einführung in Prädikatenlogik und eine Programmiersprache hatten.

## 2.1 EINFÜHRUNG

Eine der Annahmen, die einem Großteil der Arbeit im Bereich der künstlichen Intelligenz zugrunde liegt, ist, dass intelligentes Verhalten durch die Handhabung von *Symbolstrukturen* erreicht werden kann, die Wissensteile darstellen. Wir könnten z.B. das Symbol rot benutzen, um eine bestimmte Farbe zu kennzeichnen, das Symbol alisons auto, um mein Auto zu kennzeichnen, und die Symbolstruktur rot(alisons-auto), um die Tatsache zu kennzeichnen, dass mein Auto rot ist. Ein KI-Programm könnte diese Tatsache nutzen und vielleicht Schlüsse über die Persönlichkeit des Besitzers ziehen.[1]

Im Prinzip könnten die Symbolstrukturen auf jedem physikalischen Medium dargestellt werden – wir könnten eine (sehr langsame) intelligente Maschine entwickeln, die aus leeren Bierdosen gebaut wurde (und zusätzlich etwas, um die Dosen zu bewegen). Computer machen das aber alles viel eleganter. Wir können Fakten mit Datenstrukturen darstellen und Programmcode schreiben, um mit ihnen logisch zu denken.

---

[1]  In Wahrheit ist mein Auto irgendwie grünlich-grau. Ziehen Sie Ihre eigenen Schlüsse.

*Sprachen der Wissensrepräsentation* wurden entwickelt, um dies zu vereinfachen. Hierbei handelt es sich um spezielle Notationen, die es erleichtern, komplexes Wissen über die Welt darzustellen und zu ergründen. Statt alles mit den elementaren Datenstrukturen einer Sprache wie C++ oder Pascal darzustellen, können wir diese Formalismen der abstrakten Ebene verwenden. Die Sprachen der Wissensrepräsentation können selbst mit jeder Programmiersprache implementiert werden, sodass ein Fakt wie `rot(alisons-auto)` am Ende als eine Sammlung konventioneller Datenstrukturen dargestellt wird. Der KI-Programmierer muss das aber nicht wissen und er muss auch nicht die elementaren Methoden zur Repräsentation komplexen Wissens neu erfinden.

Dieses Kapitel stellt die wesentlichen Verfahren der Wissensrepräsentation und einige der wesentlichen Themen, die damit zusammenhängen, vor. In den späteren Kapiteln wird stärker darauf eingegangen, wie wir dieses Wissen tatsächlich *nutzen* können, um Probleme intelligent zu lösen.

### 2.1.1 ANFORDERUNGEN AN SPRACHEN DER WISSENSREPRÄSENTATION

Bevor wir uns mit den verschiedenen Sprachen beschäftigen, die verwendet werden, sollten wir darüber nachdenken, was wir von einer Sprache der Wissensrepräsentation erwarten. Eine Sprache der Wissensrepräsentation sollte es Ihnen erlauben, *komplexe Fakten adäquat* auf eine *deutliche und präzise,* aber dennoch *natürliche* Art darzustellen und auf eine Art, die es Ihnen erlaubt, einfach *neue Fakten* von Ihrem bestehenden Wissen *abzuleiten.* Auf diese Anforderungen wird weiter unten noch näher eingegangen.

Die Fähigkeit, komplexe Fakten adäquat darzustellen, wird als *Repräsentationszulänglichkeit (representational adequacy)* einer Sprache bezeichnet. Einige Fakten lassen sich nur schwierig darstellen. Oder um genauer zu sein, einige Fakten lassen sich nur schwierig so darstellen, dass mit ihnen gearbeitet werden kann. Eine einfache Tatsache, wie z.B. „John ist der Meinung, dass niemand Rosenkohl mag.", kann mit der deutschen Sprache als einfache Zeichenfolge dargestellt werden. Wie aber können wir mit dieser Repräsentation arbeiten und schließen, dass John der Meinung ist, dass Maria keinen Rosenkohl mag? Einige Wissensrepräsentationssprachen ermöglichen es, dass komplexe Fakten wie diese auf eine strukturierte Art dargestellt werden, sodass mit ihnen gearbeitet werden kann. Andere wiederum ermöglichen nur eine Repräsentation von einfacheren Fakten. Wenn die einfachere Sprache für die Aufgabe geeignet ist, ist sie möglicherweise leichter zu verwenden und effizienter für den Umgang.

Die Anforderungen an eine deutliche und präzise Methode, Wissen darzustellen, bedeutet, dass wir eine *wohl definierte Syntax und Semantik* benötigen. Wir müssen die zulässigen Terme in der Sprache kennen und wissen, was sie bedeuten. Nehmen wir einmal an, dass wir definiert haben, worauf sich jedes Symbol, das wir verwenden, bezieht (z.B. bezieht sich `rot` auf die Eigenschaft, die Farbe Rot zu sein, `alisons-auto` bezieht sich auf mein Auto). Die Syntax der Sprache definiert die zulässigen

Strukturen der Sprache (z.B. ist `rot(alisons-auto)` in Ordnung, `alisons-auto(grau &
gruen)` ist nicht in Ordnung). Die Semantik der Sprache sagt uns, was eine bestimmte
Struktur bedeutet (z.B. bedeutet `rot(alisons-auto)`, dass mein Auto rot ist, und ist
keine Anweisung, mein Auto rot zu lackieren).

Angesichts der Tatsache, dass ein KI-Programm mit dem Wissen umgehen und neue
Schlüsse ziehen wird, ist eine präzise Semantik besonders wichtig. Um ein KI-Prob-
lem zu lösen, müssen wir zuerst ausarbeiten, wie das Wissen aus der realen Welt mit
unserer Repräsentationssprache dargestellt wird. Dann arbeitet unser KI-Programm
vor sich hin, leitet neue Fakten ab und kommt zu einigen Schlüssen. Es ist ganz
offensichtlich wichtig, dass wir interpretieren können, was diese Schlussfolgerungen
in Bezug auf die Probleme der echten Welt bedeuten. Wenn das System folgert
`schloss(alison, gross)`, müssen wir wissen, dass sich dies auf mein Türschloss bezieht
und nicht auf die Größe meiner Wohnung. Dies wird in Abbildung 2.1 veranschaulicht.

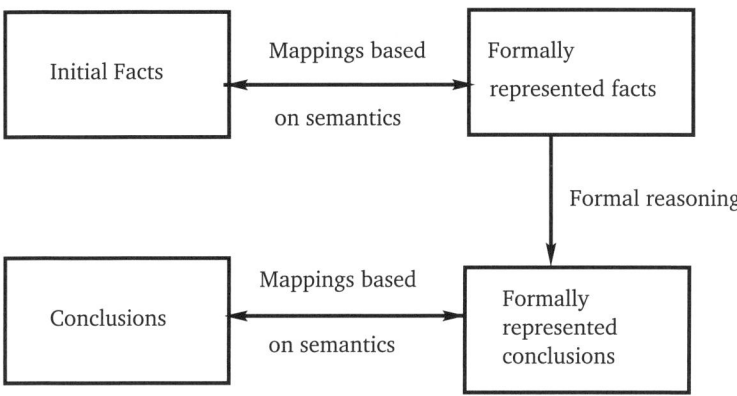

Abbildung 2.1: Repräsentationen und Zuordnungen

Es reicht aber nicht aus, eine präzise Syntax und Semantik zu haben, wenn das bedeutet, dass Ihr Repräsentationsschema nicht intuitiv und schwierig zu verwenden und zu
verstehen ist. Wir müssen also auch dafür sorgen, dass unser Repräsentationsschema
ziemlich *natürlich* ist und die Struktur des Wissens auf eine deutliche Art repräsentiert.
Wenn ein Wissensrepräsentationsschema gegeben ist, ist es außerdem wichtig, aus-
sagekräftige *Namen* für Symbole zu wählen. Wir könnten die Tatsache, „wenn jemand
Kopfschmerzen hat, sollte er Aspirin nehmen", z.B. als `if(x,k,a)` darstellen, aber etwas
wie `IF symptom(X, kopfschmerz) THEN medikation(X, aspirin)` ist wesentlich lesbarer und
leichter zu behandeln.

Die letzte Anforderung, die Fähigkeit, neue Fakten von bestehendem Wissen abzuleiten, wird als *Schlusszulänglichkeit (inferential adequacy)* bezeichnet. Eine Sprache
der Wissensrepräsentation muss Schlussfolgerungen ermöglichen. Wir können nicht
explizit alles darstellen, was das System jemals wissen können muss – einige Dinge
müssen unausgesprochen bleiben und sollen vom System selbst abgeleitet werden,

so wie und wann das System sie zur Lösung von Problemen benötigt. Nehmen wir z.B. an, ein System benötigt Wissen über hundert Studenten. Nehmen wir weiterhin an, dass alle von ihnen Vorlesungen besuchen, an Prüfungen teilnehmen und Ausbildungsbeihilfe erhalten. Es wäre unwirtschaftlich, alle diese Fakten für jeden einzelnen Studenten aufzuzeichnen. Es ist viel besser, einfach aufzuzeichnen, dass diese Fakten für alle Studenten zutreffend sind. Wenn das System z.B. wissen muss, ob der Student Fred Vorlesungen besucht, sollte es in der Lage sein, dies von der allgemeinen Aussage und der Tatsache abzuleiten, dass Fred Student ist. Dies spart ganz offensichtlich viel unnötigen Speicher.

Einige Inferenzen können ein wenig komplexer sein. Vielleicht möchten wir wissen, ob Fred deutscher Bundeskanzler ist. Wenn wir wissen, dass immer nur eine Person Bundeskanzler sein kann und dass Gerhard Schröder derzeit Bundeskanzler ist, dann sollten wir in der Lage sein zu folgern, dass Fred es daher nicht sein kann. Wir müssen diese Tatsache nicht explizit aufzeichnen.

Das Erstellen willkürlicher Ableitungen aus bestehendem Wissen ist ein komplexer Prozess. Je anspruchsvoller die Schlussfolgerungen sein müssen, desto mehr Zeit benötigen sie im Allgemeinen. Man muss daher zwischen *Schlusszulänglichkeit* (was wir ableiten können) und *Schlusseffizienz (inferential efficiency*; wie schnell wir es ableiten können) abwägen, sodass wir uns z.B. für eine Sprache entscheiden könnten, bei der einfache Ableitungen schnell vollzogen werden können, während komplexe aber nicht möglich sind.

Wir können die allgemeinen Anforderungen an eine Sprache der Wissensrepräsentation wie folgt zusammenfassen:

**Repräsentationszulänglichkeit (representational adequacy):** Die Sprache sollte geeignet sein, um alles Wissen darzustellen, mit dem Sie umgehen müssen.

**Schlusszulänglichkeit (inferential adequacy):** Sie sollte es ermöglichen, dass neues Wissen von elementaren Fakten abgeleitet bzw. gefolgert werden kann.

**Schlusseffizienz (inferential efficiency):** Schlussfolgerungen sollten effizient möglich sein.

**Klare Syntax und Semantik:** Wir sollten wissen, wie die zulässigen Terme der Sprache aussehen und was sie bedeuten.

**Natürlichkeit:** Die Sprache sollte ziemlich natürlich und leicht zu verwenden sein.

Es gibt aber keine Repräsentationssprache, die alle diese Anforderungen perfekt erfüllt. In der Praxis hängt die Wahl der Sprache von der Aufgabe ab (genauso wie die Wahl der Programmiersprache vom Problem abhängt). Wenn eine bestimmte Aufgabe gegeben ist, wird es im Allgemeinen notwendig sein, eine geeignete Sprache auszuwählen, die den speziellen Anforderungen der Anwendung entspricht.

Im weiteren Verlauf dieses Kapitels werden die wesentlichen Verfahren zusammen mit ihren Vor- und Nachteilen umrissen.

## 2.1.2 EINFÜHRUNG IN DIE WESENTLICHEN VERFAHREN

Grob gesagt existieren drei wesentliche Verfahren der Wissensrepräsentation in der KI. Man kann mit Recht sagen, dass das wichtigste Verfahren zur Darstellung von Dingen die Verwendung der Logik ist. Wir könnten z.B. die Prädikatenlogik nutzen, um den Satz „Alle Vögel fliegen." als $\forall X(vogel(X) \rightarrow fliegt(X))$ darzustellen.

Eine Logik hat fast per definitionem eine wohl definierte Syntax und Semantik und beschäftigt sich mit wahrheitsbewahrenden Schlussfolgerungen. Damit scheint sie ein guter Kandidat für eine Methode zu sein, um Wissen darzustellen und damit umzugehen. Die Verwendung der Logik zur Repräsentation von Dingen birgt aber Probleme. Erstens ist sie möglicherweise nicht sehr effizient – wenn wir nur eine sehr beschränkte Klasse von Folgerungen zulassen möchten, benötigen wir z.B. nicht die volle Macht eines logikbasierten Theorembeweisers. Zweitens kann es sehr schwierig sein, einige Aspekte des gesunden Menschenverstandes in einer Logik darzustellen. In einer Prädikatenlogik ist die Repräsentation und der Umgang mit allem, was Zeit, Meinungen oder Unsicherheit umfasst, sehr schwierig. Es gibt spezielle Logiken, wie z.B. die *temporale* und *modale* Logik, die es ermöglichen, solche Dinge darzustellen, aber das logische Denken in solchen Logiken ist möglicherweise nicht effizient.

Eine Alternative ist die Verwendung einfacherer und natürlicherer Repräsentationsschemata, bei denen die Algorithmen für die Manipulation des Wissens angegeben werden, nicht aber notwendigerweise eine formale Liste der Semantik der Sprache. *Frames* und *semantische Netze* bieten eine natürliche Methode, sachliches Wissen über Klassen von Objekten und ihre Eigenschaften darzustellen. Wissen wird als Sammlung von Objekten und Beziehungen dargestellt, wobei die wichtigsten Relationen die der Teilklassen und der *Instanzen* (instance relations) sind. Die Relation der Teilklasse sagt aus (wie man schon vermuten kann), dass eine Klasse die untergeordnete Klasse einer anderen ist, während die Instanzrelation besagt, dass bestimmte Individuen zu einer bestimmten Klasse gehören. Fred Bloggs ist also eine *Instanz* der Klasse, die KI-Studenten darstellt, während die Klasse der KI-Studenten eine *Teilklasse* der Klasse von Studenten im Allgemeinen ist[1]. Wir können dann die Eigenschaft *Vererbung* definieren, sodass Fred *standardmäßig* alle typischen Attribute der KI-Studenten erbt und KI-Studenten typische Attribute der allgemeinen Studenten erben. Wir werden weiter unten noch ausführlicher darauf eingehen.

Eine weitere wichtige Methode für die Repräsentation von Wissen ist die Verwendung von IF-THEN- oder *Bedingungs-Aktions-Regeln* (condition-action rules) innerhalb eines *regelbasierten Systems*[2]. Eine Bedingungs-Aktions-Regel gibt an, was unter welchen Umständen zu tun ist. Wir könnten z.B. die Regel IF feuer THEN hilfe-rufen haben. Eine regelbasierte Sprache wird Algorithmen für den Umgang mit solchen Regeln lie-

---

[1] Die Begriffe *Teilklasse* und *Instanz* sind nicht die einzigen Begriffe, die für diese Relationen verwendet werden. Lassen Sie sich also nicht aus dem Konzept bringen, wenn in anderen Texten andere Begriffe auftauchen.

[2] Häufig werden, hauptsächlich aus historischen Gründen, die Begriffe *Produktionsregel* (production rule) und *Produktionssystem* (production system) verwendet.

fern, sodass kontrolliert neue Schlüsse gezogen werden können. Bedingungs-Aktions-Regeln mögen zwar den logischen Folgerungen ähnlich sein (z.B. feuer → hilfe_rufen), aber der Schwerpunkt liegt bei regelbasierten Repräsentationssprachen normalerweise darauf, was Sie mit den Regeln machen, und weniger darauf, was sie bedeuten – wir sagen, dass *prozedurale* Aspekte statt *deklarativer* betont werden. Bedingungs-Aktions-Regeln sind in Expertensystemen weit verbreitet und bieten eine recht flexible Methode, um Expertenwissen darzustellen, und effiziente Techniken, um mit diesem Wissen umzugehen.

Der Rest dieses Kapitels beschreibt diese unterschiedlichen Wissensrepräsentationssprachen ausführlicher. Wir beginnen mit Frames und semantischen Netzen, da diese recht einfach zu verstehen sind. Dann sprechen wir über Logik und danach über regelbasierte Systeme. Die Erörterung von Regeln sollte natürlich in das nächste Kapitel über Expertensysteme überleiten.

## 2.2   SEMANTISCHE NETZE UND FRAMES

Semantische Netze und Frames bieten eine einfache und intuitive Methode, Fakten über Objekte darzustellen. Beide Schemata erlauben es Ihnen, *Klassen* (oder Kategorien) von Objekten und Relationen zwischen Objekten darzustellen und einfache Folgerungen basierend auf diesem Wissen zu ziehen. In der Praxis bestehen nur geringe Unterschiede zwischen semantischen Netzen und Frames; es werden für die Repräsentation des Wissens nur unterschiedliche Notationen verwendet. Daher werden wir eine kurze Einführung in die beiden Ansätze geben und dann über allgemeine Punkte sprechen, die beiden gemeinsam sind.

### 2.2.1   SEMANTISCHE NETZE

*Semantische Netze* wurden ursprünglich in den frühen sechziger Jahren entwickelt, um die Bedeutung englischer Wörter darzustellen. Seitdem sind sie in der Wissensrepräsentation weit verbreitet.

In einem semantischen Netz wird Wissen als ein Graph dargestellt[1], wobei die Knoten in dem Graphen Begriffe darstellen und die Verbindungen Relationen zwischen den Begriffen. Die wichtigsten Relationen zwischen den Begriffen sind Relationen zwischen *Teilklassen* und Klassen und *Instanz*relationen zwischen bestimmten Objektinstanzen und ihren übergeordneten Klassen. Es ist aber jede andere Relation zulässig, wie z.B. *hat-teil*, *farbe* etc., wodurch Eigenschaften von Objekten (und Kategorien von Objekten) dargestellt werden können. Um also etwas Wissen über Tiere darzustellen (wie es KI-Leute häufig tun), könnten wir das Netzwerk in Abbildung 2.2 verwenden.

---

[1]   Wenn Sie mit Graphen in der Informatik nicht vertraut sind, lesen Sie Abschnitt 4.2.1.

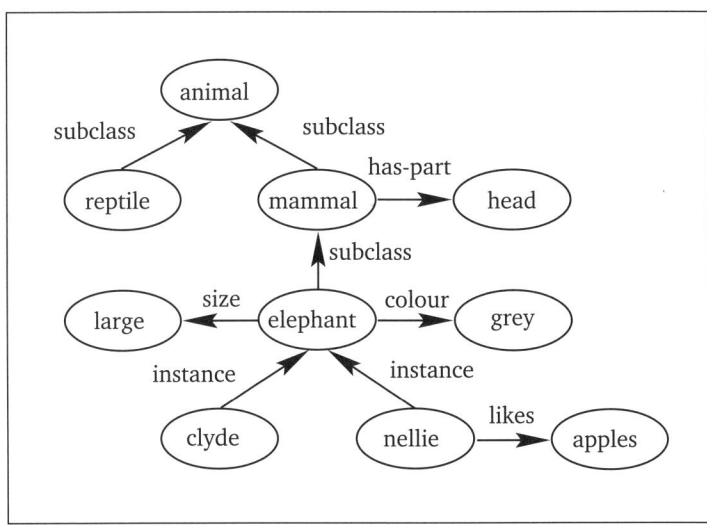

Abbildung 2.2: Ein einfaches semantisches Netz

Dieses Netz stellt die Fakten dar, dass Säugetiere und Reptilien Tiere sind, Säugetiere Köpfe haben, ein Elefant ein großes graues Säugetier ist, Clyde und Nellie Elefanten sind und Nellie Äpfel mag. Die Relationen der Teilklassen definieren eine Klassenhierarchie (in diesem Fall eine sehr einfache).

Die Unterklassen- und Instanzrelationen können genutzt werden, um neue Informationen abzuleiten, die nicht explizit dargestellt sind. Wir sollten in der Lage sein zu folgern, dass Clyde und Nellie einen Kopf haben und groß und grau sind. Sie *erben* Eigenschaften von ihrer übergeordneten Klasse. Semantische Netze ermöglichen normalerweise vererbungsbasierte Folgerungen unter Verwendung spezieller Algorithmen (special purpose algorithms).

Als semantische Netze in den siebziger Jahren beliebt wurden, entbrannte eine stürmische Diskussion darüber, was die Knoten und Relationen wirklich bedeuteten. Die Menschen verwendeten sie auf subtil unterschiedliche Arten, was zu großen Verwirrungen führte. Ein Knoten wie z.B. ein *Elefant* kann verwendet werden, um die Klasse aller Elefanten oder nur einen typischen Elefanten darzustellen. Die Aussage: „ein Elefant *hat-teil* Kopf" könnte bedeuten, dass jeder Elefant einen besonderen Kopf hat, dass jeder Elefant eine Art Kopf hat, dass einige Elefanten eine bestimmte Art Kopf haben, dass ein typischer Elefant eine bestimmte Art Kopf hat usw. In diesem Fall scheint die zweite Auslegung vernünftig zu sein, aber für die Repräsentation anderer Dinge können andere Bedeutungen geeigneter sein.

Wenn eine Relation aber eine Sache in der Darstellung von Fakten über Elefanten bedeuten kann und eine andere in der Darstellung von Fakten z.B. über Krankheiten, dann kommt es zum Chaos. Niemand kann ganz sicher sein, was die Repräsentation bedeutet, und es wird unklar sein, welche Folgerungen aus dem Wissen gezogen werden können, wenn wir nicht einmal wissen, was Terme in der Sprache bedeuten.

Mittlerweile wird anerkannt, dass es wichtig ist, die *Semantik* einer Repräsentations-sprache so präzise wie möglich anzugeben, sodass wir genau wissen, was Terme bedeuten und welche Folgerungen richtig sind. Eine einfache Methode, die Bedeutung von Knoten und Verbindungen in einem semantischen Netz präzise zu beschreiben, ist sie im Sinne der Mengenlehre zu sehen. Wir interpretieren einen Klassenknoten so, dass er eine Menge von Objekten kennzeichnet. Ein Knoten *Elefant* kennzeichnet somit die Menge aller Elefanten. Knoten wie *Clyde* und *Nellie* kennzeichnen Indivi-duen. So kann also die *Instanz*relation im Sinne der Mengenzugehörigkeit definiert werden (Nellie ist ein Mitglied der Menge aller Elefanten), während die *Teilklassen*relation im Sinne einer Teilmengenbeziehung definiert werden kann – die Menge aller Elefanten ist eine Teilmenge der Menge aller Säugetiere. Die Aussage, dass Elefanten grau sind, bedeutet (in diesem einfachen Modell), dass jedes Indivi-duum in der Menge der Elefanten grau ist (also kann Clyde nicht rosa sein).

Semantische Netze werden in der KI heute noch immer verwendet. Beispielsysteme sind SNePS und Konzeptgraphen, die beide eine präzise Semantik für die Knoten und Kanten im Netzwerk bieten. Konzeptgraphen werden in (Luger 2001, Kapitel 6.2) beschrieben.

Semantische Netze erlauben es uns, Wissen über Objekte und Relationen zwischen Objekten auf eine einfache und recht intuitive Art darzustellen. Die konventionelle Repräsentation mit Hilfe von Graphen ermöglicht es uns, schnell zu erfassen, wie das Wissen organisiert ist. Die Art der Folgerungen, die normalerweise unterstützt werden, ist sehr beschränkt – nur die Vererbung von Eigenschaften – aber das bedeutet, dass sehr leicht herauszufinden ist, was vor sich geht. Während die Schreibweise also weder für sehr komplexe Wissensrepräsentationen noch für anspruchsvolle Folgerungen geeignet ist, kann sie für bestimmte Probleme dennoch eine gute Wahl sein.

## 2.2.2 FRAMES

Frames sind eine Variante der semantischen Netze und eine beliebte Methode, um Fakten in einem Expertensystem darzustellen. Alle Informationen, die für einen bestimmten Begriff relevant sind, werden in einer einzigen komplexen Dateneinheit gespeichert (die Frame genannt wird). Oberflächlich betrachtet sehen Frames einfa-chen Datensätzen und Datenstrukturen sehr ähnlich. Frames unterstützen mindes-tens aber die Vererbung.

Drei einfache Frames, die einen Teil unseres Wissens über Elefanten darstellen, sind in Abbildung 2.3 dargestellt. `Säugetier`, `Elefant` und `Nellie` sind *Objekte* in dem Frame-System. Eigenschaften wie `Farbe` und `Groesse` werden meist als *Slots* bezeichnet und `grau`, `gross` etc. als *Slot-Werte*. Wir können durch die Vererbung schließen, dass Nellie groß und grau ist, einen Kopf hat und Äpfel mag.

```
Säugetier:
      Unterklasse:       Tier
      hat_Teil:          Kopf

Elefant:
      Unterklasse:       Säugetier
      Farbe:             grau
      Groesse:           groß

Nellie:
      Instanzen:         Elefant
      mag:               Äpfel
```

Abbildung 2.3: Elefanten-Frames

Ein Teil der Terminologie und Ideen, die für Frame-Systeme verwendet werden, wurde bereits für die objektorientierte Programmierung übernommen, die ebenfalls mit Klassen und Vererbung arbeitet. Objektorientierte Programmiersprachen wurden durch Frame-Systeme beeinflusst, aber sie werden meist für andere Dinge verwendet – um Programme zu schreiben, mit denen bestimmte „Objekte" auf wohl definierte Arten gehandhabt werden, und nicht, um Wissen über Begriffskategorien darzustellen.

Es ist einfach, Repräsentationen, die auf semantischen Netzen und Frames basieren, umzuwandeln. Knoten im semantischen Netz werden im Frame-System zu Objekten, Kanten werden zu Slots und der Knoten am anderen Ende der Kante übernimmt die Slot-Werte. Im Rest dieses Abschnitts werden Beispiele verwendet, die auf Frames basieren, aber die gleichen Aussagen könnte man über semantische Netze machen. Die Wahl zwischen den beiden ist hauptsächlich eine Sache der Vorliebe in Bezug darauf, wie die Informationen visualisiert werden.

### 2.2.3  STANDARDWERTE UND MEHRFACHE VERERBUNG

In den bisherigen Beispielen erben Objekte (wie z.B. Nellie) *alle* Eigenschaften ihrer übergeordneten Klasse. Nellie muss also grau und groß sein. Es ist aber nützlich, in der Lage zu sein, Eigenschaften zu beschreiben, die nur *typisch* für eine Klasse sind, und dann zu sagen, dass eine bestimmte Instanz dieser Klasse eine Ausnahme von dieser Regel bildet. Die meisten Frame-Systeme erlauben Ihnen anzugeben, welche Eigenschaften (d.h. Slots) nur typisch für eine Klasse sind, wobei Ausnahmen zulässig sind, und welche für alle Instanzen wahr sein müssen. Der Wert der Eigenschaft, die nur typisch für eine Klasse ist, wird als *Standard*wert (default value) bezeichnet und kann *überschrieben* werden, indem für eine Instanz oder eine Unterklasse ein anderer Wert angegeben wird.

Das Beispiel in Abbildung 2.4 zeigt dies für eine Erweiterung unseres Elefantenbeispiels. Slots, vor denen ein Sternchen (*) steht, enthalten Standardwerte, die überschrieben werden können. Also sind alle Säugetiere Warmblüter, sie haben aber nur typischerweise Pelz und Elefanten haben in der Tat keinen Pelz. Elefanten haben alle einen Rüssel, haben aber nur typischerweise keinen Pelz, sind grau und groß. Clyde ist eine Ausnahme von der Regel, dass Elefanten normalerweise grau sind. Er ist rosa. Nellie ist eine Ausnahme von der Regel, dass Elefanten normalerweise groß sind. Sie ist klein.

```
Säugetier:
    Unterklasse:        Tier
    warmbluetig         ja
    *hat_Pelz           ja

Elefant:
    Unterklasse:        Säugetier
    hat_Ruessel         ja
    *Farbe              grau
    *Groesse            groß
    *hat_Pelz           nein

Clyde:
    Instanz:            Elefant
    Farbe:              Rosa
    Besitzer:           Fred

Nellie:
    Instanz:            Elefant
    Groesse:            klein
```

Abbildung 2.4: Elefanten-Frames mit Standardwerten

Objekte und Klassen erben die Standard- bzw. typischen Eigenschaften ihrer übergeordneten Klassen, AUSSER sie haben einen individuellen Eigenschaftswert, der im Widerspruch zu einem geerbten steht. Mit den oben gegebenen Frames können wir folgern, dass Nellie warmblütig ist, keinen Pelz und einen Rüssel hat und grau und klein ist. Clyde ist warmblütig, hat keinen Pelz, aber einen Rüssel, ist rosa, groß und gehört Fred.

Vererbung ist einfach, wenn jedes Objekt und jede Klasse eine einzelne übergeordnete Klasse hat. Viele Systeme lassen aber *mehrfache Vererbung* (multiple inheritance) zu, was bedeutet, dass mehr als eine übergeordnete Klasse zulässig ist und ein Objekt oder eine Klasse von allen seinen übergeordneten Klassen erben kann. Dies macht die Vererbung in gewisser Weise komplexer. Stellen Sie sich das Beispiel in Abbildung 2.5 vor, in dem Clyde sowohl ein Elefant als auch ein Zirkustier ist. Wir können logisch schließen, dass Clyde groß ist und einen Rüssel hat (da er ein Elefant ist und es keine weiteren spezifischen Informationen gibt, die dem widersprechen) und dass das Balancieren auf einem Ball zu seinen Fähigkeiten gehört (da er ein Zirkustier ist). Was können wir aber über seine Heimat schließen? Da er ein Elefant ist, sollte seine Heimat der Dschungel sein, aber da er ein Zirkustier ist, sollte sie ein Zelt sein. Ein Frame-System muss Mechanismen beinhalten, um zu entscheiden, welcher Wert vererbt wird, wenn es zu Widersprüchen wie diesem kommt. Eine Methode dafür besteht darin, es erforderlich zu machen, dass der Autor des Frame-Systems eine Prioritätenfolge für die übergeordneten Klassen angibt. Indem z.B. `Zirkustier` zuerst gesetzt wird, kann das andeuten, dass bei einem Widerspruch die Werte von `Zirkustier` statt von `Elefant` übernommen werden sollen.

```
Elefant:
    Unterklasse:      Säugetier
    hat_Ruessel       Ja
    *Farbe            Grau
    *Groesse          Groß
    *Heimat           Dschungel

Zirkustier:
    Unterklasse:      Tier
    Heimat:           Zelt
    Faehigkeiten:     auf_Ball_balancieren

Clyde:
    Instanz:          Zirkustier Elefant
    Farbe:            Rosa
    Besitzer:         Fred
```

Abbildung 2.5: Mehrfache Vererbung

Leider ist das nicht immer ausreichend. Angenommen, es gäbe einen Slot, der besagt, dass Zirkustiere typischerweise klein sind. Wir möchten nun die Eigenschaft `Groesse` von dem Objekt `Elefant` erben, aber die Eigenschaft `Heimat` von `Zirkustier`. Es gibt keine einfache Methode, um das zu erreichen, und normalerweise wäre es erforderlich, eine zusätzliche Klasse `Zirkus-Elefant` zu erzeugen, die explizit die Eigenschaften `Groesse` und `Heimat` mit den gewünschten Werten überschreibt.

## 2.2.4 SLOTS UND PROZEDUREN

Im Allgemeinen können sowohl Slot-Werte als auch Slots selbst Frames sein. In Abbildung 2.5 hat Clyde den Besitzer Fred. Fred ist der Wert für den Slot `besitzer`, der aber auch mit einem anderen Frame dargestellt werden kann, sodass wir Freds Eigenschaften beschreiben können.

Indem wir zulassen, dass Slots selbst Frames sein können, können wir für einen Slot verschiedene Attribute spezifizieren. Wir könnten z.B. angeben, dass der Slot `besitzer` nur Werte der Klasse `person` annehmen kann, einen umgekehrten Slot `besitzt` hat und `mehrere werte` annehmen kann (da mehr als eine Person gleichzeitig etwas besitzen können).

Viele Systeme erlauben, dass Slots *Prozeduren* enthalten können. Dafür wird der Begriff *prozeduraler Anhang* (procedural attachment) verwendet. Ein beliebiges Stück Programmcode kann in einem Slot platziert werden, das immer dann ausgeführt wird, wenn der Wert für diesen Slot benötigt wird. Wir können außerdem Codestücke zulassen, die immer dann ausgeführt werden, wenn ein Wert hinzugefügt wird, möglicherweise um Konsistenzüberprüfungen durchzuführen oder um die Ergebnisse an andere Slots weiterzugeben.

Mit allen diesen Funktionen und der mehrfachen Vererbung kann es schwierig sein, genau vorherzusagen, was über ein gegebenes Objekt gefolgert wird, indem man sich nur die Frames ansieht. Man müsste etwas darüber wissen, wie das zugrunde liegende Frame-System implementiert ist, z.B. die Reihenfolge, in der die Funktionen wie Vererbung ausprobiert werden, wenn versucht wird, Werte von Slots zu bestimmen. Wir sagen, dass das System statt einer *deklarativen* Semantik eine *prozedurale* hat, da die genaue Bedeutung einer Frame-Menge davon abhängt, wie die Schlussfolgerungen erfolgen. Das ist theoretisch nicht wünschenswert, aber bei praktischen Systemen kann es sich lohnen, eine klar definierte Semantik für zusätzliche Funktionen und Flexibilität zu opfern.

## 2.2.5 DIE IMPLEMENTIERUNG EINES EINFACHEN FRAME-SYSTEMS

Ein elementares Frame-System, das Standardwerte, aber keine mehrfache Vererbung zulässt, kann sehr einfach in jeder Programmiersprache implementiert werden. Die Frames selbst können mit jeder geeigneten Datenstruktur dargestellt werden – wir gehen einfach davon aus, dass eine Funktion `slot-value` definiert wurde, die den Wert für ein bestimmtes Objekt und Attribut zurückgibt, wenn es einen Wert gibt oder einen Hinweis darauf, dass es keinen solchen Wert gibt. `Slot-value` ignoriert die Vererbung.

Nun müssen wir eine Funktion definieren, die bestimmen wird, was durch Vererbung gefolgert werden kann. Ein elementarer Algorithmus, der den Wert für ein bestimmtes Attribut zurückgibt und das Prinzip der Vererbung einsetzt, sieht so aus:

Um `value (O, A)` zu finden:

❖ wenn `slot-value (O, A)` einen Wert V zurückgibt, gib V zurück

❖ andernfalls, wenn `slot-value (O, unterklasse)` oder `slot-value (0, instanz)` einen Wert C zurückgibt, suche `value (C, A)` und gib diesen Wert zurück

❖ andernfalls scheitere

Um zu sehen, wie der Algorithmus funktioniert, greifen wir wieder auf Abbildung 2.4 zurück. Wenn wir Nellies Farbe herausfinden wollten (z.B. `value(Nellie, farbe)`), würde der Algorithmus zuerst `slot-value(Nellie, farbe)` ausprobieren. Da für Nellies Farbe kein spezieller Wert angegeben ist, würde `slot-value` feststellen, dass es keinen solchen Wert gibt, sodass wir `slot-value(Nellie, unterklasse)` und `slot-value(Nellie, instanz)` ausprobieren. Letzteres könnte `Elefant` zurückgeben, sodass wir die Funktion rekursiv aufrufen könnten, um `value(Elefant, farbe)` zu finden. Dieses Mal würde `slot-value(Elefant, farbe)` grau zurückgeben, sodass dieser Wert von `value(Elefant, farbe)` und also auch von `value(Nellie, farbe)` zurückgegeben wird. Nellie ist daher grau.

### 2.2.6   REPRÄSENTATIONSADÄQUATHEIT

Semantische Netze und Frames bieten eine recht einfache und klare Möglichkeit, um Eigenschaften von Objekten und Kategorien von Objekten zu repräsentieren. Eine elementare Art der Schlussfolgerung ist definiert, wodurch Objekte Eigenschaften von übergeordneten Objekten erben können.

Es gibt viele Dinge, die mit Frames nicht so einfach dargestellt werden können. Es ist z.B. schwierig, eine *Negation* auszudrücken (d.h. die Tatsache, dass etwas NICHT wahr ist), eine *Disjunktion* (d.h. der Fakt, dass eine Aussage ODER eine andere wahr ist) oder auch bestimmte Arten von *Quantifizierungen* (d.h. der Fakt, dass etwas für ALLE oder EINIGE einer Reihe von Objekten wahr ist). Wenn diese Dinge benötigt werden, dann ist die Verwendung einer Logik, die als Nächstes beschrieben wird, möglicherweise besser geeignet. Frame- und semantische Netz-Systeme haben aber immer noch ihren Stellenwert, wenn relativ einfache Arten von Wissen repräsentiert werden müssen.

## 2.3   PRÄDIKATENLOGIK

Man kann zu Recht sagen, dass die wichtigste Wissensrepräsentationssprache die Prädikatenlogik (oder streng genommen die Prädikatenlogik erster Stufe) ist. Die Prädikatenlogik erlaubt uns, recht komplexe Fakten über die Welt darzustellen und neue Fakten so abzuleiten, dass garantiert wird, dass alle Folgerungen richtig sind, wenn die anfänglichen Fakten wahr sind. Es ist eine gut verstandene formale Sprache mit wohl definierter Syntax, Semantik und Schlussregeln. In diesem Abschnitt ist kein Platz, um eine vollständige Einführung in die Prädikatenlogik zu geben. Wenn Sie mit den Grundlagen nicht bereits vertraut sind, sollten Sie einen einführenden Text über Logik zu Rate ziehen oder Einführungen in längeren KI-Texten, wie z.B. (Ginsberg 1993) (Kapitel 6), (Russell und Norvig 2003) (Kapitel 7), (Luger 2001) (Kapitel 2). Weiter unten wird aber eine kurze Zusammenfassung gegeben, die denjenigen, die bereits mit Prädikatenlogik zutun hatten, die Grundlagen wieder ins Gedächtnis zurückrufen, und denen, bei denen dies nicht der Fall ist, einen Vorgeschmack auf das geben soll, worum es geht.

Eine Logik ist ein formales System, das im Sinne seiner *Syntax* (was die zulässigen Terme sind), seiner *Semantik* (was sie bedeuten) und seiner *Beweistheorie* (wie können wir neue Schlüsse ziehen, wenn einige Aussagen in der Logik gegeben sind) beschrieben werden kann. Diese drei Aspekte werden zuerst kurz für die Aussagenlogik (die viel einfacher ist, aber erlaubt, dass die Schlüsselideen eingeführt werden) und dann für die Prädikatenlogik erörtert.

## 2.3.1 ÜBERSICHT ÜBER DIE AUSSAGENLOGIK

### SYNTAX

In der Aussagenlogik werden Symbole verwendet, um Fakten über die Welt darzustellen. Die Tatsache „Alison mag Kuchen." könnte z.B. durch das Symbol $P$ dargestellt werden (oder auch durch jedes andere Symbol, wie z.B. das aussagekräftigere *AlisonMagKuchen*). Einfache Fakten wie diese werden als *atomare Sätze* bezeichnet. Wir können komplexere Aussagen (oder *Sätze*) aufbauen, indem wir atomare Sätze mit den logischen Bindegliedern ∧ (und) ∨ (oder) ¬ (nicht) → (Folgerung) und ↔ (Äquivalenz) kombinieren. Wenn wir also den Satz $Q$ haben, der die Tatsache „Alison isst Kuchen." repräsentiert, könnten wir diese Fakten haben:

$P \vee Q$: „Alison mag Kuchen oder Alison isst Kuchen."

$P \wedge Q$: „Alison mag Kuchen und Alison isst Kuchen."

$\neg Q$: „Alison isst keinen Kuchen."

$P \rightarrow Q$: „Wenn Alison Kuchen mag, dann isst Alison Kuchen."

$P \leftrightarrow Q$: „Wenn Alison Kuchen mag, dann isst Alison Kuchen und umgekehrt."

Im Allgemeinen sind auch $X \wedge Y$, $X \vee Y$, $\neg X$, $X \rightarrow Y$ und $X \leftrightarrow Y$ Sätze der Aussagenlogik, wenn $X$ und $Y$ es sind. Das definiert die *Syntax* der Logik. Folgendes sind gültige Sätze in der Aussagenlogik:

$P \vee \neg Q$

$P \wedge (P \rightarrow Q)$

$(Q \vee \neg R) \rightarrow P$

### SEMANTIK

Die *Semantik* der Aussagenlogik erlaubt uns, genau anzugeben, was Aussagen wie die oben gemachten bedeuten. Das wird dadurch definiert, was in der Welt wahr ist. Wenn wir z.B. wissen, dass $P$, $Q$ und $R$ wahr sind, bestimmt die Semantik der Logik, ob Sätze wie $(P \vee Q) \wedge R$ wahr sind. (Beachten Sie, dass die Klammern wichtig sind: $(P \vee Q) \wedge R$ ist nicht das Gleiche wie $P \vee (Q \wedge R)$.)

Wir können die Wahrheit oder Unwahrheit (oder den *Wahrheitswert*) von Sätzen wie diesen mit *Wahrheitstafeln* bestimmen, die die Wahrheitswerte von Sätzen mit logischen Bindegliedern im Sinne der Wahrheitswerte ihrer Teilsätze definieren. Die Wahrheitstafeln bieten eine einfache *Semantik* für diese logischen Bindeglieder (d.h. sie definieren genau, was die logischen Bindeglieder bedeuten). Da Sätze nur wahr oder falsch sein können, sind Wahrheitstafeln sehr einfach, z.B.:

| $XY$ | $X \vee Y$ |
|------|------------|
| $WW$ | $F$ |
| $WF$ | $W$ |
| $FW$ | $W$ |
| $FF$ | $F$ |

Aus der oben gezeigten Tafel können wir z.B. sehen, dass, wenn $X$ wahr und $Y$ falsch ist, $X \vee Y$ wahr ist. Nehmen wir nun an, dass wir die Behauptung *regnen* $\vee$ *sonnig* haben – d.h. wir erklären, dass der Wahrheitswert des Satzes *regnen* $\vee$ *sonnig* wahr bzw. *W* ist. Indem wir einen Blick auf diese Wahrheitstafel werfen, können wir sehen, dass dies Folgendes bedeuten muss: Entweder es regnet oder es ist sonnig oder es regnet und es ist zugleich sonnig. Wir können also vom Wahrheitswert eines Satzes aus rückwärts arbeiten, um die möglichen Wahrheitswerte der Teilaussagen zu bestimmen – das gibt uns die Bedeutung des Satzes. Ohne eine genaue Aussage über die Semantik von $\vee$ (und den anderen logischen Bindegliedern) kann die Bedeutung von Aussagen in der Logik mehrdeutig sein. Wir könnten z.B. entscheiden, dass *regnen* $\vee$ *sonnig* bedeutet, dass entweder das eine stimmt oder das andere, nicht aber beides.

### BEWEISTHEORIE

Um in einer Logik neue Fakten zu erschließen, müssen wir *Folgerungsregeln* (inference rules) anwenden. Die Semantik der Logik wird definieren, welche *Folgerungs*regeln universell *gültig* sind. Damit erhalten wir die *Beweistheorie* der Logik. Eine nützliche Schlussregel ist die folgende (die Modus Ponens genannt wird):

$$\frac{A, A \rightarrow B}{B}$$

Diese Regel besagt einfach, dass, wenn $A \rightarrow B$ wahr ist und $A$ wahr ist, dann auch $B$ notwendigerweise wahr ist. Wir könnten mit Wahrheitstafeln beweisen, dass diese Regel gültig ist. Diese Regel ist eine *korrekte* (solid) Form der Schlussfolgerung für die Logik. Setzt man die Semantik der Logik voraus, dann sind die Folgerungen garantiert wahr, wenn die Voraussetzungen wahr sind.

Es gibt viele andere Regeln, die richtige Schlussfolgerungen ermöglichen. Eine besonders wichtige Regel ist die *Resolution*. Eine einfache Form dieser Regel ist die folgende:

$$\frac{A \vee B, \neg B \vee C}{A \vee C}$$

Um zu sehen, wie dies angewendet werden könnte, nehmen wir an, dass die folgenden beiden Sätze wahr sind:

$$sonnig \lor regnen$$

$$\neg regnen \lor regenschirmnehmen$$

Wir können die Schlussregel nutzen, um anhand der ersten beiden Sätze zu schließen, dass *sonnig* ∨ *regenschirmnehmen* gilt.

Wenn wir *beweisen* möchten, ob eine Aussage wahr oder falsch ist, und wenn einige Sätze gegeben sind, von denen wir wissen, dass sie wahr sind, ist die Resolution ausreichend. Zuerst müssen wir alle die Sätze in eine standardisierte oder *Normalform* bringen, die Sätze wie die obigen umfasst. Dann gibt es eine Prozedur, der so genannte Beweis durch *Widerlegung*, die angewendet werden kann. Die allgemeine Idee besteht darin, dass wir versuchen anzunehmen, dass die fragliche Aussage falsch ist, und dann überprüfen, ob dies zu einem Widerspruch führt.

## 2.3.2 PRÄDIKATENLOGIK

### SYNTAX

Das Problem der Aussagenlogik besteht darin, dass es nicht möglich ist, in ihr allgemeine Aussagen wie „Alison isst alles, was sie mag." zu repräsentieren. Wir hätten viele Regeln für jedes unterschiedliche Ding, das Alison mag. Die Prädikatenlogik ermöglicht dagegen solche allgemeinen Aussagen.

Sätze in der Prädikatenlogik werden aus *atomaren Sätzen* aufgebaut. Statt mit unteilbaren Sätzen umzugehen, drückt die Prädikatenlogik elementare Fakten im Sinne eines Prädikatennamens und einiger Argumente aus. Für „Alison mag Schokolade." könnten wir also einen Prädikatennamen *mag* und die Argumente *alison* und *schokolade* haben, um den Satz *mag(alison, schokolade)* zu bilden. Das erweist sich als viel flexibler, als nur einen unteilbaren Satz *P* zu haben, der für den ganzen Ausdruck steht, da wir auf die Dateneinheiten *alison* und *schokolade* „zugreifen" können.

Im Allgemeinen können die Argumente in einem atomaren Satz jeder *Term* sein. Terme können sein:

**Konstantensymbole** wie z.B. *alison*

**Variablen** wie z.B. *X*. Um im Einklang mit der Programmiersprache Prolog zu bleiben, werden wir Großbuchstaben verwenden, um Variablen zu kennzeichnen, und Großbuchstaben für konstante Symbole vermeiden.

**Funktionale Ausdrücke** wie z.B. *vater(alison)*. Funktionale Ausdrücke bestehen aus einem Funktionssymbol, gefolgt von einer Reihe von Argumenten, bei denen es sich um beliebige Terme handeln kann.

Zu atomaren Sätzen in der Prädikatenlogik gehören also auch die folgenden:

- `freunde(alison, richard)`
- `freunde(vater(fred), vater(joe))`
- `mag(X, richard)`

Sätze in der Prädikatenlogik werden (ähnlich wie in der Aussagenlogik) konstruiert, indem atomare Sätze mit logischen Bindegliedern kombiniert werden, sodass die folgenden Beispiele alle Sätze des Kalküls der Prädikatenlogik sind:

- `freunde(alison, richard)` $\rightarrow$ `mag(alison, richard)`
- `mag(alison, richard)` $\vee$ `mag(alison, schokolade)`
- `(mag(alison, richard)` $\vee$ `mag(alison, schokolade))` $\wedge \neg$ `mag(alison, schokolade)`

Sätze können außerdem mit *Quantifizierern* gebildet werden, um anzuzeigen, wie Variablen in einem Satz behandelt werden müssen. Die beiden Quantifizierer der Prädikatenlogik sind $\forall$ und $\exists$. $\forall$ wird als „für alle" gelesen und verwendet, um auszudrücken, dass etwas für jedes Objekt wahr ist. $\exists$ wird als „es existiert ein" gelesen und verwendet, um auszusagen, dass etwas für mindestens ein Objekt wahr ist. Die folgenden Beispiele sind Sätze, die Quantifizierer enthalten:

- $\forall X$`(mag(alison, X)` $\rightarrow$ `isst(alison, X))` – d.h., Alison isst alles, was sie mag.
- $\exists X$`(vogel(X)` $\wedge \neg$ `fliegt(X))` – d.h., es gibt einige Vögel, die nicht fliegen.
- $\forall X$`(person(X)` $\rightarrow \exists Y$`liebt(X, Y))` – d.h., es gibt für jede Person etwas, das sie liebt.

In einem Satz müssen alle Variablen quantifiziert sein. Daher ist streng genommen ein Ausdruck wie $\forall X$`liebt(X, Y)`, auch wenn er eine wohl geformte *Formel* der Prädikatenlogik ist, kein Satz, da die Variable $Y$ nicht quantifiziert ist. Formeln, bei denen alle Variablen quantifiziert sind, werden auch *geschlossene Formeln* (closed formulae) genannt.

### SEMANTIK

Die Semantik der Prädikatenlogik wird (wie bei der Aussagenlogik) im Sinne der Wahrheitswerte von Sätzen definiert. Wie bei der Aussagenlogik können wir Wahrheitstafeln benutzen, um aus den Wahrheitswerten jedes Satzteils den Wahrheitswert von Sätzen mit logischen Bindegliedern zu bestimmen.

Wir müssen nun aber auch mit Prädikaten, Argumenten und Quantifizierern umgehen. Formal kann die Bedeutung eines Prädikats wie z.B. *mag* mit einer Menge von allen Personenpaaren (in einer *Domäne*, die von Interesse ist) definiert sein, die sich gegenseitig mögen. Für unsere Zwecke können wir aber einfach annehmen, dass ein Wahrheitswert auf irgendeine Weise einem Satz wie *mag(alison, schokolade)* zugewiesen werden kann.

Die Bedeutung von $\forall$ ist dadurch definiert, dass ein Satz für ALLE Objekte der zugehörigen Domäne wahr ist. $\forall X S$ bedeutet, dass für jedes Objekt $X$ in der Domäne $S$ wahr ist. Nehmen wir z.B. an, dass wir nur an Fred, Jim und Joe interessiert sind. Wir könnten herausfinden, ob der Satz $\forall X$*mag(X, schokolade)* wahr ist, indem wir überprüfen, ob *mag(Fred, schokolade)*, *mag(Jim, schokolade)* und *mag(Joe, schokolade)* wahr sind.

Die Bedeutung von ∃ kann ähnlich definiert werden. Ein Satz ist zumindest für eines der Objekte der Domäne wahr. Wenn also Fred Schokolade mag, die anderen aber nicht, dann ist ∃*Xmag(X, schokolade)* wahr, aber ∀*Xmag(X, schokolade)* falsch. Dies bietet nur einen Vorgeschmack darauf, wie wir Termen in der Prädikatenlogik eine Semantik geben können. Die Einzelheiten bleiben am besten den Logikern überlassen. Wichtig ist, dass alles sehr präzise definiert ist. Wenn wir also die Prädikatenlogik verwenden, sollten wir genau wissen, in welchem Kontext wir uns befinden und welche Folgerungen daher gültig sind.

## LOGIKPROGRAMMIERUNG

Logikprogrammiersprachen sehen ein Computerprogramm als Menge von Aussagen in einer Logik an. Statt das Programm auszuführen, wie Sie es in einer prozeduralen Sprache tun würden, können Sie dem System eine Anfrage in Form einer Aussage stellen, die es anhand der Aussagen, die im Programm gegeben sind, zu beweisen versucht. Die am häufigsten verwendete logische Programmiersprache ist Prolog.

Prolog basiert auf der Prädikatenlogik. Jede Aussage in dem Programm entspricht einem Satz in der Prädikatenlogik. Die verwendeten Notationen unterscheiden sich aber deutlich. Im Folgenden sehen Sie ein kleines Prolog-Programm und die entsprechenden Aussagen in der Logik. Beachten Sie, dass alle Argumente in Großbuchstaben in Prolog in der Logik-Version universelle Quantifizierer haben (∀-Zeichen) und dass in Prolog eine umgekehrte Version des Folgerungszeichens verwendet wird, das als :- geschrieben wird.

```
vater(jim,f red).
vater(joe, jim).
grossvater(X, Y) :-
    vater(X, Z),
    vater(Z, Y).
```

*vater(jim,f red)*
*vater(joe, jim)*
∀*XYZ((vater(X, Z) ∧ vater(Z, Y)) → grossvater(X, Y))*

Mit dem oben gezeigten Programm könnten wir Prolog bitten, zu beweisen, dass grossvater(joe, fred) wahr ist. Es sollte mit ja antworten. Prolog beweist Aussagen mit einer Variante der Resolutionsprozedur, die in Abschnitt 2.3.2 ausgeführt wurde. Um alles effizient zu gestalten und um eine einfache und *zielorientierte* Beweisprozedur zuzulassen, lässt Prolog nicht die Darstellung von beliebigen Aussagen der Prädikatenlogik zu, sondern nur *Horn*klauseln, bei denen es nur eine Tatsache auf der rechten Seite des Folgerungszeichens gibt.

Schlussregeln (und Beweisprozeduren) in der Prädikatenlogik ähneln denen der Aussagenlogik. Modus Ponens und Resolution gelten noch immer, müssen aber geändert werden, um mit Termen umzugehen, die Variablen und Quantifizierer enthalten. Wir würden z.B. gern die Fakten $\forall X(mensch(X) \rightarrow sterblich(X))$ und $mensch(sokrates)$ nutzen und $sterblich(sokrates)$ folgern. Dafür können wir den Modus Ponens nutzen, aber zugleich zulassen, dass Sätze mit anderen Sätzen *in Übereinstimmung gebracht* werden. Zum Beispiel kann $mensch(X)$ mit $mensch(sokrates)$ in Übereinstimmung gebracht werden, wobei $X$ durch $sokrates$ substituiert wird.

Die Resolution kann ähnlich abgeändert werden, um in der Prädikatenlogik zu funktionieren. Der Beweis durch Widerspruch kann dann angewendet werden, wenn wir beweisen möchten, dass etwas wahr ist, und vorausgesetzt, dass einige Sätze in der Logik gegeben sind. Damit haben wir eine *korrekte* Beweisprozedur – wenn wir damit etwas beweisen, können wir sicher sein, dass es eine gültige Schlussfolgerung ist. Sie ist außerdem *vollständig*, da sie schließlich einen Beweis finden wird, wenn einer existiert.

### 2.3.3 WISSENSREPRÄSENTATION MIT PRÄDIKATENLOGIK

#### FAKTEN IN DER LOGIK DARSTELLEN

Der gewöhnliche KI-Programmierer/Forscher muss nicht unbedingt die Einzelheiten der Semantik oder Beweistheorie der Prädikatenlogik kennen, aber er muss möglicherweise wissen, wie Objekte in der Prädikatenlogik dargestellt werden und was Terme in der Prädikatenlogik bedeuten. Formal gesehen haben wir schon besprochen, was Terme bedeuten, aber es mag sinnvoller sein, eine Reihe von Beispielen zur Hand zu nehmen und auszuführen, wie man von einer Aussage in Deutsch zu einer Aussage in der Prädikatenlogik kommt.

Aussagen wie „Alison mag Schokolade." oder „John liebt Mary." sind leicht auszudrücken. Sie müssen das Verb als Prädikatnamen verwenden und die Substantive als Argumente, um $mag(alison, schokolade)$ und $liebt(john, mary)$ zu erhalten. Eine Aussage, die eine Eigenschaft eines Individuums beschreibt, wie z.B. „Mary ist groß.", kann ebenfalls einfach ausgedrückt werden, hier verlangt die Konvention aber, dass daraus ein einstelliges Prädikat gemacht wird, wie z.B. $gross(mary)$. Wenn Mary sowohl groß als auch hübsch ist, muss das logische Bindeglied $\wedge$ verwendet werden: $gross(mary) \wedge huebsch(mary)$. Ähnliches gilt, wenn Alison sowohl Schokolade als auch Sahne mag: $mag(alison, schokolade) \wedge mag(alison, sahne)$. Beachten Sie, dass logische Bindeglieder nicht innerhalb eines Arguments eines Prädikates verwendet werden können, sodass $mag(alison, schokolade \wedge sahne)$ kein gültiger Ausdruck ist.

Aussagen der Form „Wenn X, dann Y" können in $X \rightarrow Y$ übersetzt werden. Also könnte „Wenn Alison hungrig ist, dann isst sie Schokolade." so ausgedrückt sein: $hungrig(alison) \rightarrow isst(alison, schokolade)$. Bei Aussagen, die ein „oder" umfassen, kann das Bindeglied ∨ verwendet werden: *isst(alison, schokolade)* ∨ *isst(alison, kekse)*. Und um zu definieren, dass etwas nicht wahr ist, wird ¬ verwendet: ¬ *mag(alison, rosenkohl)*.

Für allgemeinere Regeln kann der Quantifizierer ∀ verwendet werden. Eine gängige Form ist ∀*Xp(X)* → *q(X)*, wobei *p* und *q* beliebige Prädikate sind. Zum Beispiel könnte „Alle Studenten studieren." als ∀*Xstudent(X)* → *studieren(X)* ausgedrückt werden (d.h. für alle Objekte, wenn dieses Objekt ein Student ist, dann gilt, dass dieses Objekt studiert). Der Quantifizierer ∃ wird verwendet, wenn etwas nur für ein Objekt wahr sein muss. Zum Beispiel könnte „Jemand Unbekanntes mag Rosenkohl." als ∃*Xunbekannt(X)* ∧ *mag(X, rosenkohl)* ausgedrückt werden (d.h., es gibt ein Ding, das sowohl unbekannt ist als auch Rosenkohl mag).

Im Folgenden finden Sie einige weitere Beispiele von Aussagen in der Prädikatenlogik zusammen mit ihren deutschen Entsprechungen.

❖ ∃*X(tisch(X)* ∧ ¬ *zahlbeine(X, 4))* „Es gibt einen Tisch, der keine 4 Beine hat."

❖ ∀*X(elefant(X)* → *grau(X))* „Alle Elefanten sind grau."

❖ ∀*X(muenchner(X)* → *(unterstuetzen(X, 1860)* ∨ *unterstuetzen(X, Bayern)))* „Alle Münchner unterstützen entweder 1860 oder Bayern München."

❖ ∃*X(klein(X)* ∧ *schleimig(X)* ∧ *auf(X, tisch))* „Da liegt etwas Kleines und Schleimiges auf dem Tisch."

❖ ¬ ∃*X(rosenkohl)(X)* ∧ *schmackhaft(X))* „Es gibt keinen Rosenkohl, der schmackhaft ist."

### DIE VERWENDUNG DER LOGIK IN DER KI

Prädikatenlogik stellt eine leistungsfähige Methode zur Verfügung, um Wissen darzustellen und damit zu arbeiten. Einige Dinge, die mit Frames nicht einfach ausgedrückt werden können, wie z.B. eine Negation, Disjunktion und Quantifizierung, werden mit der Prädikatenlogik einfach dargestellt. Die verfügbaren Schlussregeln und Beweisprozeduren bedeuten, dass ein viel breiterer Bereich der Rückschlüsse möglich ist, als es bei einfachen vererbungsbasierten Rückschlüssen in einem Frame-System zulässig ist.

Es gibt aber einige Dinge, die in der Prädikatenlogik schwierig darzustellen sind. Dazu gehören vor allem Fakten, die Unsicherheit (z.B. „Morgen wird es möglicherweise regnen."), Standardparameter („Normalerweise regnet es in Glasgow."), Meinungen („John meint, dass es regnen wird, ich nicht.") und Zeit bzw. Veränderung („Wenn man sich Glasgow nähert, wird es nässer und nässer.") beinhalten. Es wurden Methoden entwickelt, die es ermöglichen, dass einige dieser Fakten in der Prädikatenlogik erfasst werden, und es wurden komplexere Logiken mit unterschiedlicher Syntax und Semantik entwickelt. Je komplexer aber die Logik wird, umso ineffizienter werden meist auch die Schlussfolgerungen innerhalb der Logik. Bei einer komplexen Problemlösung muss sich der KI-Programmierer also möglicherweise zwischen einer logikbasierten Annäherung mit einer klaren Semantik und garantiert richtigen Folgerungen und einem eher *ad hoc* durchgeführten proceduralen Verfahren entscheiden, das für das bestimmte Problem effizienter sein kann.

Innerhalb der KI wird Logik nicht nur als Wissensrepräsentationssprache genutzt, sondern auch:

✤ um KI-Theorien innerhalb des Fachgebiets *auszutauschen*. Wenn etwas über eine neue Theorie zum menschlichen Denken oder der Sprachverwendung geschrieben wird, verwenden einige Leute eine formelle Logik, um die Theorie zu beschreiben. Das ist damit zwar präzise, geht aber oftmals auf Kosten der Klarheit und Verständlichkeit.

✤ als Basis von KI-*Programmiersprachen*. Das nahe liegende Beispiel ist hier Prolog, die auf der Prädikatenlogik basiert, aber auch als flexible und universelle KI-Programmiersprache verwendet werden kann.

✤ um die Bedeutung von Sätzen in natürlicher Sprache in einem System anzugeben, das natürliche Sprache versteht.

✤ um die *Semantik* von anderen einfacheren Repräsentationssprachen zu definieren. Dieser Punkt wird weiter unten ausführlicher erörtert.

## LOGIK UND FRAMES

Repräsentationssprachen wie die der Frames haben häufig ihre eigene Semantik, die im Sinne von Prädikaten- (oder anderen) Logiken definiert ist. Wenn wir erst einmal genau definiert haben, was all diese Terme und Relationen im Sinne einer wohlverstandenen Logik bedeuten, können wir sicherstellen, dass alle gemachten Folgerungen gemäß der Logik richtig sind. Bei einem einfachen Frame-System ohne Standardwerte besteht eine Methode, die Ausdrücke in die Sprache der Logik zu übersetzen, in diesem Verfahren:

✤ Für ein Objekt *o* mit Slot *s* und Wert *w* erhalten wir: $\forall X \exists Y(o(X) \rightarrow (w(Y) \wedge s(X,Y)))$. Für unser „Elefant hat_teil Kopf"-Beispiel aus Abschnitt 2.2.1 würden wir folgende Übersetzung erhalten: $\forall X \exists Y(elefant(X) \rightarrow kopf(Y) \wedge hatteil(X, Y))$.

✤ Wenn ein Objekt *o* eine Instanz einer Klasse *k* ist, erhalten wir $k(o)$. Zum Beispiel: Nellie ist ein Elefant: $elefant(nellie)$.

✤ Wenn eine Klasse *k1* eine Unterklasse einer anderen Klasse *k2* ist, erhalten wir $\forall X(k1(X) \rightarrow k2(X))$. Zum Beispiel: $\forall X elefant(X) \rightarrow saeugetier(x)$.

Die Vererbung bleibt auch noch in der logikbasierten Version erhalten. Die Vererbungsregel Modus Ponens könnte z.B. auf $\forall X \exists Y(elefant(X) \rightarrow kopf(Y) \wedge hatteil(X, Y))$ und $elefant(nellie)$ angewendet werden, um zu schließen, dass $\exists Y kopf(Y) \wedge hatteil(nellie, Y)$ (d.h. Nellie hat einen Kopf).

Mit diesem Modell kann alles aus einem Frame-System in die Prädikatenlogik übersetzt werden, nicht aber umgekehrt. Das Frame-System hat eine schwächere Repräsentationadäquatheit (representational adequacy). Mit dem Frame-System kann man aber einfach arbeiten und die Möglichkeit, zwischen den Sprachen der Frames und der Logik zu übersetzen, hat den Vorteil, dass wir (oberflächlich) mit einer einfachen, natürlichen Repräsentationssprache wie z.B. den Frames umgehen können, während wir durch die zugrunde liegende Logik sicher sein können, dass die Folgerungen, die vom System gemacht werden, richtig sind. Natürlich müssen wir etwas von der Semantik der Sprache verstehen, um in der Lage zu sein, Dinge in ihr bedeutungsvoll darzustellen, aber dies ist wahrscheinlich nicht so unangenehm wie der direkte Umgang mit der Logik.

Ein weiterer möglicher Vorteil dieses Verfahrens besteht darin, dass etwas wie ein Frame-System normalerweise im Vergleich zu einer vollständigen Prädikaten- (oder Standard-)Logik über eine eingeschränkte Ausdrucksstärke der Repräsentation verfügt. Das mag wie ein Nachteil klingen, da es bedeutet, dass wir einige Dinge nicht darstellen können. Der Gewinn an Effizienz durch den Umgang mit einer eingeschränkten Teilmenge egalisiert diesen Nachteil aber meist. Tatsächlich wurden neue Logiken (die *terminologische* oder *deskriptive* Logiken genannt werden) entwickelt, die die notwendige Ausdrucksstärke haben, um Schlüsse nach Art der Vererbung an einfachen Eigenschaften von Klassen von Objekten (wie in einem Frame-System) durchzuführen, die aber einige Folgerungen und Repräsentationen, die in der Prädikatenlogik möglich sind, nicht zulassen. Diese Logiken erlauben es Ihnen, direkt innerhalb der Logik zu folgen, statt die speziellen Folgerungen eines Frame-Systems zu nutzen, die nur indirekt durch eine logikbasierte Semantik validiert werden. Terminologische Logiken haben eine stärker beschränkte Ausdruckskraft als die Prädikatenlogik, aber eine höhere Effizienz.

## 2.3.4 ZUSAMMENFASSUNG

Dieser Abschnitt hat Ihnen einen kurzen Überblick über die Prädikatenlogik und ihre Verwendung in der Wissensrepräsentation vermittelt. Obwohl sie als Sprache geeigneter ist als z.B. die der Frames, können einige Fakten weniger deutlich sein, wenn sie mit einer Logik dargestellt werden. Für die meisten Menschen ist z.B. das Beispiel „Elefant hat_teil Kopf" in der Darstellung, die auf Frames oder semantischen Netzen basiert, natürlicher und einfacher zu verstehen. Und obwohl die Prädikatenlogik einen großen Bereich von Schlüssen zulässt und es Beweisführungen gibt, die eingesetzt werden können, um diese Schlüsse auf eine systematische Art anzuwenden, kann der Prozess, verglichen mit einer restriktiveren Sprache wie die der Frames, ineffizient sein. Es besteht eine Wechselwirkung zwischen der Repräsentationsadäquatheit (representational adequacy) und den Formen der Inferenzadäquatheit (inferential adequacy; d.h. die Ausdruckskraft des Systems insgesamt) auf der einen Seite und der Effizienz der Inferenz (inferential efficiency) auf der anderen.

Die Logik ist zwar als Sprache der Wissensrepräsentation kein Wundermittel, aber grundlegender als die anderen Methoden, die in diesem Kapitel beschrieben wurden, da andere Methoden häufig mit Hilfe der Logik beschrieben werden. Die Logik bietet eine sichere Grundlage, auf der andere Methoden stehen können, wodurch diese analysiert und verglichen werden können. Fortgeschrittenere Studien der KI würden eine genauere Untersuchung der Rolle der Logik erfordern.

## 2.4 REGELBASIERTE SYSTEME

Statt Wissen auf eine relativ deklarative, statische Art darzustellen (als eine Menge von Objekten, die wahr sind), stellen regelbasierte Systeme Wissen im Sinne einer Menge von Regeln dar, die Ihnen sagen, was Sie tun sollten oder was Sie in unterschiedlichen Situationen schließen können. Ein regelbasiertes System besteht aus einer Menge von IF-THEN-Regeln, einer Menge von *Fakten*, die normalerweise Dinge darstellen, die derzeit für wahr gehalten werden, und einigen *Interpretierern* (interpreter), die mit den Fakten die Anwendung der Regeln kontrollieren. Dies ist in Abbildung 2.6 veranschaulicht.

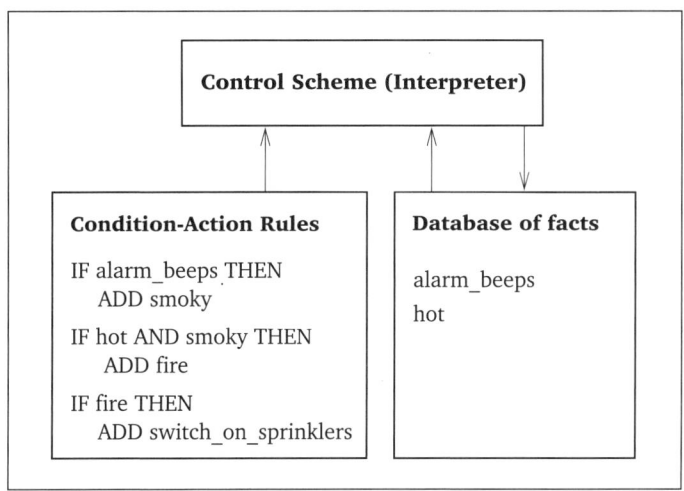

Abbildung 2.6: Regelbasierte Systemarchitektur

Die IF-THEN-Regeln in einem regelbasierten System werden ganz anders als ähnliche Konstrukte in einer konventionellen Programmiersprache wie Pascal oder C behandelt. Während Pascal oder C IF-THEN-Konstrukte als Teil einer *Sequenz* von Anweisungen behandeln, die in einer bestimmten Reihenfolge berücksichtigt werden, behandelt ein regelbasiertes System jede Regel als ein unabhängiges Stück Wissen, das bei Bedarf unter der Kontrolle eines Interpretierers aufgerufen wird. Die Regeln ähneln mehr Folgerungen in einer Logik (z.B. *regnet → regenschirm_tragen*) und tatsächlich lässt sich die Diskussion über Vorwärts- und Rückwärtsverkettung weiter unten gleichermaßen auf die Kontrolle des Denkens in einem logikbasierten System anwenden.

Es gibt zwei Hauptarten von Interpretern: *Vorwärtsverkettung (forward chaining)* und *Rückwärtsverkettung (backward chaining)*. Bei einem System, das das Verfahren der Vorwärtsverkettung einsetzt, beginnen Sie mit einigen anfänglichen Fakten und verwenden die Regeln, um anhand dieser Fakten neue Schlussfolgerungen zu ziehen (oder bestimmte Aktionen vorzunehmen). In einem System, das die Rückwärtsverkettung benutzt, beginnen Sie mit einigen Hypothesen (oder Zielen), die Sie testen bzw. beweisen möchten, und suchen nach Regeln, die es Ihnen erlauben, diese Hypothese zu erschließen, und erstellen dabei vielleicht nebenbei neue Teilziele, die wiederum bewiesen werden müssen. Systeme mit Vorwärtsverkettung sind primär datenorientiert (data-driven), während Systeme mit Rückwärtsverkettung zielorientiert (goal-driven) sind. Wir werden beide vorstellen und auch erörtern, in welcher Situation welches System von größerem Nutzen ist.

## 2.4.1 SYSTEME MIT VORWÄRTSVERKETTUNG

In einem System mit Vorwärtsverkettung werden die Fakten in dem System in einem *Arbeitsspeicher* untergebracht, der fortlaufend aktualisiert wird, während Regeln aufgerufen werden. Regeln in dem System stellen mögliche Aktionen dar, die vorgenommen werden, wenn spezifizierte Fakten im Arbeitsspeicher auftreten. Sie werden häufig als *Bedingungs-Aktions-Regeln* (condition-action rules) bezeichnet. Die Aktionen umfassen normalerweise das *Hinzufügen* oder *Löschen* von Elementen im Arbeitsspeicher, aber weitere Aktionen wie z.B. das Ausgeben einer Nachricht sind auch möglich. Tatsächlich können viele Systeme zulassen, dass willkürliche Prozeduren innerhalb des Aktionsteils der Regel aufgerufen werden.

Der Interpreter kontrolliert anhand des Arbeitsspeichers die Anwendung der Regeln und damit die Aktivität des Systems. Diese basiert auf einem Zyklus von Aktivität, der manchmal auch als *Erkennen-Handeln-Zyklus* (recognize-act cycle) bezeichnet wird. Das System sucht zuerst nach allen Regeln, deren Bedingungen in Anbetracht des aktuellen Zustands des Arbeitsspeichers erfüllt sind. Dann wählt es eine aus und führt die Aktionen im Aktionsteil der Regel aus. Dies wird als *Feuern* (firing) der Regeln bezeichnet. Die Auswahl einer zu feuernden Regel basiert auf festen Strategien, die als *Konfliktlösung*sstrategien (conflict resolution strategies) bekannt sind, die später erörtert werden. Die Aktionen werden in einem neuen Zustand des Arbeitsspeichers resultieren und der Zyklus beginnt von vorn. Dieser Zyklus wird so lange wiederholt, bis entweder keine Regel mehr ausgelöst werden kann oder ein spezielles *Halte*-Symbol zum Arbeitsspeicher hinzugefügt wird.

Dieser elementare Algorithmus für die Vorwärtsverkettung kann wie folgt zusammengefasst werden:

Wiederhole bis keine Regeln mehr ausgelöst werden können oder bis zum *Halte-Symbol* im Arbeitsspeicher:

❖ Finde alle Regeln, deren Bedingungen (IF-Teil) erfüllt sind.
❖ Wähle unter der Verwendung der Konfliktlösungsstrategien eine Regel aus.
❖ Führe schließlich die Aktionen durch und ändere eventuell den aktuellen Arbeitsspeicher.

Stellen Sie sich als sehr einfache Veranschaulichung die Regeln und Fakten in Abbildung 2.6 vor, die ein eher konservatives Verfahren zur Feuerbekämpfung darstellen (stelle die Sprinkler nur an, wenn der Rauchmelder losgeht UND es heiß ist. Sie wollen ja schließlich nicht den verbrannten Toast nass machen):

R1: *IF heiss AND verraeuchert THEN ADD feuer*

R2: *IF alarm_piept THEN ADD verraeuchert*

R3: *IF feuer THEN ADD sprinkler_einschalten*

F1: *alarm_piept*

F2: *heiss*

Zuerst sucht das System die Regeln, deren Bedingungen in Anbetracht der Fakten (F1 und F2) gelten. Die einzige Regel, für die das zutrifft, ist Regel R2, sodass diese Regel ausgewählt und ihr Aktionsteil ausgeführt wird. Die Aktion *ADD verraeuchert* bewirkt, dass ein neuer Fakt *verraeuchert* zum Arbeitsspeicher hinzugefügt wird. Also wird der neue Fakt hinzugefügt:

F3: *verraeuchert*

Nun beginnt der Zyklus von neuem. Diesmal gelten die Bedingungen der ersten Regel, da sich sowohl *heiss* als auch *verraeuchert* im Arbeitsspeicher befinden. Also wird die Aktion ausgeführt und wir erhalten einen neuen Fakt im Arbeitsspeicher:

F4: *feuer*

Der Zyklus beginnt wieder und diesmal wird Regel R3 ausgelöst bzw. gefeuert, *sprinkler_einschalten* wird zum Arbeitsspeicher hinzugefügt und hat hoffentlich zur Folge, dass die Sprinkler eingeschaltet werden.

Dieses Beispiel verdeutlicht, wie die Reihenfolge, in der die Regeln ausgelöst werden, davon abhängt, was sich im Arbeitsspeicher befindet, und nicht von der Reihenfolge, in der die Regeln gegeben sind. Was geschieht aber, wenn in einem Zyklus die Bedingungen von mehr als einer Regel zutreffen? Um diesen Fall zu erörtern, werden wir das oben aufgeführte Beispiel um zwei weitere Regeln und einen neuen anfänglichen Fakt erweitern:

R1: *IF heiss AND verraeuchert THEN ADD feuer*

R2: *IF alarm_piept THEN ADD verraeuchert*

R3: *IF feuer THEN ADD sprinkler_einschalten*

R4: *IF trocken THEN ADD luftbefeuchter_einschalten*

R5: *IF sprinkler_an THEN DELETE trocken*

F1: *alarm_piept*

F2: *heiss*

F3: *trocken*

Die Aktion *DELETE trocken* führt dazu, dass diese Tatsache aus dem Arbeitsspeicher entfernt wird. Nun gibt es im ersten Zyklus ZWEI Regeln, die zutreffen: R2 und R4. Wenn R4 ausgewählt wird, wird der Luftbefeuchter eingeschaltet, und alles läuft wie zuvor ab. Wenn R2 ausgewählt wird, gefolgt von R1, R3 und R5, dann wird *trocken* aus dem Arbeitsspeicher gelöscht und der Luftbefeuchter wird (vernünftigerweise) überhaupt nicht eingeschaltet.

## KONFLIKTLÖSUNG

Wenn eine Wahlmöglichkeit besteht, dann ist es ganz offensichtlich wichtig, welche Regel zum Feuern ausgewählt wird. Dies mag, wie wir gesehen haben, die endgültigen Schlussfolgerungen und auch die Effizienz des Systems dabei beeinflussen, zu der Schlussfolgerung oder der gewünschten Aktion zu gelangen (ohne zu viele irrelevante Schlüsse zu ziehen oder unterwegs zu viele irrelevante Aktionen auszuführen). Ein System mit Vorwärtsverkettung wird einige *Konfliktlösungsstrategien* haben, um zu entscheiden, welche Regel als Nächstes ausgelöst wird. Zu den gängigen Strategien gehören die folgenden:

❖ Ziehe es vor, Regeln auszulösen, die Fakten umfassen, die kürzlich zum Arbeitsspeicher hinzugefügt wurden. Im obigen Beispiel wird, wenn anfangs R2 ausgelöst wurde, die nächste auszulösende Regel R1 sein (statt R4), da *verraeuchert* erst kürzlich hinzugefügt wurde. Dies erlaubt dem System, eine einzelne Folgerungskette zu durchlaufen.

❖ Ziehe es vor, Regeln mit spezifischeren Bedingungen auszulösen. Wenn wir z.B. eine Regel R6, *IF heiss THEN ADD sommer*, und die Fakten *heiss* und *verraeuchert* hätten, dann würde R1 vor R6 ausgelöst, da sie spezifischere Bedingungen hat. Dies ermöglicht es, mit Regeln wie R1 zu arbeiten, die Ausnahmen von einer allgemeineren Regel (R6) sind.

❖ Erlaube es dem Benutzer, Prioritäten für die Regeln anzugeben. R4 weiter oben könnte z.B. eine sehr niedrige Priorität haben, womit sie nur ausgelöst wird, wenn nichts anderes ausgelöst werden kann.

❖ Löse alle anwendbaren Regeln auf einmal aus. Das ist fast genau das Gegenteil von den bereits aufgeführten Strategien, da dies dazu führt, dass alle Folgerungsketten gleichzeitig untersucht werden. (Dies ist dem Unterschied zwischen den Suchstrategien der Tiefen- und Breitensuche ähnlich, die in Kapitel 4 erörtert werden.)

Eine Sprache, die die Vorwärtsverkettung benutzt, kann eine Auswahl verschiedener Strategien bieten, zwischen denen die Person, die die Regeln implementiert, auswählen kann.

## INSTANDHALTUNG

Eine weitere Funktion, die manchmal angeboten wird, dient dazu, dass das System automatisch Fakten entfernen kann, die ihre Berechtigung infolge von Änderungen im Arbeitsspeicher verloren haben. In dem Feuerbeispiel weiter oben könnte der

Luftbefeuchter mit der Berechtigung angeschaltet werden (oder zumindest könnte *luftbefeuchter_einschalten* hinzugefügt werden), dass es heiß und trocken ist. Später wird aber *trocken* aus dem Arbeitsspeicher entfernt, sodass *luftbefeuchter_einschalten* keine Rechtfertigung mehr besitzt und daher automatisch entfernt werden kann.

Es wurden differenzierte Techniken entwickelt, um diese Arten der Aktualisierung zuzulassen. Diese werden als *Reason-Maintenance-* oder *Truth-Maintenance*-Systeme bezeichnet. Einige erlauben es, dass alle möglichen logischen Mengen von Fakten berücksichtigt werden. Nehmen wir z.B. an, dass (aus irgendeinem Grund) das Sprinklersystem nicht eingeschaltet werden soll, wenn der Luftbefeuchter eingeschaltet ist. Es würde zwei logische Mengen von Fakten geben, eine, bei der der Luftbefeuchter eingeschaltet ist (und das Gebäude abbrennt!), und eine andere, bei der der Sprinkler eingeschaltet ist.

### MUSTERVERGLEICH

Die Regeln und Fakten in den bisherigen Beispielen waren sehr einfach. Im Allgemeinen sind komplexere Fakten zulässig, wie z.B. *temperatur(kueche, heiss)* statt nur *heiss*, und Regeln können *Muster* haben, die mit Fakten im Arbeitsspeicher *verglichen* werden. Nehmen wir z.B. an, wir haben die folgenden Regeln und Fakten:

R7: *IF temperatur(R, heiss) AND umgebung(R, verraeuchert) THEN ADD feuer_in(R)*

F6: *temperatur(kueche, heiss)*

F7: *umgebung(kueche, verraeuchert)*

Die Regelbedingungen enthalten eine Variable *R*, die jeden Wert annehmen kann (z. B. kueche)[1].

Also stimmt *temperatur(R, heiss)* mit *temperatur(kueche, heiss)* überein, wobei *R=kueche* ist. *Umgebung(R, kueche)* (mit R=kueche) stimmt mit F7 überein, sodass die Tatsache *feuer_in(kueche)* zum Arbeitsspeicher hinzugefügt wird.

Bei einer Rückwärtsverkettung (die im nächsten Abschnitt erörtert wird), wird der Mustervergleich genutzt, um Ziele mit Schlussfolgerungen aus Regeln zu vergleichen. Wenn wir also versuchen würden, *feuer_in(bibliothek)* zu zeigen, würde dieses Ziel mit der Schlussfolgerung aus R7 mit *R=bibliothek* übereinstimmen.

Sowohl bei der Vorwärts- als auch bei der Rückwärtsverkettung vergrößert die Anwendung von Mustern und des Mustervergleiches die Flexibilität der Regeln enorm.

---

[1] Für diejenigen, die mit Prolog vertraut sind, wird hier eine Prolog-ähnliche Notation verwendet. Für Muster werden aber häufig andere Notationen verwendet, wie z. B. *(temperatur ?R heiss)*.

# DAS CLIPS-EXPERTENSYSTEM-TOOL

Ein Expertensystem-Tool, das auf einer Vorwärtsverkettung basiert, ist CLIPS (was für *C Language Integrated Production System* steht). Die folgende Regel vermittelt einen Eindruck davon, wie man Regeln in der CLIPS-Syntax schreibt. Statt *ADD* wird *Assert* und statt *IF ... THEN* wird das Symbol => verwendet. Variablen in Mustern werden durch ein Fragezeichen angegeben.

```
(defrule feuer-alarm
 (temperatur ?r1 heiss)
 (umgebung ?r1 verraeuchert)
 =>
 (assert (feuer-in ?r1)))
```

CLIPS lässt die Auswahl einer Vielzahl von Konfliktlösungsstrategien zu und bietet eingeschränkte Möglichkeiten zur Instandhaltung (Reason Maintenance). Sie liefert außerdem Möglichkeiten, in denen die regelbasierte Programmierung mit konventionelleren prozeduralen und objektbasierten Verfahren kombiniert werden kann.

CLIPS ist sehr weit verbreitet, vor allem an Universitäten in Lehre und Forschung, aber auch bei kommerziellen Unternehmen.

## 2.4.2   SYSTEME MIT RÜCKWÄRTSVERKETTUNG

Bisher haben wir uns angesehen, wie regelbasierte Systeme genutzt werden können, um neue Schlüsse aus bestehenden Daten zu ziehen, wobei diese Schlüsse zu einem Arbeitsspeicher hinzugefügt werden. Dieses Verfahren ist besonders nützlich, wenn Sie alle anfänglichen Fakten kennen, aber nicht wissen, welche Schlüsse wahrscheinlich sind.

Wenn Sie aber WISSEN, wie die Schlüsse aussehen könnten, oder eine spezielle Hypothese testen möchten, können Vorwärtsverkettungssysteme ineffizient sein. Sie könnten immer wieder eine Vorwärtsverkettung herstellen, bis entweder keine Regeln mehr anwendbar sind oder Sie Ihre Hypothese zum Arbeitsspeicher hinzugefügt haben. In diesem Prozess ist es aber wahrscheinlich, dass das System einen großen Teil irrelevanter Arbeit ausführt und uninteressante Schlüsse zum Arbeitsspeicher hinzufügt. Nehmen wir z.B. an, dass wir folgende Regeln haben (wobei wir unser Beispiel erneut verändern, um diesen Fall zu verdeutlichen):

R1: *IF verraeuchert AND heiss THEN ADD feuer*

R2: *IF alarm_piept THEN ADD verraeuchert*

R3: *IF alarm_piept THEN ADD ohrstoepsel*

R4: *IF feuer THEN ADD sprinkler_einschalten*

R5: *IF verraeuchert THEN ADD schlechte_sicht*

F1: *alarm_piept*

F2: *heiss*

Wenn wir nur daran interessiert sind, ob die Sprinkler eingeschaltet werden sollen oder nicht, ist es irrelevant, zu folgern, dass die Sicht schlecht ist und man Ohrstöpsel tragen sollte (wenn nicht sogar ausgesprochen gefährlich).

Durch eine Rückwärtsverkettung vermeiden wir die Entstehung dieser irrelevanten Schlussfolgerungen und konzentrieren uns nur auf die fragliche Hypothese (sollen die Sprinkler eingeschaltet werden?). Wir beginnen mit einem Ziel, das wir beweisen möchten, z.B. *sprinkler_einschalten*. Das System wird nun überprüfen, ob das Ziel mit gegebenen Fakten übereinstimmt. Wenn das der Fall ist, dann folgt das Ziel. Wenn das nicht der Fall ist, wird das System nach Regeln suchen, deren Schlüsse (die zuvor als *Aktionen* bezeichnet wurden) mit dem Ziel übereinstimmen. Eine solche Regel wird ausgewählt und das System wird dann versuchen, alle Fakten aus den Bedingungen (bzw. den *Vorbedingungen*) der Regel zu erfüllen. Dafür verwendet es die gleiche Prozedur und übernimmt die Vorbedingungen als neue Ziele in den Arbeitsspeicher, die es zu beweisen gilt. Beachten Sie, dass ein System mit Rückwärtsverkettung keinen Arbeitsspeicher aktualisieren muss. Stattdessen muss es verfolgen, welche Ziele bewiesen werden müssen, um die Anfangshypothese zu beweisen.

Im Folgenden finden Sie den elementaren Algorithmus (wobei ignoriert wird, was zu tun ist, wenn es mehr als eine Regel gibt, die verwendet werden kann, um ein gegebenes Ziel zu folgern):

Um ein Ziel Z zu beweisen:

- ✣ Wenn Z sich unter den anfänglichen Fakten befindet, dann ist Z bewiesen.
- ✣ Finde andernfalls eine Regel, die genutzt werden kann, um Z zu folgern, und versuche jede Vorbedingung dieser Regel zu erfüllen. Z erweist sich dann als wahr, wenn alle Vorbedingungen sich als wahr erwiesen haben.

### 2.4.3 BEISPIEL

Bei den oben gegebenen Beispielregeln ist das anfänglich zu beweisende Ziel:

Z1: *sprinkler_einschalten*

Wir überprüfen, ob der Zielzustand sich unter den anfänglichen Fakten befindet. Da dies nicht der Fall ist, versuchen wir, ihn mit den Folgerungsteilen der Regeln zu vergleichen. Er stimmt mit der Regel R4 überein. Die Vorbedingung dieser Regel wird als neues zu beweisendes Ziel eingesetzt:

Z2: *feuer*

Dies befindet sich zwar nicht unter den Fakten, stimmt aber mit der Schlussfolgerung aus Regel R1 überein, sodass die Vorbedingungen von R1 als neue zu beweisende Ziele eingesetzt werden:

Z3: *verraeuchert*

Z4: *heiss*

Zuerst wird Z3 berücksichtigt. Es stimmt mit dem Schluss aus R2 überein, sodass *alarm_piept* als neues Ziel eingesetzt wird. Die zu beweisenden Ziele sind nun:

Z5: *alarm_piept*

Z4: *heiss*

Diese beiden befinden sich unter den anfänglichen Fakten und sind somit natürlich wahr. Da nun alle Ziele bewiesen sind, muss auch das anfängliche Ziel wahr sein, sodass wir schließen können, dass die Sprinkler eingeschaltet werden sollten.

Der Beweis für unsere Hypothese *sprinkler_einschalten* kann graphisch als Baum dargestellt werden, wie es in Abbildung 2.7 gezeigt wird.

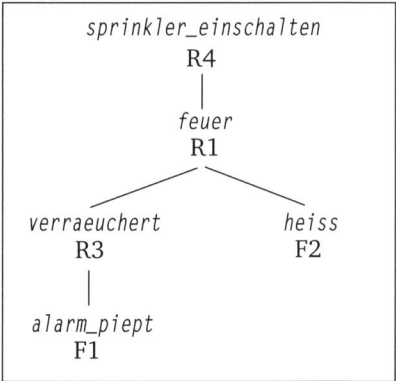

Abbildung 2.7: Beweisbaum für das Sprinkler-Beispiel

### 2.4.4 IMPLEMENTIERUNG

Ein System mit Rückwärtsverkettung kann mit einem Stack implementiert werden, um die Ziele zu verfolgen, die noch erfüllt werden müssen[1]. Sie nehmen immer wieder ein neues Ziel vom Stack und versuchen es zu beweisen. Wenn das Ziel sich unter den anfänglichen Fakten befindet, dann ist es bewiesen. Wenn es mit einer Regel übereinstimmt, die über eine Reihe von Vorbedingungen verfügt, dann werden die Vorbedingungen zum Stack hinzugefügt. Andernfalls schlägt das Ziel fehl. Das Gesamtziel ist erfolgreich, wenn alle Teilziele erfolgreich aus dem Stack entfernt wurden und keines fehlschlägt.

---

[1] Eine einfache rekursive Implementierung ist ebenfalls möglich. Diese ist aber nicht so einfach zu ändern, wenn Sie unterschiedliche *Suchstrategien* ausprobieren möchten. Vergleiche Kapitel 4.

Was soll aber geschehen, wenn mehr als eine Regel existieren, die die gleiche Schlussfolgerung haben und benutzt werden könnten, um ein bestimmtes Ziel zu beweisen? In diesem Fall sollte das System alle Regeln ausprobieren und sehen, ob das Ziel mit *irgendeiner* der Regeln bewiesen werden kann. Mit Hilfe von *Suchtechniken*, die in Kapitel 4 erörtert werden, können alle Möglichkeiten auf diese Art ausprobiert werden. Ein Algorithmus, der die *Tiefensuche* benutzt, wird z.B. zum letzten Punkt „zurückkehren", an dem es eine Wahlmöglichkeit gab, und die Alternativen ausprobieren, wenn er ein Ziel mit einer Regel nicht beweisen konnte.

Die Prolog-Sprache verwendet Rückwärtsverkettung mit Tiefensuche, um Dinge zu beweisen, und verfügt über eingebaute Möglichkeiten zum *Mustervergleich*. Dies macht sie zu einer guten Wahl als Prototyp für einfache Expertensysteme. Normalerweise würden Sie mit Prolog zuerst eine Expertensystem-*Shell* (oder Spezialsprache) schreiben und dann das Expertensystem selbst mit dieser Shell schreiben. Dies hat den Vorteil, dass Sie die Notation wählen, die für Ihre Regeln verwendet wird, und zusätzliche Funktionen benutzen können, die in Prolog nicht direkt unterstützt werden. Solche Funktionen können Methoden für die Handhabung von Unsicherheiten oder die Interaktion mit dem Benutzer enthalten. Diese werden im nächsten Kapitel ausführlicher erörtert.

## VORWÄRTS- UND RÜCKWÄRTSVERKETTUNG

Ob Sie zur Lösung eines Problems Vorwärts- oder Rückwärtsverkettung nutzen, hängt von den Eigenschaften Ihrer Regelmenge und den anfänglichen Fakten ab und davon, wie viele mögliche Hypothesen es zu berücksichtigen gibt. Wenn Sie eine bestimmte Hypothese haben, die getestet werden soll, dann kann die Rückwärtsverkettung effizienter sein, da Sie vermeiden, Schlüsse aus irrelevanten Fakten zu ziehen. Manchmal kann die Rückwärtsverkettung aber sehr unwirtschaftlich sein – es kann viele mögliche Hypothesen geben und für jede wiederum viele Beweiswege, von denen nur wenige zu einer Schlussfolgerung führen.

Stellen Sie sich z.B. zwei der Anwendungen für Expertensysteme vor, die in Kapitel 1 erwähnt wurden. Bei einer medizinischen Diagnose sind in einem sehr eingeschränkten Bereich vielleicht nur zehn Krankheiten von Interesse. Es wäre praktisch, die Rückwärtsverkettung zu nutzen und reihum jede zu beweisen, und tatsächlich setzt ein bahnbrechendes Expertensystem mit dem Namen MYCIN (das im nächsten Kapitel erörtert wird) genau dies ein. Bei einer Anwendung wie der Computerkonfiguration sind dagegen eine enorme Anzahl von Konfigurationen möglich und es wäre nicht vernünftig, alle Möglichkeiten durchzugehen, bis eine gefunden wird, die den Spezifikationen des Kunden entspricht. Bei dieser Anwendung ist die Vorwärtsverkettung besser geeignet, wobei mit den Spezifikationen begonnen und nach und nach (im Arbeitsspeicher) eine mögliche Konfiguration aufgebaut wird. Ein weiteres bahnbrechendes System mit dem Namen XCON ging auf diese Weise vor. Es handelte sich dabei um ein System zur Konfigurierung von VAX-Computersystemen, das eines der ersten kommerziellen Erfolge auf dem Gebiet der Expertensystemtechnologie war.

## 2.5 WISSENSREPRÄSENTATIONSSPRACHEN IM VERGLEICH

Bisher haben wir drei Verfahren der Wissensrepräsentation und Inferenz erörtert: Frames und semantische Netze, Logik und Regeln. Die Logik ist von diesen die grundlegendste und andere Methoden können manchmal mit Hilfe der Logik beschrieben werden.

Frames und Netze sind nützlich für die Repräsentation von deklarativen Informationen über Sammlungen verwandter Objekte/Konzepte vor allem dort, wo es eine deutliche *Klassenhierarchie* gibt und wo Sie *Vererbung* nutzen möchten, um die Attribute von Objekten aus den Teilklassen von den Attributen der Objekte in der übergeordneten Klasse abzuleiten. Frühe Verfahren tendierten dazu, schlecht spezifizierte *Semantiken* zu haben, aber mittlerweile wurden praktische Systeme mit einer wohl definierten zugrunde liegenden Semantik entwickelt. Die Logik wird im Allgemeinen verwendet, um diese Semantiken zu beschreiben.

Frames und Netze sind vermutlich nicht adäquat, wenn Sie eine breite Palette von unterschiedlichen Arten von Schlüssen ziehen möchten und nicht nur Schlüsse, die auf Vererbung basieren. Dafür könnten Sie die ganze Ausdrucksstärke der Prädikatenlogik zusammen mit einem Theorembeweiser nutzen. Logikbasierte Verfahren erlauben Ihnen, recht komplexe Dinge darzustellen (die auch Quantifizierung, Negation und Disjunktion umfassen), und verfügen über eine wohl definierte Syntax, Semantik und Beweistheorie. Logikbasierte Verfahren können aber unflexibel sein. Jede Schlussregel in der Logik muss von einer präzise angegebenen Semantik für die Terme in der Sprache für gültig erklärt werden. Das kann bedeuten, dass viele Schlüsse und Folgerungen des gesunden Menschenverstands nicht zulässig sind. Außerdem können die Schlussfolgerungen ineffizient sein.

Regelbasierte Systeme bieten mehr Flexibilität und lassen manchmal willkürliche Prozeduren innerhalb der Regeln zu. Es wird mehr Aufmerksamkeit darauf gelegt, wie das Schlussfolgern kontrolliert wird, während die Semantik der Regeln unspezifiziert sein kann – die Schlussfolgerungen, die vom System gezogen werden, hängen nur von Details der Arbeitsweise des Regelinterpreters ab. Während die Logik auf eine deklarative Art verwendet wird, die sagt, was in der Welt wahr ist, sind regelbasierte Systeme (besonders Vorwärtsverkettungssysteme) mehr an prozeduralem Wissen interessiert – was wann zu tun ist.

Eine gemeinsame Eigenschaft aller Verfahren besteht darin, dass die problemspezifischen Regeln und Fakten getrennt von den generellen Methoden zur Problemlösung und Inferenz, die verwendet werden, um auf den problemspezifischen Daten zu arbeiten, repräsentiert werden. Es sollte möglich sein, ein System zu ändern oder ein neues System zu schreiben, um ein verwandtes Problem zu lösen, ohne jemals die Methoden zur Problemlösung oder zur Folgerung zu ändern. Wir fügen einer Logik nur z.B. neue Regeln, Frames oder Aussagen hinzu und nutzen wieder sowohl die bestehenden Fakten als auch die erprobten und getesteten Methoden zur Problemlösung und Inferenz.

Eine Sprache der Wissensrepräsentation stattet uns mit Repräsentationsnotationen und Inferenzmethoden aus, die sich beide als nützlich herausgestellt haben und analysiert wurden, um sicherzustellen, dass sie richtig sind. Die Verwendung einer solchen Sprache für KI-Probleme bietet daher von Grund auf signifikante Vorteile gegenüber z.B. dem Schreiben eines C++-Programms, wo der Programmierer geeignete Notationen neu erstellen und die ganze schwierige Arbeit, die Richtigkeit der Methoden selbst zu überprüfen, auf sich nehmen muss.

## 2.6   ZUSAMMENFASSUNG

- Sprachen der Wissensrepräsentation bieten Darstellungsformalismen einer abstrakten Ebene, um das Wissen darzustellen, das zur Lösung von KI-Problemen erforderlich ist.

- Eine gute Sprache sollte natürlich, klar und präzise sein, Ihnen die Darstellung des Erforderlichen erlauben und die korrekte Erschließung von neuen Fakten unterstützen.

- Frames und semantische Netze repräsentieren Wissen als organisierte Sammlung von Objekten mit Attributen, die in einer Hierarchie angeordnet sind. Wenn ein Objekt eine *Teilklasse* einer andern ist, kann es deren Attribute erben. Sie sind darin eingeschränkt, was repräsentiert und gefolgert werden kann, bieten aber ein natürliches und effizientes Repräsentationsschema.

- Eine Logik und vor allem die Prädikatenlogik können als präzise und formale Sprache genutzt werden, die eine ziemlich beträchtliche Bandbreite an Dingen darzustellen vermag. Eine Logik kann außerdem genutzt werden, um die Semantik anderer Formalismen zu beschreiben.

- Regelbasierte Systeme erlauben die Darstellung von Wissen als Menge von mehr oder weniger unabhängigen IF-THEN- oder Bedingungs-Aktions-Regeln, die festlegen, welche Aktionen unter unterschiedlichen Bedingungen vorgenommen werden. Das Folgern kann durch die Verwendung eines *Vorwärts*- oder *Rückwärts*verkettungsinterpretierers kontrolliert werden.

## 2.7   WEITERFÜHRENDE LITERATUR

Die aktuellsten KI-Lehrbücher legen den Schwerpunkt auf die logikbasierten Verfahren der Wissensrepräsentation. Ginsberg (Ginsberg 1993) (Kapitel 6-9) bietet eine gute Einführung in die Verwendung der Logik mit einer kürzeren Erörterung von Frames und Netzen (Kapitel 13), die auf der Erörterung der Logik aufbauen. Russell und Norvig (Russell und Norvig 2003) (Kapitel 6-10) bieten eine fortgeschrittenere

Behandlung der Logik, aber dafür eine sehr kurze Erörterung von Regeln und Frames. Rich und Knight (Rich und Knight 1991) (Kapitel 4-11) liefern eine gute Erörterung aller Themen mit allgemeiner gehaltenem Material und fortgeschrittenen Themen. Luger (Luger 2001) (Kapitel 2, 8) deckt ebenfalls einen Großteil des Materials ab, obwohl es etwas anders strukturiert ist. Eine ausführliche Behandlung des Themas findet sich in *Logik für Informatiker* (Schöning 2000).

Weitere Informationen über KI und Prolog finden sich bei Pereira und Shieber (Pereira und Shieber 1987) (die, auch wenn sie den Schwerpunkt auf die Anwendungen natürlicher Sprache legen, eine nützliche Erörterung der Beweisprozedur und Lösung bieten) und bei Bratko (Bratko 2001).

## 2.8 ÜBUNGEN

1. Stellen Sie die folgenden Fakten als Menge von Frames dar:

   „Die Aorta ist eine besondere Arterienart, die einen Durchmesser von 2,5 cm hat. Eine Arterie ist eine Blutgefäßart. Eine Arterie verfügt immer über eine Muskelwand und hat im Allgemeinen einen Durchmesser von 0,4 cm. Eine Vene ist eine Blutgefäßart, hat aber eine faserige Wand. Blutgefäße haben alle eine Röhrenform und enthalten Blut."

2. Stellen Sie die folgenden Fakten in der Sprache der Prädikatenlogik dar:
   - Jeder Apfel ist entweder grün oder gelb.
   - Kein Apfel ist blau.
   - Wenn ein Apfel grün ist, dann ist er schmackhaft.
   - Jedermann mag einen schmackhaften Apfel.

3. „Herbert ist ein kleines Nilpferd, das im Zoo von Berlin lebt. Wie alle Nilpferde frisst er Gras und schwimmt gern."

   Stellen Sie oben Genanntes wie folgt dar:

   a. als semantisches Netz;

   b. in Prädikatenlogik.

   Geben Sie zwei neue Fakten über Herbert an, die:

   a. in einem semantischen Netz einfacher darzustellen sind als in Prädikatenlogik;

   b. in Logik einfacher darzustellen sind als in semantischen Netzen.

4. Geben Sie eine Menge von Frames an, die Fakten über Studenten im Allgemeinen, über Studenten an Ihrer Universität und Studenten in Ihrem Kurs darstellen. Verwenden Sie dabei das Prinzip der Vererbung und geben Sie an, welche Slots Standardwerte enthalten.

5. Die folgenden IF-THEN-Regeln sind für ein einfaches regelbasiertes Expertensystem für eine Finanzberatung vorgesehen:

R1: `IF NOT ersparnisse_adaequat THEN ADD ersparnisse_investieren`

R2: `IF ersparnisse_adaequat AND einkommen_adaequat THEN ADD aktien_investieren`

R3: `IF NOT hat_kinder THEN ADD ersparnisse_adaequat`

R4: `IF hat_partner AND partner_hat_arbeit THEN ADD einkommen_adaequat`

a. Umreißen Sie für die Hypothese `aktien_investieren`, wie dies durch Rückwärtsverkettung bewiesen werden könnte. Nehmen Sie an, dass die aktuellen Fakten Folgendes umfassen: `hat_kinder`, `hat_partner` und `partner_hat_arbeit`.

b. Derzeit schließt das System, wenn Sie einen berufstätigen Partner haben, dass Ihr Einkommen adäquat ist, auch wenn er/sie in einer Imbissbude arbeitet und Sie für 15 Kinder aufkommen müssen. Außerdem folgert es, wenn Sie keine Kinder haben, dass Ihre Ersparnisse adäquat sind, auch wenn Sie gar keine Ersparnisse haben und ein Haus kaufen möchten. Schließlich ignoriert es auch die Tatsache, dass Ihr Einkommen adäquat sein kann, wenn es besonders hoch ist, auch wenn Sie Kinder haben und Ihr Partner nicht arbeitet. Erweitern Sie die Regeln, um diese Punkte zu berücksichtigen.

# 3
# EXPERTENSYSTEME

**Lernziele**

Einführung in die Grundlagen der Expertensystemarchitektur und -entwicklung mit Fallstudien aus der Medizin, die die unterschiedlichen Verfahren veranschaulichen

**Sie sollten in der Lage sein:**

➜ die elementare Architektur eines Expertensystems zu beschreiben

➜ zu erörtern, ob ein gegebenes Problem mit einem Expertensystem gelöst werden kann, und auszuführen, wie Expertensysteme normalerweise entwickelt werden

➜ die Funktionsweise eines einfachen Expertensystems mit Rückwärtsverkettung ausführlich zu beschreiben und solch ein System anhand einer deutschen Beschreibung des Problems und des zugrunde liegenden Wissens zu entwerfen und zu implementieren

➜ einen Überblick über die unterschiedlichen Methoden für die Schlussfolgerungen unter Unsicherheit zu geben

➜ drei Verfahren, die in medizinischen Expertensystemen verwendet werden, zu beschreiben und zu vergleichen

Voraussetzung ist Kapitel 2. Ein elementares Verständnis der Wahrscheinlichkeit kann ebenfalls hilfreich sein.

## 3.1 EINFÜHRUNG

Bisher haben wir sehr viel darüber gesprochen, wie wir Wissen darstellen können, aber nicht so viel darüber, wie wir es nutzen können, um reale praktische Probleme zu lösen. Dieses Kapitel wird daher einen Blick darauf werfen, wie einige der bisher erörterten Techniken in *Expertensystemen* eingesetzt werden – Systeme, die bei Problemen in der Realität Rat auf Expertenniveau, Diagnosen und Empfehlungen bieten.

Expertensysteme lösen echte Probleme, die normalerweise einen menschlichen Experten erfordern (wie z.B. einen Facharzt oder einen Mineralogen). Es kann ein Mangel an menschlichen Fachkräften herrschen, sie können teuer oder kurzfristig schwer greifbar sein. Ein Expertensystem kann bei Bedarf einfach verfügbar gemacht werden. Eine Beispielsituation, in der wir die Verwendung eines Expertensystems in Erwägung ziehen könnten, ist die Diagnose seltener Krankheiten. Ein Allgemeinarzt verfügt möglicherweise nicht über das erforderliche Fachwissen, ein menschlicher Fachmann ist auf die Schnelle vielleicht nicht erreichbar und über die Behandlung muss eventuell unverzüglich eine Entscheidung getroffen werden.

Der Aufbau eines Expertensystems umfasst zuerst die Gewinnung des relevanten Wissens eines menschlichen Experten. Solches Wissen ist häufig von Natur aus *heuristisch* und basiert eher auf nützlichen „Faustregeln" als auf absoluter Sicherheit. Es ist im Allgemeinen eine schwierige Aufgabe, dem Experten dieses Wissen so zu entlocken, dass es von einem Computer genutzt werden kann, und erfordert eigene Fachkenntnis. Ein *Wissensingenieur* (knowledge engineer) hat die Aufgabe, dieses Wissen zu extrahieren und die *Wissensbasis* (knowledge base) des Expertensystems aufzubauen.

Der erste Versuch, ein Expertensystem zu entwickeln, wird wahrscheinlich nicht erfolgreich sein. Dies liegt teilweise daran, dass der Experte es im Allgemeinen sehr schwierig finden wird, genau auszudrücken, welches Wissen und welche Regeln zur Lösung eines Problems eingesetzt werden. Vieles davon läuft fast unbewusst ab oder scheint so offensichtlich zu sein, dass er es nicht einmal für erwähnenswert hält. Der *Wissenserwerb* (knowledge aquisition) für Expertensysteme bildet einen Großteil des Entwurfs von Expertensystemen, wobei eine Vielzahl verschiedener Techniken genutzt werden können. Im Allgemeinen zählen dazu ein Gespräch mit dem Experten und die Erstellung von Musterlösungen zu einer Auswahl typischer Probleme durch ihn. Basierend darauf kann ein erster Prototyp entwickelt und dem Experten vorgeführt werden. Dieser kann die Leistungsfähigkeit des Systems prüfen und Feedback geben, damit der Entwurf verfeinert werden kann. Das kann so lange wiederholt werden, bis der Experte zufrieden ist. Aber natürlich muss nicht nur der Experte auf dem jeweiligen Gebiet mit dem System zufrieden sein – die Endnutzer des Systems und die Person (oder Organisation), die es bestellt hat, müssen ebenfalls berücksichtigt werden und auch ihr Feedback sollte in jedem Stadium gesucht werden.

Um eine solche iterative Entwicklung eines Prototyps durchzuführen, ist es wichtig, dass das Expertensystem so implementiert ist, dass es einfach zu untersuchen und zu ändern ist. Das System sollte seine Schlussfolgerungen (dem Experten, Benutzer und Wissensingenieur) erklären und Fragen über den Lösungsprozess beantworten können. Eine Aktualisierung des Systems sollte nicht das Neuschreiben von sehr viel Code bedeuten – nur das Hinzufügen oder Löschen von lokalen Wissensbereichen.

Ein weit verbreitetes Verfahren für die Repräsentation von Wissen in einem Expertensystem ist die Verwendung von IF-THEN-Regeln (die in Kapitel 2 erörtert wurden), manchmal in Verbindung mit Frames. Häufig haben die Regeln keine sicheren Schlussfolgerungen – es gibt nur einen gewissen Grad an Sicherheit, dass die Schlussfolgerung gelten wird, wenn die Bedingungen gelten. Es sind Methoden erforderlich, um anhand der Beweislage und dieser unsicheren Regeln die Sicherheit der Gesamtschlussfolgerung zu bestimmen. Regelbasierte Systeme mit oder ohne Sicherheiten sind flexibel, einigermaßen einfach zu ändern und machen es leicht, genügend hilfreiche Spuren darüber zu liefern, wie das System Folgerungen anstellt. Diese Spuren dienen dazu, Erläuterungen dafür zu geben, was das System tut.

Expertensysteme wurden für die Lösung der unterschiedlichsten Probleme in Bereichen wie Medizin, Mathematik, Technik, Geologie, Computerwissenschaft, Handel, Recht, Verteidigung oder Bildung eingesetzt. In der Elektronik kann eine Art Problem die *Diagnose* von Defekten in Schaltkreisen umfassen, bei anderen handelt es sich vielleicht um den *Entwurf* eines Schaltkreises, um eine bestimmte Aufgabe auszuführen. Im Allgemeinen stellt sich heraus, dass die geeigneten Problemlösungsmethoden für ein gegebenes Problem stärker von der Art des Problems abhängen als von dem Anwendungsbereich. Die Diagnose eines Kurzschlusses in einem Schaltkreis ähnelt in gewisser Weise eher der Diagnose einer Krankheit als dem Entwurf eines Schaltkreises, während der Entwurf eines Schaltkreises mehr mit dem Entwurf einer Küche gemeinsam haben kann! Natürlich werden beide Schaltkreisprobleme z.B. gemeinsam haben, dass Informationen über Schaltkreiskomponenten enthalten sein müssen, die Repräsentation dieses Wissens tendiert aber dazu, relativ einfach zu sein – der schwierige Teil besteht darin, eine gute Methode auszuarbeiten, die zur Lösung des Problems verwendet werden kann.

Es steht eine große Bandbreite von Problemlösungsmethoden zur Verfügung, die für unterschiedliche Aufgaben von Expertensystemen verwendet werden. Der Entwurf eines Expertensystems hängt davon ab, ob man in der Lage ist, eine gute Methode auszuwählen, wobei schon ganze Bücher darüber geschrieben wurden, wie dies zuverlässiger erfolgen kann. In diesem Kapitel werden wir aber hauptsächlich auf die Aufgabe der *Diagnose* eingehen und nur drei Techniken zur Problemlösung in Erwägung ziehen, die für dieses Problem genutzt werden können. Dabei werden wir uns hauptsächlich auf ein regelbasiertes Verfahren konzentrieren, das die Rückwärtsverkettung nutzt.

Im weiteren Verlauf dieses Kapitels werden wir zuerst allgemein beschreiben, wie ein Expertensystem entwickelt wird, und kommen dann ausführlicher auf einfache Rückwärtsverkettungssysteme zu sprechen. Wir werden das Problem erörtern, wie mit Unsicherheiten in einem Expertensystem umgegangen wird. Abschließend beschäftigen wir uns mit drei sehr unterschiedlichen Systemen, die verschiedene Techniken veranschaulichen, die zur Entwicklung von Systemen für die Durchführung medizinischer Diagnosen eingesetzt werden.

## 3.2  DER ENTWURF EINES EXPERTENSYSTEMS

Expertensysteme sind sehr vielseitig, was die Probleme, die in Angriff genommen werden, und die detaillierten Methoden zur Lösung von Problemen betrifft. Es gibt aber allgemeinere Punkte, die für den Entwurf aller Systeme relevant sind. Diese betreffen die Art der Probleme, die für Expertensysteme als geeignet angesehen werden, die Art, wie ein System (normalerweise) entwickelt wird, und die Gesamtarchitektur, die gemeinhin verwendet wird. Dieser Abschnitt widmet sich diesen allgemeinen Punkten.

### 3.2.1 DIE AUSWAHL EINES PROBLEMS

Das Schreiben eines Expertensystems erfordert im Allgemeinen viel Zeit und Geld. Um teure und unangenehme Fehlschläge zu vermeiden, wurden eine Reihe von Richtlinien entwickelt, um zu bestimmen, ob ein Problem für eine Expertensystemlösung geeignet ist oder nicht.

Als Erstes ist es – wie bei jedem Softwareprojekt – wichtig, in Hinblick auf die entstehenden Kosten realistisch zu sein und sicherzustellen, dass die Auslagen angesichts der erwarteten Vorteile gerechtfertigt sind. Die Kosten und Mühen der Entwicklung eines umfassenden Expertensystems werden leicht unterschätzt, vor allem nachdem die grundlegenden Gedanken durch einfache Beispiele untersucht wurden. Auch mit anspruchsvollen Tools, die nun zur Unterstützung des Entwicklungsprozesses verfügbar sind, bleibt es immer noch ein komplexer Prozess. Zum Teil liegt das an den Schwierigkeiten, das Wissen menschlicher Experten zu gewinnen, und an der unvermeidlichen Notwendigkeit, immer wieder auf Experten, Benutzer und Kunden zurückzugreifen. Die Kosten können gerechtfertigt sein, wenn menschliches Fachwissen knapp oder nicht immer sofort verfügbar ist. Hoch spezialisiertes Fachwissen kann beispielsweise bei Bedarf schwer verfügbar sein, aber ein (nichtspezialisierter) Arzt muss möglicherweise in der Lage sein, eine schnelle Entscheidung über eine unmittelbar vorzunehmende Behandlung zu treffen und darüber, ob er einen Patienten zu einem teuren Spezialisten in einer anderen Stadt überweisen muss.

Zweitens müssen wir sicherstellen, dass die Techniken des Expertensystems geeignet sind. Probleme, die eine manuelle Geschicklichkeit oder physische Fähigkeiten erfordern, sind wahrscheinlich ungeeignet, auch nicht bei den technischen Fortschritten im Bereich der Robotik. Auch Probleme, die sehr viel Wissen des gesunden Menschenverstands erfordern, eignen sich möglicherweise nicht, da der gesunde Menschenverstand bekanntlich schwer zu fassen und darzustellen ist. Im Allgemeinen eignen sich hoch technisierte Gebiete am besten, da sie eine relativ geringe Menge wohl formalisierten Wissens umfassen, das häufig in schriftlichen Dokumenten großflächig abgedeckt ist (z.B. in medizinischen Texten). Normalerweise erfordert ein geeignetes Problem für ein Expertensystem ein hoch spezialisiertes Fachwissen, für dessen Lösung ein menschlicher Experte aber nur eine kurze Zeit (maximal eine Stunde) benötigen würde.

Bei einigen Problemen wäre die Verwendung von Expertensystemen übertrieben. Möglicherweise können Sie ein relativ einfaches Flussdiagramm (oder Ähnliches) skizzieren, das die richtigen Expertenentscheidungen für unterschiedliche Situationen angibt, und es dann als einfaches Programm codieren. Flussdiagramme werden z.B. gelegentlich genutzt, um Menschen Entscheidungshilfen zu geben, wie sie ihr Geld investieren sollen. Eine Computerimplementierung eines solchen Flussdiagramms würde keine komplexen Techniken erfordern. Alternativ können einfache Methoden aus der Wahrscheinlichkeitstheorie eingesetzt und ein Spreadsheet benutzt werden, um das System zu implementieren (letzteres Verfahren wird ausführlicher in Abschnitt 3.4 erörtert). Vielleicht ziehen Sie es immer noch vor, das daraus resultierende System als Expertensystem zu bezeichnen (da es nützlichen Expertenrat geben kann), aber die verwendeten Methoden sind recht einfach. Wenn einfache Methoden ausreichen, machen Sie sich keine Gedanken darüber, nach einer komplexen Lösung zu suchen!

Wenn wir schließlich festgestellt haben, dass die Notwendigkeit für ein Expertensystem besteht und die Techniken eines Expertensystems geeignet und ausführbar sind, müssen wir überprüfen, ob die Situation für die Expertensystementwicklung stimmt. Es ist vor allem wichtig, kooperative Experten zur Verfügung zu haben, die ihr Fachwissen beitragen können, ohne das Gefühl zu haben, dass das System sie überflüssig macht. Sie müssen außerdem das Management und potentielle Benutzer einbeziehen und dafür sorgen, dass sie dem Projekt gegenüber eine positive Einstellung haben.

Nur ein sehr kleiner Problembereich ist für Expertensystemtechniken geeignet. Bei einem geeigneten Problem können Expertensysteme große Vorteile bringen. Es wurden z.B. Systeme entwickelt, um Proben, die bei der Ölförderung gesammelt wurden, zu analysieren und um bei der Konfiguration von Computersystemen zu helfen. Diese beiden Systeme waren erfolgreich und in aktivem Gebrauch.

### 3.2.2 WISSENSTECHNIK

Wenn Sie entschieden haben, dass Ihr Problem geeignet ist, müssen Sie dem Experten das Wissen entlocken und es mit einem geeigneten Wissensrepräsentationsschema darstellen. Dies ist die Aufgabe des *Wissensingenieurs* (knowledge engineer), umfasst jedoch eine enge Zusammenarbeit mit *Experten* und *Endbenutzern*.

Der Wissensingenieur kennt sich mit der Expertensystem-Problemlösung und den Methoden zur Wissensrepräsentation aus und auch damit, wie man den Experten auf dem jeweiligen Gebiet dazu bringt, sein Fachwissen in einer brauchbaren Form auszudrücken. Er oder sie sollte in der Lage sein, dem Experten das Wissen zu entlocken (ohne Daumenschrauben!), eine geeignete Repräsentation und Methoden der Problemlösung auszuwählen und das Wissen und die Methoden mit geeigneten Tools darzustellen.

Der Wissensingenieur hat möglicherweise anfangs keine Kenntnisse über das Fachgebiet des Experten. Um das Wissen aus dem Experten herauszuholen, muss der Wissensingenieur aber zuerst zumindest ein wenig vertraut mit dem Gebiet sein, indem er möglicherweise einführende Texte liest oder mit dem Experten spricht. Danach beginnt ein systematischeres Gespräch mit dem Experten. Normalerweise wird diesem eine Reihe von Beispielproblemen vorgestellt und er wird seine Folgerungen bei der Lösung des Problems laut erläutern. Der Wissensingenieur wird allgemeine Regeln aus diesen Erläuterungen ableiten und sie zusammen mit dem Experten überprüfen.

Wie bei den meisten Anwendungen ist das System unbrauchbar, wenn der Benutzer damit unzufrieden ist, sodass die Entwicklung in enger Zusammenarbeit mit den möglichen Benutzern erfolgen muss. Wie bereits in der Einführung erwähnt wurde, sollte der grundlegende Entwicklungszyklus die schnelle Entwicklung eines ersten Prototyps und das wiederholte Testen und Verändern dieses Prototyps beinhalten, und zwar sowohl mit den Experten (um die Gültigkeit des Expertenwissens zu testen) als auch mit den Benutzern (um zu überprüfen, ob sie dem System die notwendigen Informationen geben können, ob sie mit der Leistung des Systems zufrieden sind und ob es ihr Leben wirklich einfacher und nicht schwieriger macht!).

Um den ersten Prototyp zu entwickeln, muss der Wissensingenieur provisorische Entscheidungen über eine geeignete Wissensrepräsentation und Schlussmethoden fällen (z.B. Regeln oder Regeln in Verbindung mit Frames; Vorwärtsverkettung oder Rückwärtsverkettung). Zur Überprüfung dieser elementaren Entwurfsentscheidungen löst der erste Prototyp vielleicht nur einen kleinen Teil des Gesamtproblems. Wenn die eingesetzten Methoden für diesen kleinen Teil gut zu funktionieren scheinen, lohnt sich möglicherweise der Aufwand, den Rest des Wissens in der gleichen Art darzustellen.

### 3.2.3 ARCHITEKTUR EINES EXPERTENSYSTEMS

Während die Einzelheiten eines Expertensystems stark variieren können, haben die meisten eine ähnliche Gesamtarchitektur. Das ganze System beinhaltet viel mehr als nur die Wissensbasis – im Allgemeinen gehören weitere Komponenten oder Module dazu, wie der Abbildung 3.1 zu entnehmen ist.

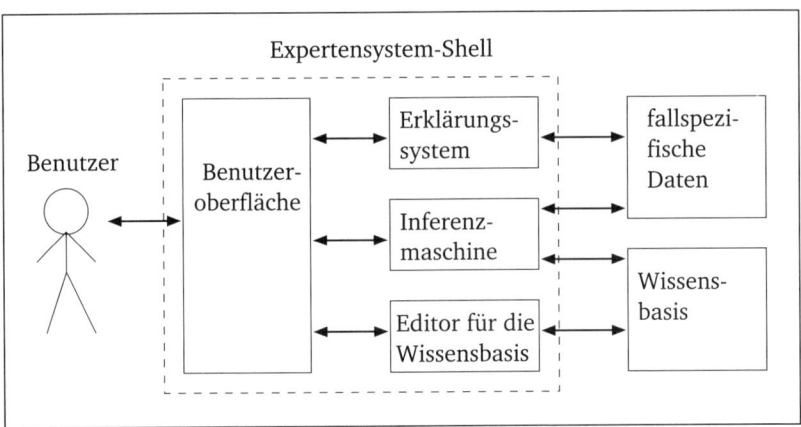

Abbildung 3.1: Expertensystemarchitektur

Der Benutzer interagiert mit dem System über eine *Benutzerschnittstelle* (user interface), die Menüs, die natürliche Sprache oder jede andere Art der Interaktion nutzen kann. Dann kommt eine *Inferenzmaschine* (inference engine) (oder Problemlösungskomponente) zum Einsatz, um mit dem *Expertenwissen* aus der Wissensbasis und Daten, die spezifisch für das bestimmte zu lösende Problem sind, Schlüsse zu ziehen. Diese *fallspezifischen Daten* umfassen sowohl Daten, die vom Benutzer geliefert werden, als auch Teilschlüsse, die auf diesen Daten basieren.

Stellen Sie sich z.B. ein sehr einfaches Expertensystem zur Diagnose von Erkältungen vor. Wir könnten eine Inferenzmaschine mit *Rückwärtsverkettung* benutzen, bei der das Expertenwissen in Regeln verschlüsselt wird (z.B. `IF symptom(person, laufende_nase) THEN krankheit(person, erkaeltung)`). Fallspezifische Daten könnten Fakten wie `symptom(fred, laufende_nase)` enthalten.

Die meisten Expertensysteme haben außerdem eine *Erklärungskomponente* (explanation subsystem), die es dem Programm erlaubt, dem Benutzer die Schlussfolgerungen des Systems zu erläutern. Einige Systeme sind außerdem mit einem *Editor für die Wissensbasis* (knowledge base editor) ausgestattet, der dem Experten oder Wissensingenieur hilft, die Wissensbasis problemlos zu aktualisieren und zu prüfen.

Ein wichtiges Merkmal von Expertensystemen ist die Art, wie sie (im Allgemeinen) domänen-(problembereichs-)spezifisches Wissen von den eher universellen Schlussfolgerungs- und Repräsentationstechniken trennen. Der universelle Teil (in der Abbildung in dem gepunkteten Kasten) kann häufig für unterschiedliche Probleme wiederverwendet werden und wird als *Expertensystem-Shell* oder *Toolkit* bezeichnet. Wie aus der Abbildung hervorgeht, enthält die Shell die Inferenzmaschine (und das Wissensrepräsentationsschema), eine Benutzerschnittstelle, ein Erklärungssystem und manchmal einen Editor für die Wissensbasis. Wenn ein neues zu lösendes Problem auftaucht (z.B. der Entwurf eines Autos), können wir häufig eine Shell finden, die die richtige Art der Unterstützung für dieses Problem bietet, sodass wir nur noch das Expertenwissen zur Verfügung stellen müssen. Es gibt zahlreiche kommerzielle Expertensystem-Shells, die jeweils für einen etwas anderen Problembereich geeignet sind. Die Verwendung von Shells zum Schreiben von Expertensystemen reduziert im Allgemeinen die Kosten und die Zeit für die Entwicklung (verglichen mit dem Schreiben des Expertensystems von Grund auf). Eine frei verfügbare Shell ist CLIPS (das in Kapitel 2 erwähnt wurde), das zwar in erster Linie ein System mit Vorwärtsverkettung ist, es dem Benutzer aber zugleich erlaubt, *Objekte* zu definieren, Funktionen zu schreiben und eine einfache Schnittstelle zu anderen Programmen zu bilden, die in anderen Sprachen geschrieben sind[1].

### 3.2.4 METHODEN ZUR LÖSUNG VON PROBLEMEN

In der obigen Erörterung haben wir über die Auswahl einer geeigneten Problemlösungsmethode gesprochen. Hier werden wir kurz darauf eingehen, wie diese aussehen könnten und warum sie benötigt werden.

Ein einfaches Expertensystem kann aus einigen Fakten über das aktuelle Problem (z.B. `symptom(patient1, husten)`) und einigen Schlussregeln (z.B. `IF symptom(P, husten) THEN ADD krankheit(P, erkaeltung)`) bestehen. Die Schlussregeln würden angeben, was aus den aktuellen Fakten geschlossen werden kann. Wir können uns die Problemlösungsmethode eines Expertensystems als eine Möglichkeit vorstellen, diese Schlussfolge-

---

[1] Einzelheiten darüber, wie Sie CLIPS erhalten können, finden Sie unter http://www.cee.hw.ac.uk/~alison/essence.html.

rungen zu kontrollieren, sodass nur die Schlussfolgerungen gezogen werden, die für das aktuelle Problem erforderlich sind. Würden Folgerungen aufs Geratewohl abgeleitet werden, ginge das mit viel unnötiger Arbeit einher.

Dies ist besonders wichtig, wenn das System dem Benutzer Fragen stellen muss, um an weitere fallspezifische Daten zu kommen (z.B. „Hat der Patient eine Halsentzündung?"). Wenn die Schlussfolgerungen nicht auf eine vernünftige Art gesteuert werden, dann werden dem Benutzer möglicherweise irrelevante Fragen gestellt (z.B. „Hat der Patient eine Entzündung am Knöchel?", nachdem festgestellt wurde, dass dieser Husten hat).

Die Vorwärtsverkettungs- und Rückwärtsverkettungsmethoden, die im vorherigen Kapitel beschrieben wurden, bieten elementare universelle Methoden zur Kontrolle von Folgerungen. Und tatsächlich kann eine Methode der Rückwärtsverkettung ziemlich direkt als Problemlösungsstrategie für ein einfaches Expertensystem verwendet werden, wie wir im nächsten Abschnitt sehen werden. Sehr häufig sind aber komplexere Strategien erforderlich oder zumindest wünschenswert. Zum Beispiel wird in der Medizin von menschlichen Experten häufig eine Technik mit der Bezeichnung *Differentialdiagnose* eingesetzt – das bedeutet, dass man ausgehend von einer Reihe aktueller Hypothesen zur Krankheit eines Patienten Fragen zu stellen versucht, um unter diesen Hypothesen die wahrscheinlichste abzugrenzen. Diese Strategien zur Problemlösung auf abstrakter Ebene können auf vielfältige Art und Weise implementiert werden. Zum Beispiel kann ein Vorwärtsverkettungs-Regelinterpreter genutzt werden, um eine auf der Differentialdiagnose basierende Strategie zur Problemlösung zu implementieren, es können aber auch andere grundlegende Methoden verwendet werden. Häufig können die Regeln in einem regelbasierten Expertensystem aufgeteilt werden, und zwar in eine kleine Gruppe von Regeln, die sich um die Implementierung der Problemlösungsstrategie kümmern, und eine größere Gruppe, die die elementaren Schlüsse in der Problemdomäne enthalten. In der Medizin könnten wir z.B. Problemlösungsregeln wie IF zu_viele_hypothesen THEN hypothesen_ausschliessen und Domänenregeln wie IF symptom(patient, husten) THEN krankheits_hypothese(patient, erkaeltung) haben.

Im nächsten Abschnitt wird eine sehr einfache Problemlösungsstrategie erörtert, die auf der Rückwärtsverkettung basiert. Die Fallstudien in Abschnitt 3.5 werden indes einige unterschiedliche Strategien in Hinblick auf ein und dasselbe Problem der medizinischen Diagnose veranschaulichen. Die Erste basiert größtenteils auf einer einfachen Rückwärtsverkettung mit *Konfidenzfaktoren* (KF; certainty factors), um Unsicherheiten zu behandeln. Die Nächste benutzt eine komplexere Problemlösungsmethode, die auf der Differentialdiagnose basiert. Die Letzte verwendet Methoden, die auf der Wahrscheinlichkeits- und Entscheidungstheorie beruhen.

## 3.3 REGELBASIERTE EXPERTENSYSTEME MIT RÜCKWÄRTSVERKETTUNG

In diesem Abschnitt werden wir zeigen, wie ein einfaches Expertensystem, basierend auf IF-THEN-Regeln und einem Rückwärtsverkettungs-Regelinterpreter, entwickelt werden kann. Durch Verwendung der Rückwärtsverkettung können wir dem System eine Hypothese liefern und das System wird herauszufinden versuchen, ob diese Hypothese wahr ist. Dem Benutzer werden nur die Fragen gestellt, die für die in Betracht kommende Hypothese relevant sind. Rückwärtsverkettung ist eine einfache Problemlösungsstrategie, kann aber auch für andere Aufgaben geeignet sein.

In einem einfachen regelbasierten Rückwärtsverkettungs-Expertensystem werden häufig mehrere mögliche Lösungen aufgestellt – vielleicht eine Reihe von Krankheiten, die der Patient haben könnte. Das Expertensystem wird jede Hypothese reihum als zu beweisendes Ziel in Erwägung ziehen (z.B. `krankheit(fred, erkaeltung)`) und zu bestimmen versuchen, ob sie zutreffend sein kann oder nicht. Manchmal wird es nicht möglich sein, etwas anhand der Daten, die der Benutzer anfänglich geliefert hat, zu beweisen oder zu widerlegen, und daher wird das System dem Benutzer einige Fragen stellen (z.B. „Haben Sie Kopfschmerzen?"). Normalerweise wird festgelegt, nach welchen Fakten das System den Benutzer vernünftigerweise fragen kann – diese werden manchmal als *erfragbare* Fakten (askable facts) bezeichnet. Unter Verwendung der anfänglichen Fakten und der Antworten auf die Fragen sollte es schließlich möglich sein, den Schluss zu ziehen, welche der möglichen Lösungen des Problems die Richtige ist.

Der Algorithmus für dieses elementare System ist unten angegeben. Er würde für jede Hypothese G wiederholt werden.

Um G zu beweisen:

✤ Wenn G unter den aktuellen Fakten ist, dann ist G bewiesen.

✤ Wenn andernfalls G erfragbar ist, dann frage den Benutzer, zeichne seine Antwort als neuen aktuellen Fakt auf und verzeichne die Hypothese entsprechend der Antwort als erfolgreich oder als fehlgeschlagen.

✤ Finde andernfalls eine Regel, die angewendet werden kann, um G zu folgern, und versuche, jede der Vorbedingungen der Regel zu beweisen.

✤ Andernfalls ist G falsch.

### 3.3.1 EIN EINFACHES BEISPIEL

Dies lässt sich mit einem einfachen Beispiel besser erklären. Angenommen, wir verfügen über die folgenden Regeln (die lose auf denen basieren, die in Kapitel 2 gegeben sind) für die Diagnose alltäglicher Haushaltsnotfälle:

R1: `IF husten THEN ADD qualm`

R2: `IF nass AND NOT regnen THEN ADD rohrbruch`

R3: `IF NOT husten AND alarm_laeutet THEN ADD einbruch`

R4: `IF qualm AND heiss THEN ADD feuer`

Wir beginnen mit dem vagen Gefühl, dass etwas falsch ist und es sich um die Möglichkeiten *feuer*, *rohrbruch* und *einbruch* handelt. Dies wären die Hypothesen, die dem Expertensystem gegeben werden. Wir nehmen an, dass dem System keine anfänglichen Fakten geliefert wurden, sodass der Benutzer nach den Fakten zu diesem bestimmten Fall gefragt werden muss. Wir nehmen weiterhin an, dass wir den Benutzer direkt fragen können, ob es *heiss* ist, ob er *hustet*, ob es *nass* ist, ob es *regnet* und ob der *Alarm läutet*.

Das einfachste Rückwärtsverkettungssystem würde reihum jede Hypothese zu beweisen versuchen. Zuerst würde das System versuchen, *feuer* zu beweisen. Regel R4 ist möglicherweise nützlich, sodass das System versucht, die neuen Ziele *qualm* und *heiss* zu beweisen. Das erste Ziel, *qualm*, kann mit Regel R1 geschlossen werden, sodass wir wiederum versuchen, *husten* zu beweisen. Genau das können wir den Benutzer fragen:

Husten Sie?

Angenommen, der Benutzer antwortet mit Nein. Diese Antwort würde aufgezeichnet (falls sie später noch benötigt wird). Die Hypothese *feuer* schlägt fehl und das System geht zur nächsten Hypothese über: *rohrbruch*. Mit der Regel R2 wird der Benutzer als Nächstes gefragt:

Werden Sie nass?

Wenn der Benutzer auch auf diese Frage mit Nein antwortet, schlägt die Hypothese *rohrbruch* fehl und das System versucht es mit *einbruch*. Unter Verwendung der Regel R3 setzt das System die Teilziele *NOT husten* und *alarm_laeutet*. Der Benutzer hat bereits gesagt, dass er nicht hustet, sodass diese Frage nicht erneut gestellt werden muss. Daher fragt das System:

Läutet ein Alarm?

Wenn der Benutzer mit Ja antwortet, kann das System schließen, dass es einen Einbruch gab.

Ich schließe daraus, dass es einen Einbruch gab.

Eine vollständige Interaktion mit diesem winzigen System könnte so aussehen:

System: Husten Sie?

Benutzer: Nein.

System: Werden Sie nass?

Benutzer: Nein.

System: Läutet ein Alarm?

Benutzer: Ja

System: Ich schließe daraus, dass es einen Einbruch gab.

In diesem Beispiel gab es nur eine Regel, die genutzt werden konnte, um eine gegebene Schlussfolgerung herzuleiten. Im Allgemeinen kann es (wie in Kapitel 2 erörtert wurde) jedoch mehrere geben und das Beweisen einer Hypothese umfasst das Durch*suchen* aller möglichen Alternativen, die die Hypothese beweisen könnten, wobei jede einzelne systematisch überprüft wird. Suchtechniken werden ausführlich im nächsten Kapitel erörtert. Ein realistischeres System hätte außerdem Hunderte von Regeln und diese Regeln würden Variable enthalten, wie es in Abschnitt 2.4 erläutert wurde.

## 3.3.2 ERKLÄRUNGSMÖGLICHKEITEN

Expertensysteme bieten häufig Erklärungsmöglichkeiten an, die dem Benutzer erlauben zu fragen, *warum* das System eine Frage gestellt und *wie* es eine Folgerung abgeleitet hat. Diese Fragen werden beantwortet, indem auf die Ziele des Systems (z.B. *rohrbruch* beweisen), die verwendeten Regeln und existierende Daten zu dem Problem verwiesen wird. Um die Möglichkeiten zu veranschaulichen, die gängigerweise geboten werden, behandeln wir ausführlich unser einfaches Beispiel von oben und beginnen mit einem einfachen Beispieldialog, der *Warum*- und *Wie*-Fragen und Erklärungen enthält.

System: Husten Sie?

Benutzer: Nein.

System: Werden Sie nass?

Benutzer: Nein.

System: Läutet ein Alarm?

Benutzer: Warum?

System: Ich versuche zu beweisen, dass es einen Einbruch gab. Es wurde festgestellt, dass nicht der Fall vorliegt, dass Sie husten. Daher können wir, wenn ein Alarm läutet, den Schluss ziehen, dass es einen Einbruch gab. Läutet ein Alarm?

Benutzer: Ja.

System: Ich schließe daraus, dass es einen Einbruch gab.

Benutzer: Wie?

System: Dies folgt aus Regel R3:

`IF NOT husten AND alarm_laeutet THEN ADD einbruch`

Sie haben mir gesagt, dass nicht der Fall vorliegt, dass Sie husten.

Sie haben mir gesagt, dass ein Alarm läutet.

Das Angebot einer solchen Erklärungsmöglichkeit beinhaltet zumindest eine Aufzeichnung darüber, welche Regeln angewendet werden, um Schlüsse zu ziehen, sowie die Verwendung dieser Aufzeichnungen, um Erklärungen wie die oben gezeigten zu bilden. Einfache Erklärungen wie die obigen zu geben ist nicht sehr schwierig (die Antworten haben immer eine einfache, feste Form) und sind manchmal ganz nützlich. Erklärungsmöglichkeiten in Expertensystemen werden aber häufig nicht sehr häufig genutzt oder von ihren Benutzern als unzulänglich angesehen. Dafür gibt es eine ganze Reihe von Gründen, wodurch aktuelle Forschungen auf diesem Gebiet motiviert werden.

Ein Grund dafür besteht darin, dass die Erklärungen nur auf das „oberflächliche" Wissen verweisen, das in den Regeln codiert ist, statt auf das „tiefe" Wissen über die Domäne, durch das die Regeln ursprünglich angeregt wurden (das normalerweise aber nicht dargestellt wird). Das System wird also sagen, dass es X auf Grund von Regel 23 geschlossen hat, es wird aber nicht erklären, worum es in Regel 23 überhaupt geht. Im obigen Beispiel liegt der Regel R3 das (etwas merkwürdige) Grundprinzip zugrunde, dass das Haus zwei Arten von Alarmsystemen haben kann, einen Rauchmelder und einen Einbruchalarm, aber dass Sie auch husten müssen, wenn es qualmt! In einem System zur Diagnose einer Krankheit basiert das zugrunde liegende Grundprinzip für die Regeln möglicherweise auf einem physiologischen Modell, während es in einem System zur Diagnose von Kfz-Fehlern auf einem Modell der Funktionsweise eines Automotors basieren könnte. Wenn dieses Wissen für das System nicht zugänglich ist, werden alle Erklärungen eher beschränkt sein.

Ein weiterer anerkannter Grund für die häufigen Fehlschläge von Erklärungsmöglichkeiten liegt in der Tatsache, dass das System die Erklärung nicht auf eine andere Art neu erklären kann (wie es Menschen können), wenn der Benutzer sie nicht versteht oder akzeptiert. Die Generierung einer Erklärung ist ein Forschungsgebiet, das sich mit effektiver Kommunikation beschäftigt: wie Dinge so präsentiert werden können, dass die Benutzer mit den Expertenempfehlungen und Erklärungen wirklich zufrieden sind, und wie das erforderliche zugrunde liegende Wissen darzustellen ist.

## 3.4 FOLGERUNGEN MIT UNSICHERHEITEN

In der Erörterung haben wir bisher angenommen, dass alles Wissen sicher ist. Zum Beispiel könnten wir sagen: Wenn es heiß und verräuchert ist, bedeutet das, dass es eindeutig brennt oder dass es eindeutig heiß ist. Aber in vielen (wenn nicht sogar in den meisten) praktischen Anwendungen sind die Dinge eher vage. Wenn es heiß und verräuchert ist, ist es möglicherweise ein Feuer, es könnte aber auch eine eher unerfreuliche Party sein. Wenn Sie husten und Halsschmerzen haben, könnten Sie eine Erkältung haben, Sie könnten aber auch auf dieser unerfreulichen Party oder in einer schäbigen Kneipe sein.

Die meisten Expertensysteme benötigen daher eine Methode, um auszudrücken, dass etwas möglich, aber nicht notwendigerweise wahr ist. Oder dass einige Beobachtungen (z.B. Symptome) gewöhnlich, aber nicht immer mit einer Ursache (z.B. Krankheit) assoziiert werden. Einige dieser Techniken werden in den Fallstudien im nächsten Abschnitt erörtert. In diesem Abschnitt schaffen wir die Ausgangssituation, indem wir eine der einfachsten Methoden vorstellen, das einfache Bayes'sche Verfahren. Diese Methode ist eigentlich keine KI-Technik (die direkt auf wohl verstandenen Ergebnissen der Wahrscheinlichkeitstheorie basiert), kann aber zur Entwicklung einfacher Expertensysteme verwendet werden. In der Tat können Sie mit diesem Verfahren ein Expertensystem mit Hilfe eines Spreadsheets entwickeln. Da die Methode häufig für medizinische Expertensysteme eingesetzt wird, werden durchgehend medizinische Beispiele angeführt.

### 3.4.1 HINTERGRUND: ELEMENTARE WAHRSCHEINLICHKEITSTHEORIE

Die Wahrscheinlichkeit von $x$ stellt *den Grad der Vertrauens* von $x$ dar[1]. Eine Wahrscheinlichkeit von 0 bedeutet, dass etwas nicht wahr sein kann, eine Wahrscheinlichkeit von 1 bedeutet, dass etwas definitiv wahr ist, und eine Wahrscheinlichkeit von 0,5 bedeutet, dass etwas mit gleicher Wahrscheinlichkeit wahr oder falsch sein kann.

Der Grad der Vertrauens zu etwas hängt davon ab, was bereits über den Fall bekannt ist (d.h. die Beweise). Wenn wir eine Hypothese $H$ haben, dann gibt $P(H)$ den Grad des Vertrauens zu der Hypothese $H$ an, wenn jeglicher Beweis fehlt. Wenn wir einige Beweise $B$ haben, dann wird die Wahrscheinlichkeit als $P(H|B)$ dargestellt (die Wahrscheinlichkeit von $H$, wenn $B$ wahr ist). Dies wird als *bedingte* Wahrscheinlichkeit (conditional probability) bezeichnet. Die bedingte Wahrscheinlichkeit ist definiert als:

$$P(H|E) \; = \; \frac{P(H \wedge E)}{P(E)}$$

wobei $P(H \wedge E)$ die Wahrscheinlichkeit ist, dass sowohl $H$ als auch $E$ wahr sind.

Werte für bedingte Wahrscheinlichkeiten kann man sich entweder von Experten oder über Beispieldaten verschaffen. Nehmen wir z.B. an, dass wir die Wahrscheinlichkeit eines Herzinfarkts in Erfahrung bringen möchten, wenn jemand über stechende Schmerzen im Arm klagt. Wir könnten entweder einen Arzt nach einem vernünftigen Wert fragen oder Daten von Hunderten von Patienten sammeln, die von stechenden Schmerzen berichtet haben, und herausfinden, bei welchem Prozentsatz von ihnen schließlich ein Herzinfarkt diagnostiziert wurde.

Bei Diagnoseproblemen gibt es sehr häufig verfügbare Daten über die Wahrscheinlichkeiten verschiedener Symptome bei unterschiedlichen Krankheiten, vielleicht haben wir aber nicht die Daten, die die Wahrscheinlichkeit der Krankheit anhand der Symptome angeben (es ist einfacher, geeignete Daten über Personen zu sammeln, die Herzinfarkte hatten, als über Personen mit stechenden Schmerzen). Mit der obigen Definition für $P(H|E)$ können wir eine Formel erhalten, um letzteres aus ersterem zu schließen:

---

[1] Streng genommen ist dies die *subjektive* Interpretation von Wahrscheinlichkeiten. Die *objektive* Interpretation ist allgemeiner und verweist auf die Häufigkeit von Ereignissen, die in wiederholten Experimenten auftreten, aber das ist für unsere Zwecke nicht relevant.

$$P(H|E) = \frac{P(E|H) \times P(H)}{P(E)}$$

Dies ist als Bayes'sches Theorem bekannt.

### 3.4.2 ANNAHMEN ÜBER DIE UNABHÄNGIGKEIT

Normalerweise existieren natürlich viele relevante Beweisstückchen (z.B. Symptome), die alle in Erwägung gezogen werden müssen. Wir benötigen eine Methode, um mit mehreren Beweisen Schlüsse zu ziehen.

Dafür müssen wir etwas darüber wissen, welche Beweise *unabhängig* von anderen sind. Der Begriff der Unabhängigkeit ist in der Wahrscheinlichkeitstheorie sehr wichtig. Wenn zwei Fakten $E_1$ und $E_2$ unabhängig voneinander sind (d.h. keinen Einfluss aufeinander haben), dann ist es sehr einfach, die Wahrscheinlichkeit zu berechnen, dass beide wahr sind, d.h. von $E_1 \wedge E_2$:

$$P(E_1 \wedge E_2) = P(E_1) \times P(E_2)$$

Wir müssen also nur die Wahrscheinlichkeit von $E_1$ und $E_2$ kennen. Zum Beispiel ist die Wahrscheinlichkeit, beim Werfen einer Münze zweimal hintereinander Kopf zu werfen, ½ x ½ = ¼. Wenn zwei Fakten nicht unabhängig sind (z.B. $E_1$=„Regenschirm mitnehmen", $E_2$=„In Schottland leben"), dann gilt diese einfache Formel nicht. Wir können $P(E_1 \wedge E_2)$ nicht einfach durch die Wahrscheinlichkeiten jedes einzelnen Fakts herausfinden.

Bei einer diagnostischen Aufgabe sind wir an einer bestimmten Art der Unabhängigkeit interessiert: die *bedingte* Unabhängigkeit einer Sammlung von Beweisstücken $(E_1 \dots E_N)$, wenn die Hypothese $H$ GEGEBEN ist. Wenn $E_1 \dots E_N$ bedingt unabhängig sind, wenn $H$ gegeben ist, dann haben wir:

$$P(H|E_1 \wedge \dots \wedge E_N) = \frac{P(E_1 \wedge \dots \wedge E_N|H) \times P(H)}{P(E_1 \wedge \dots \wedge E_N)}$$
$$= \frac{P(E_1|H) \times \dots \times P(E_N|H) \times P(H)}{P(E_1 \wedge \dots \wedge E_N)}$$

Bedingte Unabhängigkeit ist eine angenehme Vereinfachung, aber eine, die nicht immer gültig ist. Wenn z.B. bestimmte Symptome tendenziell zusammen aufzutreten, dann wird die Annahme verletzt. Vielleicht tendieren Sie bei einer Erkältung dazu, entweder Husten und Halsschmerzen oder keines von beiden zu bekommen. Wenn das der Fall ist, dann sind diese nicht bedingt unabhängig und die oben gegebene Formel ist nicht zutreffend.

Wie es im Moment aussieht, müssen wir immer noch die Wahrscheinlichkeitsverteilung (joint probability) aller Beweise (z.B. Symptome) kennen ($P(E_1) \wedge \dots \wedge E_N$). Wenn aber die möglichen Hypothesen *erschöpfend* (exhaustive) sind und sich *gegenseitig ausschließen* (mutually exclusive) (d.h. jeder hat eine der Krankheiten und niemand hat mehr als eine), können wir das Obige vereinfachen, sodass diese gemeinsame Wahrscheinlichkeit nicht erforderlich ist. (Wir finden einen Ausdruck für $P(\neg H | E_1 \wedge ... \wedge E_N)$ und benutzen dieses Ergebnis, um $P(E_1 \wedge ... \wedge E_N)$ in der obigen Formel zu eliminieren.)

### 3.4.3 WAHRSCHEINLICHKEITSVERHÄLTNIS

Das Bayes'sche Theorem ist bei der Lösung diagnostischer Probleme etwas merkwürdig in der Handhabung, sodass es im Allgemeinen mit *Wahrscheinlichkeitsverhältnissen* (likelihood ratios) umformuliert wird. Wir definieren die A-priori-Wahrscheinlichkeit (prior odds) eines Ereignisses H als:

$$O(H) \;=\; \frac{P(H)}{1-P(H)}$$

Das ist genau wie bei den Wahrscheinlichkeiten, die bei Pferderennen angegeben werden. Wenn die Chancen für den Gewinn von „Speedy" 3:2 sind, gibt es drei Chancen, dass er gewinnt, gegen zwei Chancen, dass er nicht gewinnt. *P(speedygewinnt)* ist die Wahrscheinlichkeit, dass er gewinnen wird, und *1-P(speedygewinnt)* ist die Wahrscheinlichkeit, dass er nicht gewinnen wird. Eine Wahrscheinlichkeit von 3:2 (oder 1,5) bei einer Krankheit bedeutet, dass auf drei Personen, die sie haben, zwei kommen, die sie nicht haben.

Wir benötigen außerdem die *A-posteriori*-Wahrscheinlichkeiten (posterior odds), die sich auf bedingte Wahrscheinlichkeiten beziehen:

$$O(H|E) \;=\; \frac{P(H|E)}{1-P(H|E)}$$

Vielleicht liegen die Chancen, dass „Speedy" gewinnt, angesichts der Tatsache, dass „Très Vite" in dieser Saison viel zu spät mit dem Training beginnen konnte, bei 5:2.

Nun können wir in Erwägung ziehen, wie ausreichend ein Beweis $E$ dafür ist, $H$ zu schließen. Das *positive Wahrscheinlichkeitsverhältnis* (level of sufficiency, LS) ist definiert als:

$$LS \;-\; \frac{P(E|H)}{P(E|\neg H)}$$

Mit den Definitionen von Wahrscheinlichkeit und Wahrscheinlichkeitsverhältnissen erhalten wir Folgendes:

$$O(H|E) \;=\; LS \times O(H)$$

Wenn die Annahmen der bedingten Unabhängigkeit gegeben sind, haben wir einen ähnlich einfachen Ausdruck für den Fall, dass es mehr als ein Beweisstück gibt. Wir multiplizieren einfach die Wahrscheinlichkeitsverhältnisse jedes Beweisteils, multiplizieren das Ergebnis mit der A-priori-Wahrscheinlichkeit und schon haben wir die A-posteriori-Wahrscheinlichkeit für die Krankheit anhand aller gegebenen Beweise.

Angenommen, wir haben die folgenden Wahrscheinlichkeitsverhältnisse (*LS*s) erhalten (aus Daten über $P(E|D)$ und $P(E|\neg D)$):

|  | Masern LS | Mumps LS |
|---|---|---|
| Flecken | 15 | 10 |
| Keine Flecken | 0,3 | 0,5 |
| Hohe Temperatur | 4 | 5 |
| Keine Temperatur | 0,8 | 0,7 |

Wir wissen außerdem, dass die A-priori-Wahrscheinlichkeit, dass ein Kind Masern hat, bei 0,1 liegt, während sie für Mumps 0,05 beträgt. Wenn nun GEGEBEN ist, dass wir wissen, dass Fred Flecken, aber keine Temperatur hat, können wir die A-posteriori-Wahrscheinlichkeit von Masern berechnen:

$$O(\text{Masern} | \text{Flecken} \wedge \text{KeineTemp}) = 0,1 \times 15 \times 0,8 = 1,2$$

und von Mumps:

$$O(\text{Mumps} | \text{Flecken} \wedge \text{KeineTemp}) = 0,05 \times 10 \times 0,7 = 0,35$$

Es gibt also für keinen der beiden Fälle überwältigende Beweise (da beide mit Fieber assoziiert werden), aber die Chancen sind bei Masern höher als bei Mumps.

## SCHWÄCHEN VON EINFACHEN BAYES'SCHEN SYSTEMEN

Angenommen, Sie haben obige Formel genutzt, um ein einfaches Expertsystem basierend auf Wahrscheinlichkeiten zu entwickeln. Sie könnten mit einigen Patientendaten beginnen, die es Ihnen erlauben würden, die Wahrscheinlichkeitsverhältnisse und die A-priori-Wahrscheinlichkeit unterschiedlicher Krankheiten zu bestimmen. Wenn keine Daten verfügbar wären, könnte ein Experte gefragt werden, um eine Vermutung anzustellen. Ein Expertensystem könnte dann, vielleicht unter Verwendung eines Spreadsheets, ganz einfach entwickelt werden.

Bei einem solchen System können sich aber viele mögliche Fehlerquellen einschleichen. Die Symptome können, wenn die Krankheit gegeben ist, nicht wirklich unabhängig voneinander und die Wahrscheinlichkeitsverhältnisse und die A-priori-Wahrscheinlichkeit ungenau sein, wenn sie auf nichtrepräsentativen oder übermäßig kleinen Patientengruppen oder einer unzulänglichen Vermutung des Experten basieren. Einfache Methoden der Wahrscheinlichkeit können die Illusion von Präzision vermitteln (wenn z.B. eine Ausgabewahrscheinlichkeit von 96,4 % gegeben ist), aber auch diese Werte können noch immer bedeutende Fehler aufweisen. Derartige Fehler können kritisch sein.

In dem einfachen Bayes'schen Formalismus benötigen wir riesige Tabellen von bedingten Wahrscheinlichkeiten, wenn wir keine Annahmen über bedingte Unabhängigkeit machen und $P(H|E_1 \wedge E_2 \wedge \ldots \wedge E_N)$ für jede mögliche Kombination von Beweisen gegeben ist. Es ist einfach nicht durchführbar, sich diese Daten zu verschaffen. Wenn es z.B. nur 16 mögliche Symptome gäbe, benötigten wir eine Tabelle mit 216=65.536 Einträgen für jede Krankheit! Es ist unwahrscheinlich, dass ein Experte bereit wäre, Werte für alle diese Fälle zu schätzen (oder sie akkurat schätzen könnte), und es ist sehr unwahrscheinlich, dass wir ausreichend Daten von früheren Patienten hätten, um exakte Wahrscheinlichkeiten für jede Kombination von Symptomen zu erhalten.

Mit den vereinfachenden Annahmen funktionieren einfache Bayes'sche Systeme in engen und eingeschränkten Bereichen manchmal gut, in denen z.B. nur ein Dutzend Krankheiten bei einer ähnlichen Zahl von relevanten Symptomen in Erwägung gezogen werden müssen. Die Leistung solcher Systeme nimmt aber ab, wenn sie erweitert werden, um mehr Symptome und Krankheiten berücksichtigen zu können. Das liegt an der Verletzung der Annahme, dass die Symptome unabhängig sind.

## 3.5 DREI FALLSTUDIEN AUS DER MEDIZIN

Bisher haben wir uns nur mit den Grundlagen einer einfachen Art eines regelbasierten Expertensystems beschäftigt und einige grundlegende Ideen über die Unsicherheit eingeführt. In diesem Abschnitt werden wir uns den Entwurf von drei unterschiedlichen umfassenden Praxissystemen ansehen, die alle für medizinische Diagnosen genutzt werden. Dies wird uns erlauben, weiter darauf einzugehen, wie Unsicherheiten behandelt werden können, uns einige unterschiedliche Methoden zur Problemlösung anzusehen und eine Reihe praktischer Überlegungen für die Entwicklung und Bereitstellung von Expertensystemen anzustellen.

Das erste der im Folgenden beschriebenen Systeme, MYCIN, ist ein bahnbrechendes Expertensystem, das primär ein regelbasiertes Rückwärtsverkettungsverfahren benutzt, dieses Verfahren aber erweitert, sodass Unsicherheiten behandelt werden können. Bei dem zweiten System, Internist, handelt es sich ebenfalls um ein bahnbrechendes, frühes System, das aber seine Problemlösungsmethode auf der menschlichen Problemlösung begründet und eine andere Technik für die Behandlung von Unsicherheiten einsetzt. Das letzte System, Pathfinder, kennzeichnet eine Reihe aktuellerer Systeme, die sich moderner statistischer Techniken für die Diagnose bedienen und aus den im obigen Abschnitt dargestellten Ideen entwickelt wurden. Die Beschreibungen aller dieser Systeme sind zwangsläufig stark vereinfacht, sollten aber die elementaren Verfahren veranschaulichen.

### 3.5.1 MYCIN: EIN REGELBASIERTES VERFAHREN

MYCIN wurde entwickelt, um zu veranschaulichen, wie Techniken der künstlichen Intelligenz genutzt werden könnten, um Probleme zu lösen, die unsicheres und unvollständiges Wissen umfassen. Es wurde zum Teil als Antwort auf die wahrgenommenen Einschränkungen des einfachen Bayes'schen Systems entwickelt, wie sie weiter oben beschrieben wurden. Es war eines der frühesten und einflussreichsten Expertensysteme, die entwickelt wurden, und viele Expertensystem-Shells nutzen Methoden, die auf denen basieren, die bei MYCIN zum Einsatz kamen.

MYCIN wurde entwickelt, um Ärzten bei der Diagnose und Behandlung von Patienten mit bestimmten Arten bakterieller Infektionen zu helfen. Dazu gehört, dass die möglicherweise involvierten Organismen bestimmt und die am besten geeigneten Medikamente ausgewählt werden. Da zuweilen eine schnelle Behandlung erforderlich ist, wurde das System so konstruiert, dass es mit unvollständigen Daten arbeiten konnte, bevor definitive Testergebnisse verfügbar waren. Es musste eine gute „deckende" Behandlung unter Berücksichtigung aller möglichen Infektionen vorschlagen, bis eine genaue Diagnose gestellt werden konnte.

MYCINs Gesamtarchitektur ähnelt der in Abbildung 3.1 und die vorgeschlagene Aufteilung eines Expertensystems in diese Module war tatsächlich eines der Resultate des MYCIN-Projekts. Im Kontext dieses Projekts wurde bahnbrechende Arbeit auf den Gebieten der Wissensbasiseditoren, Inferenzmaschinen und Erklärungssysteme geleistet.

## WISSENSREPRÄSENTATION

MYCINs Wissensbasis bestand aus einer Menge von IF-THEN-Regeln mit zugeordneten Konfidenzfaktoren. Im Folgenden sehen Sie eine vereinfachte deutsche Version einer der Regeln von MYCIN:

IF die Infektion eine Primärbakteriämie ist

AND die Stelle der Kultur eine der sterilen Stellen ist

AND das vermutete Eintrittsportal der Gastrointestinaltrakt ist

THEN gibt es suggestive Hinweise (0,7) dass die Infektion bakteroid ist.

MYCIN enthielt außerdem Wissenstafeln mit elementaren Fakten, die vom System benötigt wurden, wie z.B. Charakteristiken der verschiedenen Bakterien. Eine spezielle Struktur mit der Bezeichnung *Kontextbaum* (context tree) wurde verwendet, um fallspezifische Daten über den Patienten zu ordnen.

Die obige Regel enthält einen numerischen Wert von 0,7, der anzeigt, wie wahrscheinlich die Schlussfolgerung ist, wenn die Bedingungen wahr sind. Der Grad der Sicherheit wird bei MYCIN mit *Konfidenzfaktoren* (certainty factors) ausgedrückt. Fakten und Regeln können Konfidenzfaktoren haben, die ihnen zugeordnet sind: ein Konfidenzfaktor von 1 bedeutet, dass etwas definitiv wahr ist, ein Konfidenzfaktor von −1 bedeutet, dass etwas definitiv nicht wahr ist, und ein Konfidenzfaktor von 0 bedeutet, dass wir keine Ahnung haben. Konfidenzfaktoren sind nicht das Gleiche wie Wahrscheinlichkeiten, sie sind aber verwandt.

Wenn wir die Konfidenzfaktoren der Vorbedingungen (z.B. dass die Infektion eine Primärbakteriämie ist) und den Konfidenzfaktor der Regel kennen, können wir den Konfidenzfaktor berechnen, der der Schlussfolgerung zugeordnet sein sollte.

Angenommen, wir wissen, dass die Konfidenzfaktoren, die den drei Vorbedingungen zugeordnet sind, 0,6, 0,5 und 0,8 sind. Zuerst müssen wir die Sicherheit für den Fall bestimmen, dass sie alle wahr sind. In MYCIN gilt die Regel, dass wir das *Minimum* der Konfidenzfaktoren der verbundenen Vorbedingungen nehmen (die durch AND verbunden sind), sodass der Wert, der der Gesamtvorbedingung zugeordnet ist, 0,5 ist. Der Grund dafür, das Minimum zu verwenden, besteht darin, dass unser Vertrauen darin, dass alle Bedingungen wahr sind, ungefähr mit unserem Vertrauen in die am schwächsten gestützte Vorbedingung übereinstimmen sollte. Wenn wir eine Regel mit einer Disjunktion von Vorbindungen haben (die mit OR verbunden sind), nehmen wir das *Maximum* der Konfidenzfaktoren. Also gilt allgemein:

$$KF(P_1 \, AND \dots AND \, P_N) = MIN(KF(P_1), \dots, KF(P_N))$$
$$KF(P_1 \, OR \dots OR \, P_N) = MAX(KF(P_1), \dots, KF(P_N))$$

Wenn wir die Konfidenzfaktoren für die Gesamtvorbedingung haben, können wir die Sicherheit einer Schlussfolgerung berechnen, wenn eine bestimmte Regel gegeben ist. Das ist einfach – wir multiplizieren lediglich den Konfidenzfaktor der Vorbedingung mit dem Konfidenzfaktor der Regel. Für das obige Beispiel erhalten wir 0,35. Im Allgemeinen ist die Sicherheit einer Schlussfolgerung S anhand einer Regel R mit der Vorbedingung V:

$$KF(S, R) = KF(V) \times KF(R)$$

Das wird kompliziert, wenn wir mehr als eine Regel haben, die uns erlaubt, die gleiche Schlussfolgerung zu ziehen. Wenn es zwei Regeln gibt, die S schließen, sodass wir (mit der obigen Formel) die Sicherheit von *KF(S, $R_1$)* und *KF(S, $R_2$)* erhalten, dann ist, sofern diese positiv sind, der Gesamtkonfidenzfaktor:

$$KF(S) = KF(S, R_1) + KF(S, R_2) - KF(S, R_1) \times KF(S, R_2)$$

(Wenn einer oder beide Konfidenzfaktoren negativ sind, wird eine etwas andere Formel angewendet.)

Diese Methode für die Behandlung von Unsicherheiten wird als ziemlich *ad hoc* angesehen. Ihre Wurzeln liegen zwar in der Wahrscheinlichkeitstheorie, es werden aber viele Annahmen über die Natur der Daten angestellt. Bei einigen Problemen mag das nicht wichtig sein, da die einbezogenen Sicherheiten selbst sehr unsicher sind. Experten sind unsicher, wie Regeln Konfidenzfaktoren zugewiesen werden, und Benutzer sind unsicher, wie den Fakten, über die sie befragt werden, Konfidenzfaktoren zugewiesen werden. Also sind Fehler infolge einer irgendwie Ad-hoc-Berechnung nicht so signifikant wie Fehler in den ursprünglichen Sicherheiten. Die Fehler in den Berechnungen können sich aber häufen und auch wenn Konfidenzfaktoren in einfachen regelbasierten Systemen nach wie vor nützlich sein können, konzentriert sich die aktuelle Forschung dennoch auf die Entwicklung praktischer Techniken, die auf zuverlässigeren Berechnungen basieren.

MYCIN verwendet eine recht einfache Problemlösungsstrategie, die auf der Rückwärtsverkettung basiert. Mögliche Bakterien (die die Infektion des Patienten verursachen könnten) werden nacheinander in Betracht gezogen und MYCIN versucht, mit Regeln wie der oben dargestellten zu beweisen, ob sie beteiligt sein könnten. Also könnte es zu beweisen versuchen, dass es sich um den Organismus E. coli handelt, indem es dem Benutzer einige Fragen stellt, um dies zu bestimmen, und dann ein anderes Bakterium in Erwägung zieht, bis alle berücksichtigt wurden. Der Ausgang dieses Verfahrens wird eine Liste möglicher Bakterien und assoziierter Sicherheiten sein.

Sobald mögliche Diagnosen feststehen, versucht MYCIN, eine mögliche Behandlung auszuwählen. Dies verläuft in zwei Stadien: die Auswahl möglicher Medikamente und dann die Auswahl der bevorzugten Medikamente. In diesem Stadium wird die Rückwärtsverkettungsstrategie zu Gunsten eines eher datenorientierten Verfahrens aufgegeben. Jedem Organismus ist eine Liste von möglichen Medikamenten und Zahlen, die ihre Effektivität angeben, zugeordnet. Mit einer gegebenen Liste der möglichen Organismen werden diese Zahlen kombiniert und alle möglichen Organismen und ihre Wahrscheinlichkeitsverhältnisse berücksichtigt, um das beste Medikament oder die besten Medikamente zu bestimmen, sodass alle Möglichkeiten mit einem angemessenen Grad der Sicherheit abgedeckt werden.

## BEISPIEL

Es folgt ein (vereinfachter) Beispieldialog mit MYCIN.

1.  M:  Name des Patienten?

2.  U:  Alan Apt.

…

6.  M:  Gibt es angesetzte Kulturen für Alan Apt?

7.  U:  Ja.

8.  M:  Welcher Stelle wurde die Probe für die Kultur entnommen?

…

14.  M:  Geben Sie bitte das Datum an, an dem der klinische Beweis für Meningitis zum ersten Mal auftrat.

15.  U:  25. März.

16.  M:  Hat sich der Patient einem neurochirurgischen Eingriff unterzogen?

17.  U:  Warum?

18.  M:  Das wird bei der Bestimmung der Organismen helfen, der die Infektion verursachen könnten. Es wurde bereits festgestellt: die Kultur ist Meningitis; auf der angesetzten Kultur wurden keine Organismen entdeckt. Wenn also der Patient einen neurochirurgischen Eingriff hatte, deutet dies darauf

hin, dass die Organismen, die die Infektion verursachen, möglicherweise *Staphylococcus coag pos* (0,75) und *Staphylococcus coag neg* (0,5) sind.

Hatte der Patient einen neurochirurgischen Eingriff?

19. U: Nein.

…

26. M: Ist der Patient ein Verbrennungspatient?

27. U: Ja.

28. M: Ich habe Anhaltspunkte gefunden (Regel 507), dass die Behandlung *Diplococcus pneumoniae* abdecken sollte, der Meningitis verursacht.

   Ich habe Anzeichen gefunden (Regel 545), dass die Behandlung *E. coli* abdecken sollte, der Meningitis verursacht.

29. M: Hat der Patient fokale neurologische Symptome?

30. U: Nein.

31. M: Meine bevorzugte Therapieempfehlung lautet folgendermaßen: Um *Diplococcus pneumoniae* und *E. coli* abzudecken, geben Sie die folgende Kombination:

   AMPICILLIN Dosis 3,85 mg

   GENTAMICIN Dosis 131 mg.

Der Dialog umfasst drei Stadien. Im ersten Stadium (1-13) werden grundlegende Informationen über den Patienten und die Kulturen ans Licht gebracht. Diese Informationen werden genutzt, um anfängliche Hypothesen aufzustellen (z.B. um nur Meningitisinfektionen zu berücksichtigen). Das zweite Stadium (14-28) ergibt sich aus einer Rückwärtsverkettung über diese Hypothesen, um für jede einzelne die Sicherheit zu bestimmen. Im letzten Stadium (29-31) ermittelt und präsentiert das System geeignete Behandlungen. Alternative Therapien werden vorgeschlagen, wenn die erste vom Benutzer zurückgewiesen wird. In jedem Stadium (z.B. 17-18) kann der Benutzer WIE- und WARUM-Fragen stellen, wie es in Abschnitt 3.3.2 erörtert wurde.

**BEWERTUNG**

MYCIN wurde dadurch bewertet, dass seine Leistung mit der von acht Mitgliedern der medizinischen Fakultät der Universität von Stanford verglichen wurde, und zwar fünf Fakultätsmitgliedern, einem wissenschaftlichen Mitarbeiter für Infektionskrankheiten, einem Arzt und einem Student. Sie erhielten zehn willkürlich ausgewählte Anamnesen und wurden gebeten, Diagnosen und Empfehlungen zu geben. Diese Diagnosen und die von MYCIN produzierten wurden dann acht unabhängigen Experten auf dem Gebiet der Infektionskrankheiten zur Einschätzung übergeben (die jede Diagnose als akzeptabel oder nicht akzeptabel bewerten sollten). Die Ergebnisse zeigten, dass MYCIN so gut abschnitt wie jedes Mitglied des medizinischen Teams von Stanford und bedeutend besser als der Arzt oder der Student.

Trotz dieses positiven Ergebnisses wurde MYCIN niemals in der klinischen Praxis eingesetzt. Die Gründe dafür sind zahlreich, beinhalten aber die folgenden:

❖ Eine Sitzung mit MYCIN dauerte eine halbe Stunde und erforderte sehr viel Tipperei! Das ist in der Praxis wahrscheinlich nicht akzeptabel.

❖ MYCINs Anwendungsbereich war eingeschränkt und es konnte nicht mit Situationen umgehen, die in seiner Wissensbasis nicht explizit dargestellt waren. Also würde es z.B. nach ein paar Fragen nie zu dem Schluss kommen, dass es sich nicht um eine bakterielle Infektion, sondern um eine schlimme Erkältung handelt. Tatsächlich deckte MYCIN nicht einmal das gesamte Spektrum der Infektionskrankheiten ab.

❖ Zu dieser Zeit beanspruchte MYCIN mehr Arbeitsspeicher, als sich die Krankenhäuser leisten konnten.

### NACHFOLGENDE PROJEKTE

MYCIN brachte eine ganze Reihe von Nachfolgeprojekten hervor, darunter auch folgende:

❖ **EMYCIN:** Hierbei handelte es sich mehr oder weniger um die erste Expertensystem-*Shell*. Es bot die elementare Regelsprache und den Interpreter und ermöglichte eine viel schnellere Entwicklung von MYCIN-ähnlichen Expertensystemen.

❖ **PUFF:** Ein System, das mit EMYCIN entwickelt wurde, um anhand von Daten aus Lungenfunktionstests Ausmaß und Schwere von Lungenerkrankungen zu bestimmen. Dieses System wurde in der klinischen Praxis verwendet.

❖ **GUIDON:** Hierbei handelte es sich um ein Schulungssystem, das auf MYCIN basierte. Studenten versuchten, Diagnosen zu stellen, und während MYCIN hinzugezogen wurde, um zu überprüfen, ob sie sinnvoll waren, lieferte GUIDON Feedback und Hinweise.

❖ **NEOMYCIN:** Hierbei handelte es sich um eine umgeschriebene Version von MYCIN, die die zugrunde liegende Problemlösungsstrategie expliziter machte.

### 3.5.2   INTERNIST: MODELLIERUNG DER MENSCHLICHEN PROBLEMLÖSUNG

Internist ist ein umfassendes Diagnostikprogramm, das an der Pittsburgh School of Medicine entwickelt wurde. Im Gegensatz zu MYCIN versucht es, explizit die Art zu erfassen, auf die menschliche Experten ihre Diagnosen stellen, und verwendet dafür eine komplexe Problemlösungsstrategie, die auf der Technik der *Differentialdiagnose* basiert. Diese Technik funktioniert gut, wenn eine sehr große Anzahl möglicher Hypothesen (z.B. Krankheiten) berücksichtigt werden muss. Das Grundverfahren sieht so aus:

❖ Verwende die verfügbaren (Symptom-)Daten, um eine mögliche Krankheit vorzuschlagen oder *auszulösen*.

❖ Bestimme, welche anderen Symptome bei dieser Krankheit zu erwarten wären.

❖ Sammle mehr Daten, um zwischen diesen Hypothesen zu differenzieren, und aktualisiere die Menge der aktuellen Hypothesen.

Internist stellt Wissen über die fraglichen Krankheiten als *Krankheitsprofile* dar und verwendet dann eine komplexe Problemlösungsstrategie, die die Informationen in den Krankheitsprofilen und die bis dahin gefundenen Hinweise nutzt.

Diese Krankheitsprofile benennen die *Befunde* (wie Symptome und Testergebnisse), die der Krankheit zugeordnet sind. Für jeden solchen Befund werden zwei Zahlen geliefert, die die Wechselbeziehung zwischen Krankheit und Befund angeben. Die erste Zahl (Evoking Strength) gibt die Wahrscheinlichkeit für die Krankheit an, wenn der Befund auftritt. Die zweite Zahl (Frequency) gibt die Wahrscheinlichkeit des Befunds an, wenn die Krankheit vorliegt. (Machen Sie sich bewusst, dass diese unterschiedlich sein können. Zum Beispiel führen Kopfschmerzen nicht unbedingt zur Hypothese Gehirntumor, bei einem Gehirntumor sind Kopfschmerzen aber sehr wahrscheinlich.) Sowohl für die Evoking Strength als auch für die Frequency wird ein numerischer Wert von 0 bis 5 angegeben, und zwar mit einer informellen Interpretation für jeden Wert (z.B. bedeutet eine Evoking Strength von 4, dass „die Diagnose die Hauptursache für den gegebenen Befund ist"). Evoking Strength und Frequency ähneln ein wenig den bedingten Wahrscheinlichkeiten $P(H|E)$ und $P(E|H)$, es werden aber stärker Ad-hoc-Techniken genutzt, um sie zu beeinflussen.

Ein vereinfachtes Beispiel-Krankheitsprofil sehen Sie hier:

| Befund | Evoking Strength | Frequency |
|---|---|---|
| Husten | 1 | 2 |
| Fieber | 0 | 2 |
| Gelbsucht | 1 | 2 |
| Lebervergrößerung | 1 | 3 |

Tabelle 3.1: Krankheitsprofil für Erkrankung der Leber durch Echinococcus cysticus

Diese Krankheitsprofile werden in einem *Krankheitsbaum* zusammengefasst, also einer hierarchischen Klassifikation von Krankheitstypen. Krankheitsprofile werden sowohl für breiter gefasste Krankheitsklassen (z.B. Lebererkrankungen) als auch für speziellere Krankheiten geliefert. Die Krankheitswissensbasis enthält außerdem Informationen darüber, welche Krankheiten gewöhnlich mit welchen anderen Krankheiten assoziiert werden (wenn eine Krankheit vorgeschlagen wird, können also auch die anderen berücksichtigt werden), sowie über die Bedeutung verschiedener Befunde (sodass triviale Befunde außer Acht gelassen werden können).

Insgesamt enthält Internist Wissen von ungefähr 600 Krankheiten und 4500 verwandten Befunden. Diese Wissensbasis wurde von einem Ärzteteam durch sorgfältiges Studium der Literatur und Falldiskussionen konstruiert. An ihrer Entwicklung wurde viele Menschenjahre lang gearbeitet.

Internist verwendet diese Informationen wie folgt:

✢ Der Arzt gibt eine anfängliche Liste von Befunden ein und Internist findet alle Krankheiten, die durch diese Befunde angedeutet werden (d.h. Evoking Strength > 0).

✢ Für jede dieser Krankheitshypothesen erzeugt Internist ein *Krankheitsmodell*, das aus vier Listen besteht:

1. beobachtete Befunde, die mit der Krankheit übereinstimmen
2. beobachtete Befunde, die der Krankheit nicht zugeordnet sind
3. Befunde, die mit der Krankheit assoziiert werden, bei dem Patienten aber nicht beobachtet werden
4. Befunde, die zwar noch nicht beobachtet wurden, aber mit der Krankheit assoziiert werden

✢ Basierend auf diesen Listen wird jede Hypothese bewertet. Diese Bewertung basiert auf einem *Ad-hoc*-Schema, das die Gewichtungen aller Befunde aus den oben angeführten Listen 1-3 nutzt, wobei die Befunde in Liste 1 positiv und die anderen negativ zur Bewertung beitragen.

✢ Die möglichen Hypothesen werden sortiert und die „Konkurrenten" um die wahrscheinlichste Diagnose bestimmt. Dieser Schritt berücksichtigt, dass der Patient mehr als eine Krankheit haben kann. Krankheiten, die die gleichen Symptome hervorrufen können wie die als am wahrscheinlichsten eingestufte Erkrankung sollten als Konkurrenten gesehen werden. Krankheiten, die andere Symptome erklären, können gleichzeitig bestehen.

✢ Nun wird es eine oder mehrere konkurrierende Hauptdiagnosen geben. Die Strategie hängt nun von der Anzahl und der Bewertung dieser möglichen Diagnosen ab. Bei nur einer Diagnose wird Internist mit ihr Schlussfolgerungen ableiten. Falls mehr als eine Diagnose vorliegen, die an der Spitze der Liste stehende aber bedeutend stichhaltiger erscheint, wird Internist diese zu bestätigen versuchen und mehr Daten über ihre assoziierten Befunde sammeln. Wenn es fünf oder mehr Möglichkeiten gibt, wird Internist versuchen, einige auszuschließen. Bei zwei bis vier Möglichkeiten wird Internist versuchen, sie unterschiedlich zu behandeln, und Fragen stellen, die den Unterschied in den resultierenden Bewertungen vergrößern werden.

✢ Wenn auf eine Diagnose geschlossen wird, wird Internist die Patientenbefunde, die durch die Diagnose erklärt werden, aus der Schlussfolgerung entfernen und mit den möglicherweise verbleibenden Befunden von vorn beginnen (falls der Patient mehrere Krankheiten hat).

Die Methoden von Internist sind, wie es selbst zugeben muss, *ad hoc*, das System ist aber dennoch in seiner Leistung und seinem Umfang beeindruckend. Es deckt die gesamte innere Medizin ab und in einer Studie zeigte sich, dass seine diagnostische Genauigkeit mit der eines Arztes in einem großen Lehrkrankenhaus zu vergleichen ist.

Das ursprüngliche Internist-System wurde auf einem großen Mainframe-Computer entwickelt und war nicht für den Gebrauch durch praktische Ärzte geeignet. In den achtziger Jahren wurde das Programm aber als QMR (Quick Medical Reference) für den Einsatz auf PCs angepasst. Im Gegensatz zu Internist, das nur ein diagnostisches Tool war, kann QMR in drei verschiedenen Modi verwendet werden. Im Basismodus bietet es diagnostischen Rat (wie Internist). Es kann aber auch in anderen Modi verwendet werden, wie z.B. als elektronisches Lehrbuch, das die mit einer Krankheit assoziierten Symptome auflistet oder die Krankheiten, die mit einem bestimmten Befund assoziiert werden, oder nur als Tool, um die Beziehungen zwischen Krankheiten und Befunden zu untersuchen. Diese Modi nutzen die detaillierte medizinische Wissensbasis, die während des Internist-Projekts entwickelt wurde. In der Tat gestehen die Autoren von QMR ein, dass das wertvollste Ergebnis von Internist seine detaillierte Wissensbasis war. QMR zielt stärker auf die Verwendung als Assistent für den Arzt ab als auf die Verwendung als allwissender Experte und wird mittlerweile sowohl in der klinischen Praxis als auch in der Lehre eingesetzt.

### 3.5.3 PATHFINDER: DIE VERWENDUNG DER WAHRSCHEINLICHKEITSTHEORIE

Pathfinder ist ein System, um Pathologen bei der Diagnose von Krankheiten zu helfen, die in Zusammenhang mit den Lymphknoten stehen. Anhand einer Reihe von Befunden (z.B. totem Gewebe) schlägt es mögliche Krankheiten vor (z.B. AIDS). Es ist insofern interessant, als es verschiedene Problemlösungsmethoden und -techniken für den Umgang mit Unsicherheiten erforscht hat.

Im Pathfinder-Projekt wurden für die Behandlung von Unsicherheiten eine Vielzahl von Techniken in Erwägung gezogen, darunter auch das einfache Bayes'sche Verfahren, Konfidenzfaktoren und das in Internist verwendete Bewertungsschema. Diese wurden verglichen, indem Systeme basierend auf den unterschiedlichen Methoden entwickelt und bestimmt wurde, welches präzisere Diagnosen lieferte. Überraschenderweise schnitt das einfache Bayes'sche Verfahren am besten ab. Aus einer theoretischen Analyse der verschiedenen Verfahren ging hervor, dass sie alle als Varianten des einfachen Bayes'schen Verfahren angesehen werden konnten und alle die Annahme der bedingten Unabhängigkeit implizit enthielten. Die Annahmen, die über die Daten in diesen Verfahren gemacht wurden, waren sogar unbrauchbarer als diejenigen in den Bayes'schen Methoden. Zur Bestimmung der Sicherheiten für diese Art von Problem (das Zusammenhängen zwischen Befunden und Hypothesen betrifft) scheint sich also das einfache Bayes'sche Verfahren am besten zu eignen. Dennoch ist es auch bekannt, dass es aufgrund der Vermutungen, die über die Daten angestellt werden, Einschränkungen hat.

Die einfache Bayes'sche Methode, wie wir sie beschrieben haben, erfordert, dass der Benutzer für jeden möglichen Befund angibt, ob dieser vorliegt oder nicht. Die Beschaffung dieser Informationen kann aber teuer sein (wenn z.B. ein spezieller Test vorgenommen werden muss) und ihre Eingabe mühselig. Ein Vorteil von Internist bestand darin, dass es nur nach den Befunden fragte, die für die aktuelle Menge der Hypothesen relevant waren, und die Menge seiner Hypothesen aktualisierte, wenn neue Daten eingegeben wurden. Daher wurden nur Fragen zu solchen Krankheiten gestellt, die anhand der bis dato eingegebenen Daten wahrscheinlich erschienen.

Das Pathfinder-Projekt achtete sowohl darauf, wie der Dialog mit dem Benutzer kontrolliert werden konnte, sodass der Benutzer nur bezüglich wichtiger Befunde gefragt wurde, als auch darauf, wie das einfache Bayes'sche Verfahren so entwickelt werden konnte, dass keine Unabhängigkeitsannahmen erforderlich sind. Diese beiden Aspekte werden im Folgenden erörtert.

### DIE KONTROLLE DES DIALOGS

Pathfinder nutzt eine grundlegende Problemlösungsstrategie, die der in Internist eingesetzten Strategie ähnelt. Es pflegt eine Liste der aktuellen Hypothesen, auf die durch die bis dato eingegebenen Befunde geschlossen wurde, und nutzt diese, um weitere Befunde vorzuschlagen, die bei der Differenzierung zwischen den konkurrierenden Hypothesen nützlich wären. Für die Bewertung möglicher Hypothesen werden Wahrscheinlichkeitsmethoden genutzt.

Sobald der Benutzer einige anfängliche Befunde eingegeben hat, wird das System alle möglichen Krankheiten bewerten und dem Benutzer eine geordnete Liste der wenigen favorisierten Hypothesen zusammen mit ihren Wahrscheinlichkeiten präsentieren. Der Benutzer kann dann entweder weitere Befunde eingeben (und eine neue Hypothesenliste und Wahrscheinlichkeiten erhalten) oder das System fragen, welche Befunde zum Eingrenzen der Diagnose besonders nützlich wären. Dieser ganze Dialog erfolgt über eine einfache menügesteuerte graphische Benutzeroberfläche.

Um eventuell nützliche Befunde vorzuschlagen, verwendet das System eine anspruchsvolle Technik, die auf der Entscheidungstheorie (decision theory) basiert. Die Schlüsselidee besteht darin, dass die Eingabe von Befunden assoziierte Kosten hat und der Gewinn durch die Kenntnis des Befunds die Kosten möglicherweise nicht aufwiegt. Einige Befunde umfassen z.B. komplexe Tests, die entweder gefährlich für den Patienten sind oder zu viel Zeit beanspruchen. Pathfinder zieht den *Nutzen* des Befunds in Erwägung, basierend darauf, wie viel er zur Diagnose beiträgt und wie wichtig es ist, die Diagnose ganz präzise zu stellen, und auf den *Kosten* des Befunds. Die Befunde werden so bewertet, dass dem Benutzer solche empfohlen werden, die den größten Nutzen zu den geringsten Kosten bringen.

In Pathfinder unterliegt die gesamte Interaktion sehr stark der Kontrolle des Benutzers. Der Benutzer entscheidet, welche Befunde eingegeben werden, und fragt das System nur dann um Rat, wenn es erforderlich ist. Dies steht im Gegensatz zu Internist, wo der Dialog durch das System kontrolliert wird. Im Allgemeinen wird der Modus der Interaktion, wie er bei Pathfinder genutzt wird, wo der Benutzer die Kontrolle hat, von Ärzten eher akzeptiert, da hierbei die Rolle des Expertensystems als passiver Assistent und nicht die als verdrängender Experte betont wird.

Das einfache Bayes'sche Verfahren stellt Annahmen über die Daten an – dass Beweise bedingt unabhängig sind. Wenn diese Annahmen nicht wahr sind, dann wird dies zu Fehlern führen. Wenn zwei Befunde bei einer Krankheit nebeneinander bestehen können und beide beobachtet werden, wird ein einfaches Bayes'sches System die Wahrscheinlichkeit der Krankheit eher überbewerten, da es die beiden Befunde so behandelt, als würden sie unabhängig voneinander die Hypothese unterstützen.

Diese Technik war bei Pathfinder zwar recht erfolgreich, es wurde aber nach praktischen Methoden gesucht, die diese Annahme der Unabhängigkeit vermeiden würden. Ein mittlerweile beliebtes Verfahren besteht darin, ein *Netzwerk* zu nutzen, um die Beziehungen zwischen den verschiedenen Beweisstücken und möglichen Hypothesen darzustellen. Diese Netzwerke, die auch als *Belief-Netze* bezeichnet werden, bieten eine intuitive Darstellung, die es relativ einfach macht, Schlussfolgerungen über Unabhängigkeiten bei den Daten zu ziehen, und behandeln Fälle, in denen Dinge nicht unabhängig sind, aber möglicherweise ursächlich zusammenhängen.

Abbildung 3.2 veranschaulicht die grundlegende Idee. Dieses Netz soll das folgende informell ausgedrückte medizinische Wissen einfangen: „Metastasierende Karzinome sind eine mögliche Ursache für einen Gehirntumor und führen häufig auch zu einer Erhöhung des Serumspiegels. Beide wiederum erhöhen die Wahrscheinlichkeit, dass ein Patient ins Koma fällt. Starke Kopfschmerzen können ebenfalls von einem Gehirntumor herrühren."

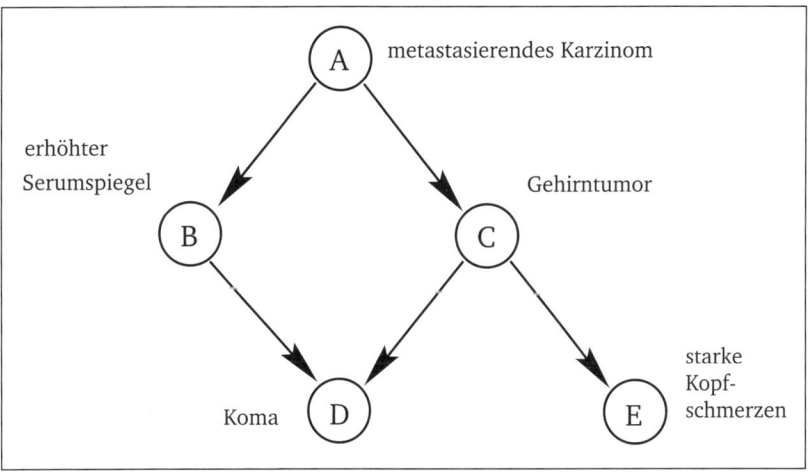

Abbildung 3.2: Ein einfaches Bayes'sches Netz

Dieses Netz umfasst nicht nur wahrnehmbare Symptome und endgültige Diagnosen. Es kann auch Zwischenzustände der Krankheit und Messungen enthalten (z.B. den Serumspiegel). Wenn zwei Krankheiten ursächlich zusammenhängen (z.B. metastasierende Karzinome und Gehirntumor), dann wird eine Verbindung zwischen ihnen angezeigt. Das Ziel besteht darin, ein mäßig einfaches Netz zu bilden, das Informationen darüber einfängt, welche Zustände welche anderen beeinflussen. Beachten Sie, dass keine Verbindung zwischen dem metastasierenden Karzinom und Kopfschmerzen besteht. Bei Menschen mit metastasierendem Karzinom ist die Wahrscheinlichkeit zwar höher, Kopfschmerzen zu bekommen, der Behauptung zufolge ist dies jedoch nur der Fall, wenn sie auch einen Gehirntumor haben.

Indem die kausalen Beziehungen auf diese Art angegeben werden, machen wir deutlich, welche Faktoren wovon abhängen und welche (bedingt) unabhängig sind. In der Abbildung ist E z.B. bedingt unabhängig von A, wenn C gegeben ist. Das bedeutet, wenn jemand einen Gehirntumor hat, haben weitere Beweise dafür, dass er ein metastasierendes Karzinom hat, keinen Einfluss darauf, wie fest wir daran glauben, dass er Kopfschmerzen hat. Ähnlich ist B bedingt unabhängig von C, wenn A gegeben ist, sodass, wenn jemand Krebs hat, weitere Beweise dafür, dass er einen Gehirntumor hat, keinen Einfluss auf unsere Überzeugung haben, dass er auch einen erhöhten Serumspiegel hat.

Für jeden Knoten in einem Bayes'schen Netz muss eine Tabelle mit bedingten Wahrscheinlichkeiten angegeben werden, die aussagt, wie dieser Knoten von seinen „Eltern"-Knoten abhängt. Wir müssten z.B. für Knoten D $P(koma|erh.serumspiegel \land gehirntumor)$, $P(koma|erh.serumspiegel \land \neg gehirntumor)$ usw. angeben. Wenn diese angegeben sind, können wir Befunde eingeben (z.B. starke Kopfschmerzen), und die Wahrscheinlichkeiten aller anderen Knoten werden aktualisiert (z.B. wird die Wahrscheinlichkeit eines Gehirntumors und somit auch die Möglichkeit eines Komas ganz leicht erhöht).

Da es bei diesem Verfahren keine echte Unterscheidung zwischen Beweisen und Hypothesen gibt, könnten wir auch den Fakt eingeben, dass jemand ein metastasierendes Karzinom hat, und die Wahrscheinlichkeit dafür bestimmen, dass er starke Kopfschmerzen hat. Oder den Fakt eingeben, dass er Krebs und Kopfschmerzen hat, und die Wahrscheinlichkeit dafür bestimmen, dass er einen Gehirntumor hat.

Die Netze liefern uns sowohl eine informelle als auch eine formelle Methode, darüber Schlussfolgerungen zu ziehen, wie einige Beweise eine Hypothese beeinflussen werden. Es ist recht einfach, informell darüber Schlussfolgerungen zu ziehen, wie die Meinung zu einem Knoten die Meinung zu den anderen beeinflussen wird. Es ist außerdem möglich, genaue Berechnungen anzustellen, um die Wahrscheinlichkeiten im Netz zu aktualisieren. Die Methoden sind recht komplex, aber es gibt Tools, die es erlauben, ein Netz graphisch aufzubauen und das System sich um die Wahrscheinlichkeiten kümmern zu lassen. Es ist außerdem möglich, alle relevanten Tabellen bedingter Wahrscheinlichkeiten einzugeben (obwohl mehr als für das einfache Bayes'sche Verfahren nötig sind). Also scheinen Bayes'sche Netze einen echten Fortschritt zu bieten, der die Beschränkungen des einfachen Bayes'schen Systems auf praktische Art überwindet.

Eine Version von Pathfinder, die Bayes'sche Netze verwendet, erwies sich unter allen untersuchten Verfahren als das Genaueste und schnitt bedeutend besser ab als menschliche Experten auf dem Gebiet der Pathologie.

Eine kommerzielle Version von Pathfinder mit dem Namen Intellipath wurde entwickelt, die von praktizierenden Pathologen ziemlich viel verwendet wird – mehrere hundert wurden verkauft. Das System beinhaltet sowohl das diagnostische Tool als auch unterstützendes Material wie z.B. eine Bibliothek mit Abbildungen, Textinformationen über die Krankheiten, Literaturverweise und ein System zum Erzeugen von Berichten. Es ist unklar, ob das unterstützende Material oder das Diagnosesystem zum relativen Erfolg des Systems geführt hat.

## 3.5.4  ZUSAMMENFASSUNG

In diesem Abschnitt haben wir einen Blick auf drei unterschiedliche Systeme für die medizinische Diagnose geworfen. Einige allgemeine Schlussfolgerungen können bezüglich der Problemlösungsstrategie, der Schlussfolgerungen unter Unsicherheit und der praktischen Entwicklung gezogen werden.

- ✤ Ein einfaches System mit Rückwärtsverkettung kann zwar erfolgreich sein, wenn nur eine relativ geringe Anzahl von Hypothesen berücksichtigt werden muss. Sind aber viele mögliche Hypothesen vorhanden, benötigen wir eine Methode, um uns auf diejenigen zu konzentrieren, die bis dato am wahrscheinlichsten sind. Andernfalls könnte das System hartnäckig eine unlogische Hypothese verfolgen und dabei irrelevante Fragen stellen. Internist bot ein Verfahren, das auf der menschlichen Problemlösung basierte, bei dem Fragen gestellt wurden, um zwischen aktuellen Hypothesen zu differenzieren. Pathfinder nutzt eine komplexe Vorstellung des Nutzens von Informationen, um dem Benutzer vorzuschlagen, welche Befunde eingegeben werden sollten.

- ✤ Das theoretisch am vielversprechendste Verfahren für die Behandlung von Unsicherheiten besteht in der Verwendung von Bayes'schen Netzen. Einfache Verfahren wie Konfidenzfaktoren können sich für bestimmte Probleme aber immer noch als nützlich erweisen, besonders dort, wo IF-THEN-Regeln eine natürliche Methode zur Darstellung von Expertenwissen bieten.

- ✤ Viele Systeme werden entwickelt, laufen gut, werden aber nicht benutzt. Um in der Praxis erfolgreich zu sein, muss ein System mit bestehenden Systemen und Arbeitspraktiken vereinbar sein, eine einfach zu bedienende Oberfläche besitzen, wenig Zeit erfordern und vielleicht zusätzliche nützliche Funktionen wie Lehrbuchinformationen und Literaturverweise bieten.

In diesem Kapitel konzentrierte sich die Erörterung auf medizinische Beispiele. Die meisten Punkte gelten für alle Arten von Expertensystemen. Es ist aber wichtig, zu beachten, dass es viele weitere Techniken zur Problemlösung gibt, die für Expertensysteme verwendet wurden. Wir haben nur ein paar in Erwägung gezogen, die für die medizinische Diagnose eingesetzt werden. Ein Wissensingenieur sollte sich der ganzen Bandbreite verfügbarer Techniken und Tools bewusst sein und auch wissen, welche Techniken für welche Arten von Aufgaben geeignet sind.

## 3.6 ZUSAMMENFASSUNG

■ Expertensysteme werden verwendet, um Aufgaben durchzuführen, die normalerweise menschliches Fachwissen erfordern, wenn das Angebot in diesem Bereich zu knapp ist.

■ Geeignete Probleme sind solche, bei denen die Vorteile die Kosten überwiegen, kooperative Experten verfügbar sind, Benutzer bereit sind, die Technologie zu akzeptieren, und das Problem selbst hoch spezialisiert ist.

■ Die Entwicklung von Expertensystemen (oder die Wissenstechnik) umfasst Methoden für das Ausfragen von menschlichen Experten, die Auswahl geeigneter Methoden zur Problemlösung und Wissensrepräsentation, schnelle Entwicklung eines Prototyps und das Testen.

■ Ein typisches Expertensystem umfasst die folgenden Module: Wissensbasis, Inferenzmaschine, Falldaten, Erklärungssystem, Benutzeroberfläche und Editor für die Wissensbasis.

■ Ein einfaches Expertensystem kann mit Produktionsregeln und einer Inferenzmaschine mit Rückwärtsverkettung entwickelt werden. Das System wird versuchen, jede der gegebenen Hypothesen zu beweisen, und dem Benutzer dabei Fragen stellen.

■ Bei den meisten Anwendungen muss ein Expertensystem in der Lage sein, unsicheres Wissen darzustellen und damit Schlussfolgerungen anzustellen. Eine Vielzahl von Techniken wurde entwickelt. Die theoretisch am fortgeschrittenste Technik ist die Verwendung von Bayes'schen Netzen, die eine intuitive graphische Darstellung und eine sichere Methode, um mit Wahrscheinlichkeiten umzugehen, bieten.

■ Drei wohl bekannte Expertensysteme in der Medizin sind MYCIN, Internist und Pathfinder. Alle veranschaulichen sehr unterschiedliche Techniken für die Problemlösung und Schlussfolgerungen mit unsicherem Wissen. Mit allen drei Systemen sind gute Ergebnisse erzielt worden, doch um sie in der Praxis zu etablieren ist mehr nötig.

## 3.7 WEITERFÜHRENDE LITERATUR

Die meisten KI-Lehrbücher bieten eine Erörterung von Expertensystemen, wobei diese häufig sehr eingeschränkt ist. Ginsberg (Ginsberg 1993) liefert eine eher kurze Einführung, erörtert aber interessante Punkte in Bezug auf die Beziehung zwischen der Expertensystemarbeit und der KI im Allgemeinen. Rich und Knight (Rich und Knight 1991) bieten eine kurze Einführung mit Einzelheiten zu Wissensakquisitions-Tools. Luger (Luger 2001) bietet eine recht ausführliche Einführung in regelbasierte

Expertensysteme, deckt ähnliches Material wie dieses Kapitel ab und führt Beispiele von Expertensystem-Shells in Lisp und Prolog an. Russell und Norvig (Russell und Norvig 2003) bieten ein Kapitel über den Aufbau einer Wissensbasis mit einer interessanten Erörterung zu *Ontologien* (Wissensbasisvokabular), aber das Verfahren ist stärker logik- als regelbasiert.

Es gibt viele Bücher über Expertensysteme, aber nur wenige von ihnen sind sehr gut. Ein eingehendes und beliebtes Buch ist (Jackson 1990), das sowohl eine Einführung in die Wissensrepräsentation von Expertensystemen als auch eine detaillierte Erörterung der Problemlösung, Methoden der Wissenstechnik und verschiedene Themen für Fortgeschrittene bietet. Lucas und van de Gaag (Lucas und van de Gaag 1991) geben eine gründliche Einführung in die Methoden der Wissensrepräsentation (mit Beispielen in Lisp, Prolog und Pseudocode) und bieten einen guten Abschnitt zu Schlussfolgerungen mit Unsicherheit, wobei aber die praktische Erörterung zu kurz kommt. Turban (Turban 1992) bietet eine verständliche, aber eher unmaßgebliche Einführung in die angewandte KI und Expertensysteme im Besonderen, mit einer umfassenden Erörterung praktischer KI-Systeme im Einsatz und praktischer Probleme bei der Entwicklung von Expertensystemen.

Eine Einführung in Expertensysteme bieten Heinsohn und Socher-Ambrosius (Heinsohn, Socher-Ambrosius 1999) in ihrem Startkapitel und in weiteren Kapiteln u. a. ausgiebige Details zu Bayes-Netzen. (Heinsohn, Jochen; Socher-Ambrosius, Rolf: Wissensverarbeitung. Eine Einführung; Spektrum, Akademischer Verlag Heidelberg [u.a.], 1999.)

Originalartikel zu den drei Fallstudien finden sich bei (Buchanan und Shortliffe 1984) (MYCIN), (Miller 1982) (Internist) und (Heckermann et al. 1992) (Pathfinder). Es gab viele Artikel über die anhaltend mangelnde Akzeptanz von Expertensystemtechnologie in der Medizin, darunter auch (de Dombal 1987).

## 3.8 ÜBUNGEN

1. Ein Reisebüro bittet Sie, ein Expertensystem zu entwerfen, das den Kunden bei der Entscheidung für ein Reiseziel helfen soll. Erörtern Sie, ob es sich hierbei um ein geeignetes Problem für ein Expertensystem handelt, und führen Sie aus, wie Sie beginnen könnten, das notwendige Expertenwissen zusammenzutragen.

2. Entwickeln Sie eine einfache Regelmenge für die Diagnose von Erkrankungen der Atemwege, wenn die Symptome des Patienten gegeben sind. Verwenden Sie dafür das folgende Wissen über typische Symptome.

   **Grippe:** Zu den Symptomen gehören ein hartnäckiger trockener Husten und ein allgemeines Krankheitsgefühl.

   **Heuschnupfen:** Zu den Symptomen gehören eine laufende Nase und Niesen. Der Patient wird eine positive Reaktion auf Allergene wie z.B. Staub oder Pollen zeigen.

**Kehlkopfentzündung:** Zu den Symptomen gehören Fieber, ein trockener Husten und ein allgemeines Krankheitsgefühl. Eine „Laryngoskopie" wird zeigen, dass der Patient einen entzündeten Kehlkopf hat.

**Asthma:** Zu den Symptomen gehören Atemlosigkeit und Keuchen. Wenn es von einem Allergen ausgelöst wird, wie z.B. Staub oder Pollen, handelt es sich wahrscheinlich um „extrinsisches Asthma". „Intrinsisches Asthma" wird meist durch Sport, Rauch oder eine Infektion der Atemwege ausgelöst.

Beschreiben Sie, wie ein einfacher Interpreter mit Rückwärtsverkettung genutzt werden könnte, um die möglichen Diagnosen durchzugehen, wobei dem Benutzer Fragen über seine Symptome gestellt werden.

Wenn Sie eine Expertensystem-Shell zur Verfügung haben, versuchen Sie, ein einfaches Diagnosesystem zu implementieren, das auf den oben angeführten Symptomen basiert.

3. Was sind Ihrer Meinung nach die Hauptprobleme und -einschränkungen der Regelmenge, die für Frage 2 entwickelt wurde? Welches zusätzliche Wissen wäre nützlich, um mit komplexeren oder schwierigeren Diagnosen umzugehen?

4. Vergleichen Sie die Expertensysteme MYCIN und Internist. Warum ist Ihrer Meinung nach die Strategie von Internist gut, wenn es viele zu berücksichtigende Hypothesen gibt?

5. Welche Faktoren sollten berücksichtigt werden, wenn ein medizinisches Diagnosesystem in der Praxis akzeptiert werden soll? Welche dieser Punkte würden für alle Expertensystem-Projekte gelten?

6. (Projekt) Versuchen Sie, ein Spreadsheet zu benutzen, um ein einfaches Bayes'sches Expertensystem mit den Wahrscheinlichkeitsformeln zu implementieren. Gehen Sie davon aus, dass Sie Daten über die Wahrscheinlichkeitsverhältnisse von vier Krankheiten mit je drei möglichen Symptomen haben. (Denken Sie sich solche Daten aus, wenn sie nicht vorliegen.) Das System sollte die A-posteriori-Wahrscheinlichkeiten für jede Krankheit berechnen, wenn die Symptome des Patienten vorliegen.

# 4

# DIE VERWENDUNG DER SUCHE BEI DER PROBLEMLÖSUNG

**Lernziele**

Einführung in blinde und heuristische Suchtechniken und ihre Verwendung in der KI-Problemlösung. Einfache Planungs- und Spielmethoden werden erörtert.

**Sie sollten in der Lage sein:**

➔ einen Bereich von Suchalgorithmen zu beschreiben und zu zeigen, wie ein Suchbaum mit diesen Algorithmen abgearbeitet werden würde

➔ zu zeigen, wie einfache Puzzles als Suchprobleme formuliert werden können

➔ die Einschränkungen einfacher Suchtechniken sowie die Vor- und Nachteile der unterschiedlichen Methoden zu erörtern

➔ eine einfache KI-Planungsmethode zu beschreiben und zu zeigen, wie sie verwendet werden kann, um einfache Planungsprobleme von Roboteraktionen zu lösen

➔ zu erklären, wie die Minimaxsuche bei Spielsystemen verwendet wird, und auszuführen, wie sie mit dem Alpha-Beta-Algorithmus effektiver gemacht werden kann

## 4.1 EINFÜHRUNG

In diesem Abschnitt beschäftigen wir uns wieder mit ganz allgemeinen Techniken, die in der gesamten KI wichtig sind. Insbesondere werden wir uns ansehen, wie Sie *Such*techniken nutzen können, um eine Lösung für ein Problem zu finden. Die Grundidee ist, dass Sie, wenn Sie zwar alle verfügbaren Aktionen kennen, die Sie durchführen können, aber nicht wissen, welche Sie zu einer Lösung führen wird, alle Möglichkeiten durchspielen können, um durch eine solche Suche die geeignete Aktion zu finden, die zu einer Lösung führt.

Diese grundlegende Vorstellung von Suche gilt für alle Arten von Problemen. Wir haben in Kapitel 2 erwähnt, dass regelbasierte Systeme mit Rückwärtsverkettung eine Suchstrategie haben müssen, damit sie bei dem Versuch, Ziele zu beweisen, die verfügbaren Wahlmöglichkeiten systematisch durchgehen können. Dazu gehört auch die Suche nach einer möglichen Sequenz von Folgerungsschritten, die den Beweis eines Ziels bilden. In anderen Anwendungen könnten wir nach einer Folge von Schritten suchen, die ein Puzzle lösen, einer Folge von Zügen, die zum Gewinn eines Spiels führen, oder einer Folge von Aktionen, die es uns erlauben, den Einkauf der Woche erfolgreich zu erledigen. Viele dieser Probleme können ausgedrückt werden als Versuch, von einem *Anfangszustand* (z.B. ungelöstes Puzzle, Mitte des Spiels, kein Essen im Kühlschrank) zu einem *Zielzustand* zu gelangen (z.B. fertiges Puzzle, Spiel gewonnen, Einkauf erledigt). Wir möchten alle möglichen Aktionen durchsuchen, die durchgeführt werden können, um eine Folge zu finden, die uns vom Anfangs- zum Zielzustand führt.

In diesem Kapitel werden wir damit beginnen, einige elementare Suchtechniken und Algorithmen zu erörtern. Bei den meisten handelt es sich um universelle Algorithmen, die Ihnen möglicherweise aus anderen Bereichen der Informatik vertraut sind. Trotzdem wird auch eine kurze Einführung in das relevante Hintergrundmaterial erfolgen. Insbesondere wird eine elementare Einführung in die Terminologie der *Graphentheorie* gegeben, da Probleme im Allgemeinen unter dem Aspekt der Suche in Graphen erörtert werden.

Um diese zu konkretisieren, werden wir diese allgemeinen Algorithmen erörtern, indem wir in Erwägung ziehen, wie wir nach einer guten Route auf einer Karte suchen könnten. Wir werden dann zeigen, wie die Methoden auf einfache Aufgaben der Problemlösung angewendet werden können, und gehen dann weiter, um zu zeigen, wie Algorithmen für speziellere Zwecke für *Planung* und *Spiele* verwendet werden können.

## 4.2  SUCHTECHNIKEN

Angenommen, wir versuchen, unseren Weg durch eine Kleinstadt mit sehr vielen Einbahnstraßen zu finden, wie sie in Abbildung 4.1 dargestellt ist. Diese Stadt hat die eher unangenehme Besonderheit, dass Sie niemals an einen Ort zurückkehren können, wenn Sie ihn erst einmal verlassen haben, und sobald Sie einmal im Park sind, kommen Sie dort nicht mehr heraus! Dies vereinfacht aber unsere Ausgangserörterung über Suchmethoden.

Angenommen, wir wollen eine mögliche Route von einem *Anfangszustand* bei der Bibliothek zu einem *Zielzustand* bei der Universität finden. (Problemzustände sind in diesem Beispiel Orte.) Wir können schnell sehen, dass die einzige Route über das Hospital und den Zeitungshändler verläuft – wie suchen wir aber systematisch nach einer Route, wenn vielleicht viel komplexere Karten vorliegen?

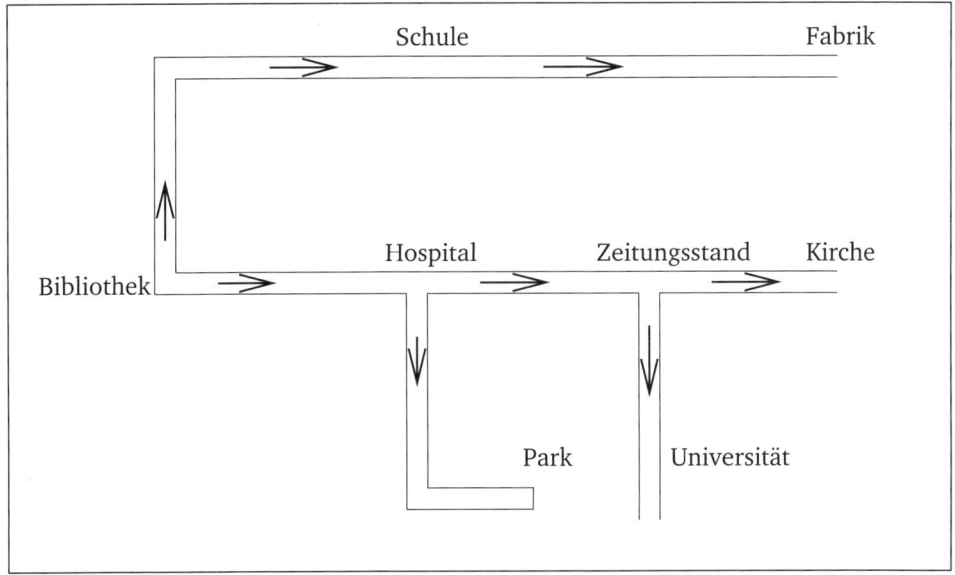

Abbildung 4.1: Ein einfaches Suchproblem: Routen auf einer Karte finden

Bei einem einfachen Problem wie diesem können wir *systematisch* und vollständig alle möglichen Wege suchen. Das heißt, dass wir systematisch jeden Zustand prüfen können, der vom Anfangszustand aus erreichbar ist, um herauszufinden, ob er ein Zielzustand ist. Die Menge aller solcher Zustände ist der *Suchraum* (search space). Wenn der Suchraum klein ist, sind relativ einfache Suchtechniken geeignet, die jeden möglichen Pfad auf systematische Art ausprobieren. Diese werden als *Brute Force* oder *blinde* Suchtechniken bezeichnet und umfassen die *Breiten-* und *Tiefen*suche, die in Abschnitt 4.2.2 erläutert werden. Bei komplexeren Problemen kann es aber eine riesige Anzahl von möglichen Zuständen geben, die zu untersuchen sind – der Suchraum kann sehr groß sein. Es wird dann nicht mehr möglich sein, sie alle in einer angemessenen Zeit auszuprobieren. Für diese Probleme müssen wir *Heuristiken* (nützliche Faustregeln) heranziehen, um einzuschätzen, welche Pfade vermutlich zu einer Lösung führen werden. Heuristische Suchalgorithmen werden in Abschnitt 4.2.3 erläutert.

## 4.2.1 GRAPHEN UND BÄUME

Die Suchalgorithmen, die weiter unten beschrieben werden, sind sehr allgemein und gelten für alle Arten von Problemen. Also benötigen wir eine abstrakte Methode der Repräsentation von Suchproblemen, sodass Universalalgorithmen angewendet werden können, ohne dass wir neue Methoden für jedes neue Problem entwickeln müssen. Dafür werden *Graphen* verwendet.

Es gibt sehr viel Terminologie, die zur Beschreibung von Graphen und Bäume verwendet wird, was in Abbildung 4.2 veranschaulicht wird. Ein Graph besteht aus einer Menge von (möglicherweise beschrifteten) *Knoten* mit *Verbindungen* dazwischen (diese werden normalerweise als *Kanten* bezeichnet). Die Verbindungen können gerichtet (was normalerweise durch Pfeile angezeigt wird) oder ungerichtet sein. Der Begriff *Nachfolger* (successor) dient dazu, auf einen benachbarten Knoten zu verweisen, der über eine Verbindung erreichbar ist. Ein *Pfad* (path) ist eine Folge von Knoten, die zwei Knoten über Verbindungen (z.B. [a, b, e]) miteinander verbindet. Ein *azyklischer* (acyclic) Graph enthält keine Kreise (cycles), d.h. Pfade, die einen Knoten mit sich selbst verbinden.

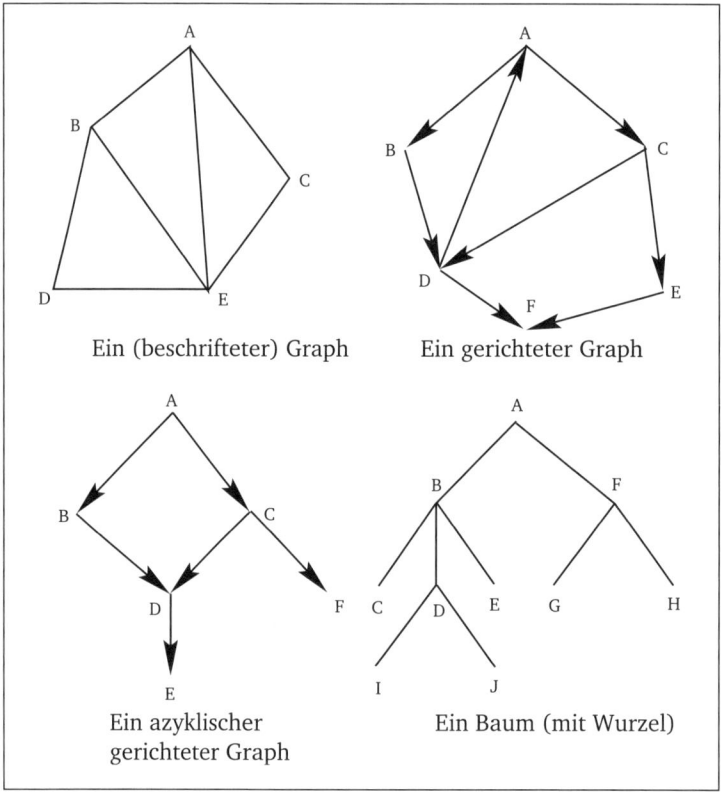

Abbildung 4.2: Graphen und Bäume

Ein *Baum* ist eine spezielle Art von Graph mit nur einem Pfad zu jedem Knoten, der normalerweise mit einem speziellen *Wurzelknoten* an oberster Stelle dargestellt wird. Verbindungen in einem Baum sind immer gerichtet (Pfeile können weggelassen werden, wenn es sich ganz offensichtlich um einen Baum handelt). Beziehungen zwischen Knoten werden mit der Terminologie eines Familienbaums beschrieben. A ist der *Vater* von B und F (die seine *Kinder* sind). B ist das *Geschwister* von F. A ist der *Vorgänger* aller anderen Knoten, die *Nachfolger* von A sind. Knoten ohne Kinder (z.B. C und I) werden als Blätter (leaf nodes) bezeichnet.

Besonders wichtige Begriffe, die Sie sich merken sollten und die im ganzen Kapitel verwendet werden, sind *Knoten*, *Vorgänger*, *Pfad* und *Baum*. Durch den Gebrauch der abstrakten Terminologie ist es möglich, sehr unterschiedliche Arten von Problemen auf die gleiche Art zu beschreiben und für ihre Lösung daher den gleichen Algorithmus einzusetzen.

Die Karte in Abbildung 4.1 kann abstrakter dargestellt werden als der Baum in Abbildung 4.3 (der als *Suchbaum* bezeichnet wird). Der Anfangszustand (*b*) dient als Wurzelknoten des Baums, der der *Startknoten* für jede Suche ist. Von diesem Zustand aus gibt es zwei Kindknoten *s* und *h*, die den beiden Richtungen entsprechen, die Sie von der Bibliothek aus nehmen können. Von *h* aus gibt es zwei Kindknoten, da beim Hospital eine Kreuzung ist, die entweder zum Park oder zum Zeitungsstand führt.

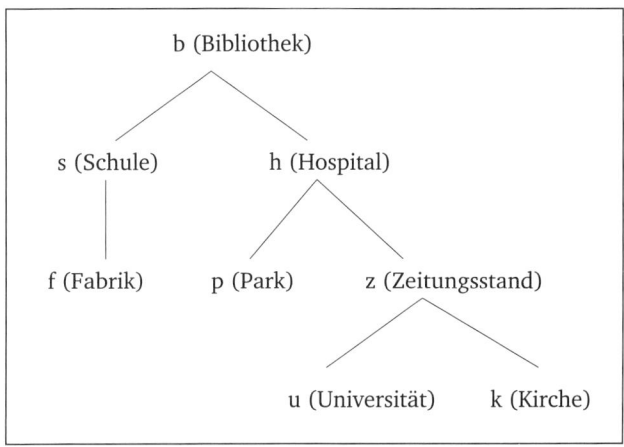

Abbildung 4.3: Das Kartenproblem als Suchbaum dargestellt

Statt nun über die Suche nach einer Route von der Bibliothek zur Universität zu reden, reden wir über die Suche eines *Pfads* von einem Startknoten *b* (Bibliothek) zu einem Zielknoten *u* (Universität). Die gleiche Graphen-/Baumdarstellung und -terminologie kann für viele andere Probleme verwendet werden.

### 4.2.2 EINFACHE SUCHTECHNIKEN: BREITENSUCHE UND TIEFENSUCHE

Die zwei einfachsten Suchtechniken sind als *Tiefen*suche (depth first search) und *Breiten*suche (breadth first search) bekannt. Ihre Einführung erfolgt am besten dadurch, dass wir uns zuerst überlegen, wie ein *Baum* durchsucht wird, und dieses dann auf Graphen im Allgemeinen ausdehnen.

Die beiden Techniken umfassen das Durchsuchen des Suchbaums auf unterschiedliche Arten, bei beiden werden aber im Endeffekt alle Knoten des Baums untersucht. Die Algorithmen für beide Methoden verwenden eine Liste von Knoten, die gefunden wurden, die aber noch weiter untersucht werden müssen (d.h. ihre Nachfolger wurden noch nicht untersucht). Diese Liste wird manchmal als *Agenda* bezeichnet.

In diesem Abschnitt untersuchen wir zuerst die beiden Suchmethoden und ziehen erste elementare Versionen der Algorithmen und dann zwei Erweiterungen in Erwägung.

Bei der Breitensuche würden Sie nach einer Route suchen, indem die Knoten in der folgenden Reihenfolge ausprobiert werden: $l$, dann $s$ und $h$, dann $f$, $p$ und $z$ und schließlich $u$ und $k$. (Die Suche endet nach Knoten $u$, da er der Zielzustand ist.) Wir werden also zuerst Pfade der Länge 1, dann 2, dann 3 usw. ausprobieren. Dies wird in Abbildung 4.4 veranschaulicht.

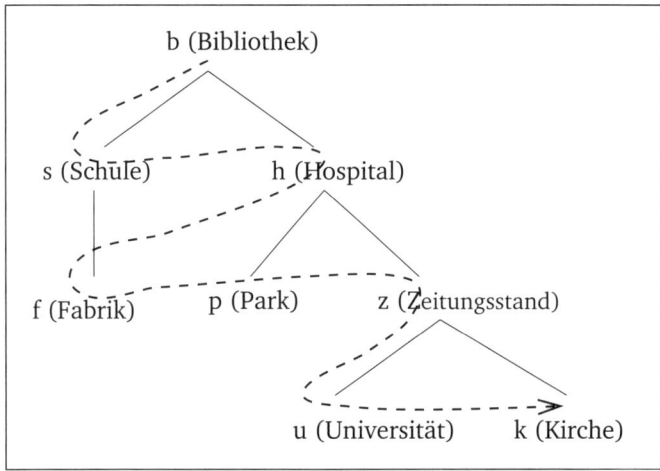

Abbildung 4.4: Breitensuche

Der Algorithmus für die Breitensuche beinhaltet die Verwendung einer *Warteschlange* (queue) für die Agenda. Eine Warteschlange ist eine spezielle Liste, bei der die Knoten immer ans Ende der Liste angefügt, aber vom Anfang entfernt werden. Anfänglich enthält die Warteschlange nur den Anfangszustand (z.B. [$b$]). Die Suche umfasst die wiederholte Entnahme des ersten Knotens aus der Warteschlange, die Suche nach den Nachfolgern dieses Knotens und das Anfügen der Nachfolger ans Ende der Warteschlange. Dies wird so lange fortgesetzt, bis entweder der erste Knoten der Warteschlange der Zielzustand oder die Schlange leer ist. Wenn der erste Knoten der Zielzustand ist, wird der Algorithmus Erfolg signalisieren (z.B. TRUE zurückgeben). Andernfalls schlägt die Suche fehl.

In unserem Beispiel ist die Warteschlange zunächst:

[$b$]

Wir entnehmen $b$ aus der Warteschlange, stellen fest, dass seine Nachfolger $s$ und $h$ sind, und stellen sie in die Schlange, die nun so aussieht:

[$s, h$]

*s* wird aus der Warteschlange entnommen und hat den Nachfolgerknoten *f*, sodass die neue Schlange nun so aussieht:

[*h*, *f*]

*h* hat zwei Nachfolger, *p* und *z*. Diese werden ans Ende der Warteschlange gestellt:

[*f*, *p*, *z*]

*f* hat keine Nachfolger – die Straße endet in der Nähe der Fabrik in einer Sackgasse – sodass der Knoten aus der Liste entfernt wird. Das Gleiche passiert mit *p*, sodass nur *z* in der Warteschlange verbleibt:

[*z*]

*z* hat zwei Nachfolger, die ans Ende der Warteschlange angefügt werden:

[*u*, *k*]

*u* ist aber der Zielzustand, sodass wir die Suche mit Erfolg beenden können, wenn dies festgestellt wird.

Der Algorithmus kann formeller wie folgt dargestellt werden:

1. Beginne mit *Warteschlange* = [Anfangszustand] und *gefunden* = FALSE.

2. Solange *Warteschlange* nicht leer ist und nicht *gefunden* gilt, führe aus:

    a. Entferne den ersten Knoten K aus *Warteschlange*.

    b. Wenn K der Zielzustand ist, dann ist *gefunden* = TRUE.

    c. Finde alle Nachfolgerknoten von K und setze sie ans Ende der *Warteschlange*.

Dieser Algorithmus setzt den Schalter *gefunden* auf TRUE, wenn er einen Zielzustand findet. Er kann ganz einfach erweitert werden, um z.B. den Pfad zum Zielzustand oder alle gefundenen Zielzustände anzugeben. Ersteres wird weiter unten in diesem Abschnitt berücksichtigt. Bisher sind wir außerdem nur auf die Suche in Bäumen eingegangen und nicht auf die Suche in willkürlichen Graphen. Also wird es später auch darum gehen, wie sie auf die Behandlung von Graphen ausgedehnt werden kann. Doch bevor wir uns damit beschäftigen, werfen wir einen Blick auf die Tiefensuche.

## TIEFENSUCHE

Die Tiefensuche ist eine andere Methode, systematisch nach einem Pfad von einem Knoten zu einem anderen zu suchen. Bei der Tiefensuche wird ein Pfad so lange verfolgt, bis man in eine Sackgasse gelangt. Dann geht man zurück und versucht es mit Alternativen. (Dies wird als *Backtracking* bezeichnet.) Die Tiefensuche für unser Beispielproblem wird in Abbildung 4.5 dargestellt – die Reihenfolge der durchsuchten Knoten ist: *b*, *s*, *f*, *h*, *p*, *z*, *u*, *k*.

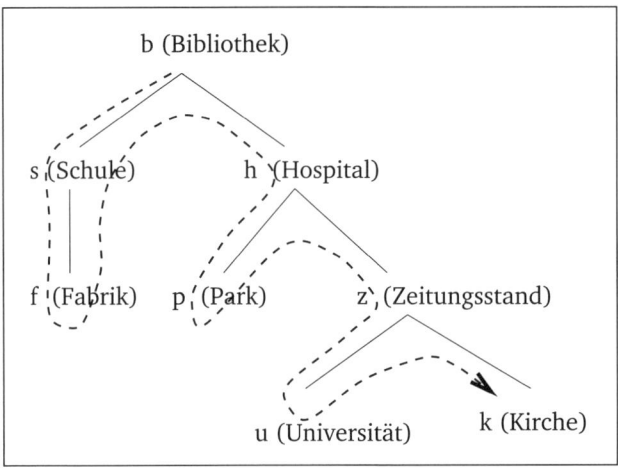

Abbildung 4.5: Tiefensuche

Der Algorithmus für die Tiefensuche ist genau der Gleiche wie für die Breitensuche, es wird aber ein Stapelspeicher (*Stack*) statt einer Warteschlange verwendet, sodass neue Knoten am Anfang hinzugefügt werden statt am Ende der Liste[1]. Versuchen Sie, das Beispielproblem mit der Tiefensuche durchzuarbeiten.

Sowohl die Breiten- als auch die Tiefensuche sind einfache Algorithmen, die im Endeffekt einen Pfad finden werden, wenn es einen gibt (und wenn der Suchbaum endlich ist). Je nach Problem ist einer der beiden besser geeignet als der andere. Die Wahl des Algorithmus hängt von einer Reihe von Faktoren ab:

❖ Suchen Sie nach dem kürzesten Pfad? In diesem Fall kann die Breitensuche geeigneter sein, da sie zuerst den kürzesten Pfad finden wird.

❖ Könnte der Speicher ein Problem werden? Die Tiefensuche erfordert im Allgemeinen viel weniger Speicher.

❖ Möchten Sie schnell eine Lösung finden? In diesem Fall wird die Wahl des Algorithmus komplex! Die Tiefensuche kann schneller sein, wenn es viele, jedoch allesamt recht lange Pfade gibt, die zu Lösungszuständen führen. Die Breitensuche kann schneller erfolgen, wenn innerhalb eines großen und tiefen Suchraums ein kurzer Pfad zum Ziel existiert.

Es gibt viele Varianten der Breiten- und Tiefensuche, die in bestimmten Situationen nützlich sein können. Sie können z.B. bei der Tiefensuche eine *Beschränkung der Suchtiefe* setzen, damit ein Rückzieher gemacht wird, wenn der Algorithmus zu Knoten gelangt, die weiter entfernt liegen als die angegebene Entfernung vom Anfangszustand. Bei einer Variante benutzt der Algorithmus die iterative Erhöhung der Suchtiefe (iterative deepening), wobei dann die Tiefensuche mit schrittweise wachsenden Beschränkungen der Suchtiefe wiederholt wird. Trotz der offensichtlichen Vergeu-

---

[1] Alternativ kann ein einfacher rekursiver Algorithmus verwendet werden. Wir werden aber bei einem expliziten Stapelspeicher bleiben, sodass die Vergleiche zwischen den Algorithmen klarer sind.

dung durch die Wiederholung von Teilen der Suche ist dies ein sehr nützlicher Algorithmus, da er nicht nur wenig Speicher erfordert (wie die unbeschränkte Tiefensuche), sondern auch zuerst den kürzesten Pfad findet (wie die Breitensuche).

## DEN PFAD ZURÜCKGEBEN

Wie oben erwähnt, zeigt der Algorithmus mit Tiefen- oder Breitensuche nur an, ob ein Pfad existiert oder nicht. Im Allgemeinen möchten wir wahrscheinlich den erfolgreichen Pfad ausgeben, der es uns erlaubt, vom Anfangs- zum Zielzustand zu kommen. Dafür gibt es eine Reihe von Methoden – die Sie in jedem Text über Algorithmen finden. Wir werden hier nur eine Methode erwähnen, die in einer Prolog-Implementierung des Suchalgorithmus besonders einfach ist. Wir können ein Element in der Agenda zu einem Pfad statt zu einem Zustand machen – wir können immer noch auf Erfolg prüfen, indem wir z.B. prüfen, ob das letzte Element des Pfads der Zielzustand ist, und wir können unseren Suchalgorithmus ändern, um den Pfad zurückzugeben, sobald ein erfolgreicher gefunden wurde. Wir beginnen z.B. mit folgender Agenda[1]:

$[[b]]$

(d.h., es befindet sich ein Element in der Agenda, das ein Pfad mit einem Element ist). Nachdem wir die Nachfolger von $b$ gefunden haben, haben wir:

$[[b, s], [b, h]]$

usw. In jedem Stadium überprüfen wir, ob das letzte Element im ersten Pfad der Zielzustand ist.

## GRAPHEN DURCHSUCHEN

Bisher sind wir davon ausgegangen, dass wir einen *Baum* durchsuchen und nicht einen beliebigen Graphen. In einem Baum können wir nicht auf zwei unterschiedlichen Routen zu dem gleichen Knoten gelangen und wir können auch nicht im Kreis gehen und zu dem Knoten zurückkommen, an dem wir begonnen haben.

Die meisten Probleme beziehen sich auf die Suche in allgemeinen Graphen. Stellen Sie sich unser einfaches Karten-Such-Problem vor. Ganz offensichtlich ist es uns mit den meisten Karten möglich, auf mehr als einer Route zu einem Ort zu gelangen und dorthin zurückzukehren, woher wir gekommen sind, indem wir im Kreis fahren. Die meisten Probleme in der KI (wo wir nach einer Folge von Aktionen suchen, um einen Zustand zu erreichen) beinhalten die Suche in einem Graphen statt in einem einfachen Baum.

Wenn wir beim Durchsuchen eines beliebigen Graphen unseren einfachen Algorithmus zur Suche in einem Baum verwenden, werden wir im besten Fall weniger effizient sein (wir werden eine bereits erledigte Arbeit wiederholen) und im schlimms-

---

[1]  Von nun an wird der allgemeinere Begriff Agenda verwendet – für diese wird ein Stapelspeicher oder eine Warteschlange verwendet.

ten Fall in einer Endlosschleife hängen bleiben. Um das Problem der Endlosschleife anzugehen, können wir an unserem Algorithmus eine ganz kleine Veränderung vornehmen: Wir vermeiden es, einen Knoten an einen Pfad anzufügen, wenn er bereits im Pfad erscheint. (Das ist einfach, wenn Ihre Agenda aus Pfaden statt nur aus Knoten besteht.)

Dies hat aber keinen Einfluss auf die Effizienz. Stellen Sie sich den Graphen in Abbildung 4.6 vor (der einer Karte mit Einbahnstraßen entspricht, aber mehr als eine Route zum Hospital enthält). Wenn wir eine einfache Methode zur Tiefensuche verwenden, könnten wir zuerst die Knoten $b$, $s$, $h$, $z$ und $k$ besuchen, zurückgehen und den Knoten $f$ suchen, um dann aber aufs Neue die Knoten $h$, $z$ und $k$ aufzusuchen, sodass wir einen Teil der Suche wiederholen. (Versuchen Sie durchzuarbeiten, was bei diesem Beispiel geschieht, wenn der einfache Tiefensuch-Algorithmus gegeben ist.)

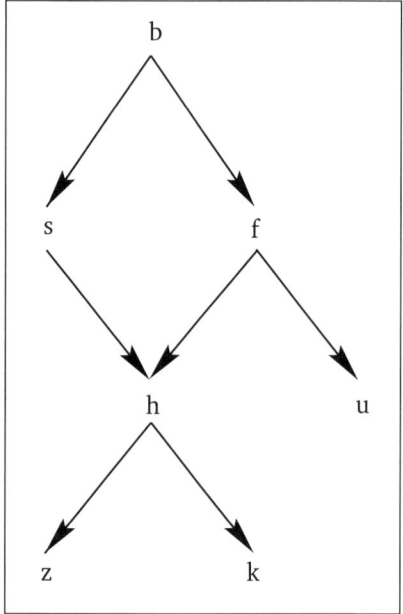

Abbildung 4.6: Beispiel für einen Suchgraph

Das Problem besteht darin, dass wir keine Aufzeichnungen über die Tatsache haben, dass $h$, $z$ und $k$ bereits durchsucht wurden. Um dieses Problem zu umgehen, führen wir darüber einfach Buch. Wir könnten z.B. eine Liste erstellen, in der die bereits besuchten Knoten gespeichert werden. Der Algorithmus kann nun modifiziert werden, sodass Knoten, die bereits in der Liste der besuchten Knoten aufgeführt werden, nicht weiterhin untersucht werden. Eine elementare Version dieses verbesserten Algorithmus wird, diesmal für die Tiefensuche, unten dargestellt. Er kann natürlich so erweitert werden, dass der Pfad ausgegeben wird, wie es weiter oben ausgeführt wurde.

1. Beginne mit *Agenda* = [Anfangszustand] und *gefunden* = FALSE.

2. Während *Agenda* leer und nicht *gefunden* ist, führe aus:

   a. Entferne den ersten Knoten K aus *Agenda*.

   b. Wenn K sich nicht in der Liste der *besuchten Knoten* befindet, dann:

      i. Füge K zu der Liste der *besuchten Knoten* hinzu.

      ii. Wenn K ein Zielzustand ist, dann *gefunden* = TRUE.

      iii. Setze die Nachfolger von K an den Anfang des *Stapelspeichers*.

**ZUSAMMENFASSUNG**

Fassen wir das Bisherige zusammen: Suchtechniken werden in der KI eingesetzt, um eine Folge von Schritten zu finden, die uns von einem Anfangszustand zu einem Zielzustand (oder Zuständen) bringen. Sie können verschiedene Suchalgorithmen für die Suche verwenden. Bisher haben wir die einfache Breitensuche und Tiefensuche erörtert. Dabei handelt es sich um systematische, vollständige Suchtechniken, die im Endeffekt alle Knoten im Suchraum ausprobieren werden (wenn er endlich ist). Der geeignete Algorithmus hängt von dem zu lösenden Problem ab, wie z.B., ob Sie den kürzesten Pfad finden möchten.

### 4.2.3   HEURISTISCHE SUCHE

Bisher haben wir uns mit zwei Suchalgorithmen beschäftigt, die im Prinzip verwendet werden können, um den gesamten Suchraum systematisch zu durchsuchen. Manchmal ist es aber nicht möglich, den gesamten Suchraum zu durchsuchen, weil er zu groß ist – stellen Sie sich vor, Sie müssten jede mögliche Straße und jeden Weg in einem Umkreis von 600 Kilometern um München durchsuchen, um eine Route zu einem Haus in Bayern zu finden. Wenn der Suchraum zu groß ist, um jeden Knoten zu durchsuchen, kann man eine Bewertungsfunktion konstruieren, die eine Einschätzung darüber liefern soll, welche Pfade oder Knoten viel versprechend erscheinen. Dann werden die aussichtsreichen vor den weniger aussichtsreichen Knoten untersucht. Suchmethoden, die solch eine Bewertungsfunktion benutzen, werden als Techniken der *heuristischen Suche* bezeichnet.

Die grundlegende Idee der heuristischen Suche besteht darin, dass Sie versuchen, sich auf die Pfade zu konzentrieren, die Sie Ihrem Zielzustand scheinbar näher bringen, statt alle möglichen Suchpfade auszuprobieren. Im Allgemeinen können Sie nicht sicher sein, dass Sie tatsächlich in der Nähe Ihres Zielzustands sind – vielleicht müssen Sie eine sehr komplizierte und weitläufige Folge von Schritten durchführen, um dorthin zu gelangen. Wir sind aber möglicherweise in der Lage, eine brauchbare Vermutung anzustellen. Heuristiken sollen uns dabei helfen, eine solche Vermutung anzustellen.

Um die heuristische Suche zu nutzen, benötigen Sie eine *Bewertungsfunktion* (evaluation function), die versucht, einen Knoten im Suchbaum möglichst genau entsprechend seiner Nähe zum Ziel/Zielzustand zu bewerten. Auch wenn dies nur eine Vermutung ist, ist sie dennoch nützlich. Um z.B. eine Route zwischen zwei Städten zu finden, könnte eine mögliche Bewertungsfunktion eine „Luftlinien"-Distanz zwischen der berücksichtigten Stadt und der Zielstadt sein. Dann werden Routen, die Sie näher ans Ziel bringen, vor denjenigen untersucht, die Sie weiter vom Ziel entfernen. Diese Strategie mag nicht immer funktionieren – möglicherweise gibt es keine guten Straßen von dieser Stadt zu Ihrer Zielstadt und vielleicht müssen Sie sich erst von Ihrem Ziel entfernen, um auf die richtige Straße zu gelangen. Sie bietet aber eine schnelle Möglichkeit, Vermutungen anzustellen, was bei der Suche hilfreich ist, und führt meist dazu, dass eine Lösung schneller gefunden wird.

Es steht eine große Anzahl unterschiedlicher heuristischer Suchalgorithmen zur Verfügung, von denen wir auf drei näher eingehen werden: Hill-Climbing, Bestensuche (best first search) und A*. Wir gehen davon aus, dass wir Bäume statt Graphen durchsuchen (d.h., dass es keine Schleifen etc. gibt). Die Algorithmen können für die Graphensuche aber problemlos erweitert werden, indem die in Abschnitt 4.2.2 ausgeführten Methoden verwendet werden.

### HILL-CLIMBING

Beim Hill-Climbing geht es im Grunde darum, immer in Richtung des besten Nachfolgerknotens zu streben (und nur, wenn dieser Knoten besser als der aktuelle ist). Sehen Sie sich dazu Abbildung 4.1 an. Wenn Sie am Hospital stehen und versuchen, zur Kirche zu gelangen, und Sie entweder die Straße zum Zeitungsstand oder die Straße zum Park entlanglaufen können, dann sollten Sie die Straße zum Zeitungsstand nehmen, da er näher an der Kirche ist als das Hospital oder der Park. Der grundlegende Algorithmus sieht so aus:

1. Beginne mit *aktueller-Zustand* = Anfangszustand.

2. Bis *aktueller-Zustand* = Zielzustand ODER es keine Veränderung in *aktueller-Zustand* gibt, führe durch:

   a. Hole die Nachfolger von *aktueller-Zustand* und verwende die Bewertungsfunktion, um jedem Nachfolger eine Bewertung zuzuweisen.

   b. Wenn einer der Nachfolger eine bessere Bewertung als *aktueller-Zustand* hat, dann setze den neuen *aktuellen-Zustand* auf den Nachfolger mit der besten Bewertung.

Beachten Sie, dass der Algorithmus nicht versucht, alle Knoten und jeden Pfad auszuprobieren, sodass keine Liste von Knoten gepflegt wird, die noch untersucht werden müssen, sondern nur der aktuelle Zustand. Wenn es Schleifen im Suchraum gibt, werden Sie bei der Verwendung von Hill-Climbing nicht auf sie stoßen – Sie können nicht immer weiter nach oben gehen und trotzdem dorthin zurückkehren, wo Sie zuvor waren.

Hill-Climbing endet, wenn es keine Nachfolger des aktuellen Zustands gibt, die besser als der aktuelle Zustand selbst sind. Dies stellt häufig ein Problem dar. Nehmen wir z.B. an, wir suchen eine Route von der Bibliothek zur Universität und verwenden „Luftlinienentfernung zum Ziel" als Bewertungsfunktion. Anfangs wäre der aktuelle Zustand die Bibliothek, dann das Hospital und schließlich der Park (da uns dies näher an die Universität bringt, als es der Zeitungsstand tun würde). Dies ist aber eine Sackgasse und nun gibt es keinen Ort mehr, den wir ausprobieren können und der uns näher an die Universität heranbringen würde. Also würde der Algorithmus ohne Erfolg anhalten. Das würde auch bei der Karte in Abbildung 4.7 geschehen, wenn wir versuchten, von der Bibliothek zum Park zu gelangen. In diesem Fall würden wir uns von der Bibliothek zur Schule bewegen, dann aber anhalten, da es keinen anderen Platz gibt, der näher am Park liegt.

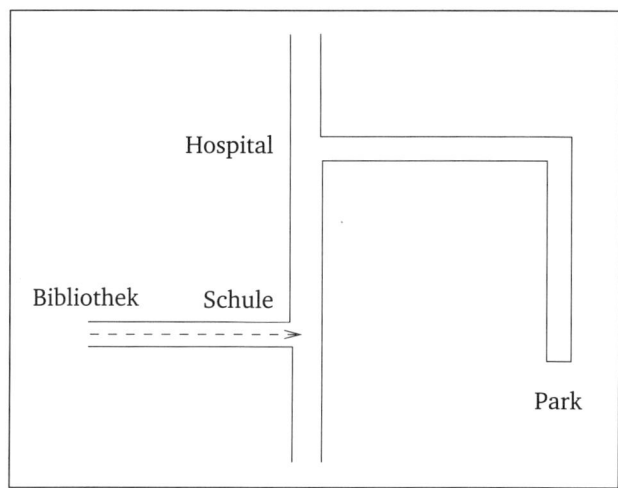

Abbildung 4.7: Karte, welche die Einschränkungen des Hill-Climbings veranschaulicht

Diese Probleme sind im Wesentlichen das Ergebnis von *lokalen Maxima* im Suchraum – Punkte, die zwar besser als jeder umgebende Zustand, aber keine Lösung sind. Es gibt einige Methoden, wie wir dies (bis zu einem gewissen Grad) umgehen können, indem der Algorithmus etwas verändert oder erweitert wird. Wir könnten in einer gewissen eingeschränkten Weise Backtracking nutzen, sodass wir alternative, vernünftig wirkende Pfade aufzeichnen, die noch nicht untersucht wurden, und zu ihnen zurückkehren. Oder wir könnten die Einschränkung lockern, sodass der nächste Zustand nicht unbedingt besser sein muss, indem wir in der Suche ein wenig vorausschauen – vielleicht sollte der übernächste Zustand besser als der aktuelle sein. Keine dieser Lösungen ist perfekt und im Allgemeinen ist Hill-Climbing nur für eine eingeschränkte Klasse von Problemen brauchbar, bei denen wir eine Bewertungsfunktion zur Verfügung haben, die verhältnismäßig präzise die aktuelle Entfernung zu einer Lösung vorhersagt.

## BESTENSUCHE

Die Bestensuche ähnelt ein wenig dem Hill-Climbing, da sie eine Bewertungsfunktion verwendet und als nächsten Knoten immer den mit der besten Bewertung auswählt. Sie ist im Gegensatz zum Hill-Climbing aber vollständig, denn sie probiert im Endeffekt alle möglichen Pfade aus. Sie verwendet eine Liste der Knoten, die noch weiter untersucht werden müssen (wie bei der Breiten-/Tiefensuche), aber statt immer neue Knoten an den Anfang oder ans Ende anzufügen und Knoten vom Anfang zu entfernen, nimmt sie immer den *besten* Knoten aus der Liste, d.h. den Knoten mit der besten Bewertung. Für die Leser, die mit Datenstrukturen vertraut sind: Der Algorithmus nutzt die Warteschlange mit Prioritäten (priority queue) statt eines Stapelspeichers oder einer einfachen Warteschlange – wir werden aber den allgemeineren Begriff Agenda verwenden. Die Nachfolger des besten Knotens werden bewertet (d.h. ihnen wird eine Bewertung zugewiesen) und zur Agenda hinzugefügt.

Der grundlegende Algorithmus sieht so aus:

1. Beginne mit *Agenda* = [Anfangszustand].

2. Während *Agenda* nicht leer ist, führe aus:

   a. Entferne den besten Knoten aus der *Agenda*.

   b. Wenn dies der Zielknoten ist, dann kehre mit Erfolg zurück. Finde andernfalls seine Nachfolger.

   c. Weise den Nachfolgerknoten mit der Bewertungsfunktion eine Bewertung zu und füge die bewerteten Knoten zur *Agenda* hinzu.

Angenommen, wir haben den Suchbaum in Abbildung 4.8. Hier stellen Verbindungen zwischen Knoten mögliche Nachfolgezustände dar. Eine Knotenbeschriftung wie B:5 bedeutet, dass der Name des Knotens B ist und die geschätzten Kosten zur Lösung bei 5 liegen (sodass ein kleinerer Wert besser ist).

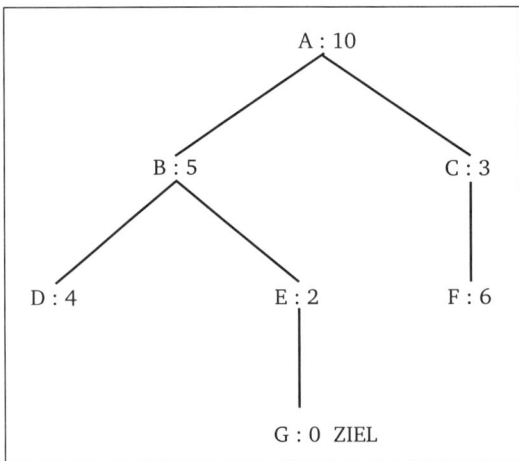

Abbildung 4.8: Suchbaum, der die Bestensuche veranschaulicht

Angenommen, unser Zielzustand ist G. Wenn wir diesen Suchraum mit der Breitensuche durchsucht hätten, dann würden die Knoten in folgender Reihenfolge durchsucht: A, B, C, D, E, F, G. Mit der Tiefensuche wäre die Reihenfolge: A, B, D, E, G. Bei beiden werden die Bewertungen der Knoten ignoriert. Beim einfachen Hill-Climbing würde niemals eine Lösung gefunden – es gibt ein lokales Maximum bei C, wo der Algorithmus stecken bleiben würde. Mit der Bestensuche wäre die Reihenfolge: A, C, B, E, G. Sie sollten dies mit dem oben gezeigten Algorithmus überprüfen.

Wenn Sie eine gute Bewertungsfunktion haben, kann die Bestensuche den Umfang der Suche drastisch verringern, die Sie durchführen müssen, um eine Lösung zu finden. Sie finden vielleicht nicht die beste Lösung (oder zumindest ist die erste gefundene Lösung möglicherweise nicht die beste), aber wenn eine Lösung existiert, werden Sie sie im Endeffekt finden, und die Chancen stehen gut, sie schnell zu finden. Wenn Ihre Bewertungsfunktion natürlich nicht gut ist, dann können Sie genauso gut einfachere Suchtechniken wie die Tiefen- oder Breitensuche einsetzen. Und wenn Ihre Bewertungsfunktion sehr teuer ist (d.h., es dauert sehr lange, eine Bewertung auszuarbeiten), dann überwiegen möglicherweise die Kosten der Zuweisung einer Bewertung die Vorteile, den Umfang der Suche einzuschränken.

## DER A*-ALGORITHMUS

In ihrer einfachsten Form ist die Bestensuche, wie sie oben beschrieben wurde, nützlich, berücksichtigt aber nicht die bisherige Entfernung des Pfads, wenn entschieden wird, von welchem Knoten aus als Nächstes gesucht werden soll. Sie finden also möglicherweise eine Lösung, es ist aber vielleicht keine gute Lösung. Es gibt eine Variante der Bestensuche, die als A* bekannt ist. Diese versucht, eine Lösung zu finden, die die Gesamtkosten des Lösungspfads zu minimieren versucht. („Kosten" ist als allgemeiner Begriff zu verstehen – bei Kartenproblemen kann dies die Entfernung sein.)

Im A*-Algorithmus besteht die Bewertungsfunktion aus zwei Teilen. Der erste Teil basiert auf den Kosten, die dem Pfad vom Anfangsknoten (der dem Anfangszustand entspricht) zum fraglichen Knoten zugeordnet sind. Der zweite Teil ist eine *Schätzung* der Kosten von diesem Knoten zum Zielknoten. Die Gesamtbewertung ist eine (möglicherweise gewichtete) Summe dieser beiden Teile, die eine Schätzung der Gesamtkosten vom Start bis zum Ziel über den fraglichen Knoten geben. Wenn also $g(Knoten)$ die Kosten vom Startknoten zum Knoten angibt und $h(Knoten)$ die geschätzten Kosten vom Knoten zum Ziel, dann ist die Gesamtbewertung $f(Knoten)$:

$$f(Knoten) = g(Knoten) + h(Knoten)$$

Der A*-Algorithmus entspricht im Grunde dem einfachen Bestensuche-Algorithmus, wir verwenden aber diese etwas komplexere Bewertungsfunktion. (Unser bester Knoten wird der mit den *geringsten* Kosten/der geringsten Bewertung sein.) Um zu verdeutlichen, was wir durch A* gewinnen, denken Sie an den Suchbaum in Abbildung 4.9, bei dem die Nachfolgerverbindungen mit den Kosten dafür versehen sind, sich zwischen den Knoten zu bewegen, und die den Knoten zugewiesenen Bewertungen wiederum eine Schätzung der Kosten für die Lösung sind.

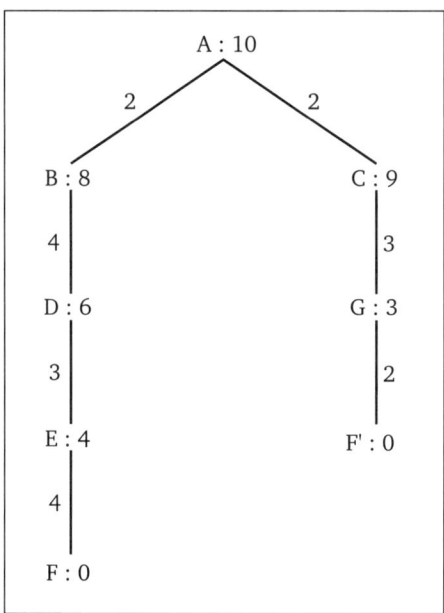

Abbildung 4.9: Suchbaum, der die A*-Suche veranschaulicht

Wenn wir die einfache Bestensuche verwenden, würden wir die Knoten in folgender Reihenfolge durchsuchen: A, B, D, E, F. Da F unser Zielzustand ist, hätten wir eine Lösung, aber es wäre keine besonders gute. Sie hätte Pfadkosten von 13 (2+4+3+4). Wenn wir A* benutzen, dann werden die Knoten in folgender Reihenfolge durchsucht: A, B, C, G, F', wobei der gefundene Lösungspfad der mit den geringsten Kosten ist (7). Tatsächlich garantiert der A*-Algorithmus, dass der kürzeste Pfad zuerst gefunden wird. Um dies zu realisieren, müssen wir aber sicherstellen, dass *h(Knoten)* die Kosten für die Lösung nicht *überschätzt*. Die Definition des A*-Algorithmus beinhaltet diese Bedingung.

A* kann sowohl mit der Breiten- als auch mit der Bestensuche verglichen werden. Bei der Breitensuche wird zuerst die Lösung mit den geringsten Lösungskosten gefunden, wenn die Kosten für das Durchwandern jeder Verbindung gleich sind. Sie wird aber möglicherweise nicht sehr schnell gefunden. Bei der Bestensuche wird eine Lösung sehr schnell gefunden, es ist aber eventuell keine gute Lösung. Bei A* sollten wir eine gute Lösung finden, und zwar schnell.

## 4.3 PROBLEMLÖSUNG DURCH SUCHE

Bisher haben wir verschiedene Suchalgorithmen beschrieben, sind aber nicht darauf eingegangen, wie sie bei der Problemlösung eingesetzt werden. Im Allgemeinen werden Suchtechniken genutzt, um eine Folge von Aktionen zu finden, die uns von einem Anfangszustand zu einem Zielzustand führen. Bei den Aktionen kann es sich um physikalische Aktionen handeln (z.B. sich von Stadt A nach Stadt B zu bewegen oder den Kasten C auf den Tisch zu legen) oder auch um abstraktere Aktionen, wie Schritte zum Theorembeweis (wir suchen vielleicht nach einer Folge von Schritten, um X aus der Menge von Fakten S beweisen zu können).

Bei der Problemlösung können viele unterschiedliche Suchtechniken eingesetzt werden. Dieser Abschnitt wird zuerst einen Blick darauf werfen, wie einfache Suchtechniken genutzt werden können, um Puzzles zu lösen, wofür eine sehr einfache Darstellung der möglichen zulässigen Aktionen verwendet wird. Dann zeigen wir, wie das Verfahren für etwas komplexere *Planungs*probleme erweitert werden kann, und ändern dafür den Suchalgorithmus und die Darstellungsart der Aktionen. Schließlich beschäftigen wir uns mit einem Spielsystem – wo es einen Gegner gibt, der jeden Plan durchkreuzen will.

Bei allen erörterten Methoden wird ein Knoten im Suchraum eine formelle Beschreibung des aktuellen Zustands des Problems sein. Bei einem Brettspiel-Spielsystem kann es sich um eine Beschreibung des aktuellen Zustands auf dem Spielbrett handeln, bei einem Puzzle um eine Beschreibung des aktuellen Zustands des Objekts im Puzzle. Nachfolgerknoten werden mögliche neue Zustände sein, die vom aktuellen Zustand aus erreicht werden können, indem eine Aktion durchgeführt wird (z.B. ein Spielzug in einem Spiel). Der Suchraum wird manchmal als *Zustandsraum* (state space) bezeichnet, da er alle möglichen Zustände oder Situationen abdeckt, in die Sie geraten können. Die Methoden werden als Suchtechniken des *Zustandsraums* bezeichnet.

## 4.3.1 SUCHTECHNIKEN DES ZUSTANDSRAUMS

Einfache Suchtechniken in Zustandsräumen (bei denen Knoten im Suchraum den Problemzustand darstellen) werden häufig dadurch erläutert, dass gezeigt wird, wie sie bei der Lösung von Puzzeln der Art, wie sie bei Intelligenztests zu finden sind, eingesetzt werden können. Ein solches Puzzle ist das Wasserkanister-Problem:

„Sie haben zwei Wasserkanister mit einem Fassungsvermögen von vier bzw. drei Litern. Keiner von beiden ist mit Markierungen für die Abmessung versehen. Es steht eine Wasserquelle zur Verfügung, um die Kanister zu füllen. Wie bekommen Sie genau zwei Liter Wasser in den 4-Liter-Kanister?"

Bei solch einem Problem müssen wir entscheiden, wie der Problemzustand dargestellt werden soll (z.B. die Wassermenge in jedem Kanister), wie der Anfangs- und Zielzustand in dieser Darstellung aussehen und wie die Aktionen dargestellt werden, die in dem Problem verfügbar sind. Aktionen werden dargestellt, indem spezifiziert wird, wie sie den Problemzustand ändern.

Dieses besondere Puzzle basiert auf einer einfachen Problemlösungs-Domäne, in der der Problemzustand ganz einfach als Zahlenpaar dargestellt werden kann, das die Wassermenge in jedem Kanister angibt (z.B. bedeutet {4,3}, dass sich in dem 4-Liter-Kanister vier Liter befinden und in dem Drei-Liter-Kanister drei Liter). Der Anfangszustand ist {0,0} und der Endzustand {2,X}, wobei X jeden Wert annehmen kann. Es gibt nur eine kleine Anzahl verfügbarer Aktionen (z.B.: Fülle den Vier-Liter-Kanister) und diese können als acht *Regeln* (rules) oder *Operatoren* (operators) dargestellt werden, die zeigen, wie sich der Problemzustand infolge der unterschiedlichen Aktionen ändert. Sie sind in Abbildung 4.10 aufgeführt.

| | | |
|---|---|---|
| 1. | Fülle den Vier-Liter-Kanister. | $\{X,Y\} \to \{4,Y\}$ |
| 2. | Fülle den Drei-Liter-Kanister. | $\{X,Y\} \to \{X,3\}$ |
| 3. | Leere den Vier-Liter-Kanister in den Drei-Liter-Kanister. | $\{X,Y\} \to \{0,X+Y\}$ (if $X+Y \le 3$) |
| 4. | Leere den Drei-Liter-Kanister in den Vier-Liter-Kanister. | $\{X,Y\} \to \{X+Y,0\}$ (if $X+Y \le 4$) |
| 5. | Befülle den Vier-Liter-Kanister aus dem Drei-Liter-Kanister. | $\{X,Y\} \to \{4,X+Y-4\}$ (if $X+Y > 4$) |
| 6. | Befülle den Drei-Liter-Kanister aus dem Vier-Liter-Kanister. | $\{X,Y\} \to \{X+Y-3,3\}$ (if $X+Y > 3$) |
| 7. | Leere den Drei-Liter-Kanister. | $\{X,Y\} \to \{X,0\}$ |
| 8. | Leere den Vier-Liter-Kanister. | $\{X,Y\} \to \{0,Y\}$ |

Abbildung 4.10: Aktionen für das Wasserkanister-Problem

Regeln wie $\{X,Y\} \to \{X,0\}$ bedeuten, dass wir von einem Zustand, bei dem sich X Liter im ersten Kanister und Y im zweiten Kanister befinden, zu einem Zustand gelangen, bei dem sich X Liter im ersten befinden und der zweite leer ist, wenn die gegebene Aktion durchgeführt wird. Wenn es eine Bedingung wie z.B. (wenn $X+Y \le 3$) gibt, dann bedeutet das, dass wir die Regel nur anwenden können, wenn diese Bedingung gilt. Wir ziehen nur Aktionen in Erwägung, die eine Änderung am aktuellen Zustand verursachen.

Beachten Sie, dass wir bei Puzzeln wie diesem unsere Menge der Aktionen auf solche beschränken, die bei der Lösung des Problems auch tatsächlich nützlich sein könnten. Es würde nicht helfen, eine beliebige Menge Wasser auf den Boden zu schütten, da wir dann nicht wissen, wie viel Wasser wir haben! Mit der Auswahl der geeigneten Darstellung des Problems und des Algorithmus, der zur Lösung verwendet werden soll liefert der Programmierer den Hauptanteil der nötigen Intelligenz.

Wie benutzen wir also unsere Standardsuchtechniken, die weiter oben erörtert wurden? Der Begriff eines „Erfolgszustands" ist hier ein wenig verschwommener als in der Kartendomäne. Wir müssen alle unsere Aktionen überprüfen und solche finden, die auf den aktuellen Zustand anwendbar sind. Dann können wir uns die obigen Regeln ansehen, um die Zustände zu suchen, die aus diesen Aktionen resultieren. Ein bestimmter Knoten im Suchbaum wird nun nicht nur der Namen einer Stadt, sondern die Darstellung eines bestimmten Zustands sein (z.B. {2,3}) (siehe Abbildung 4.11).

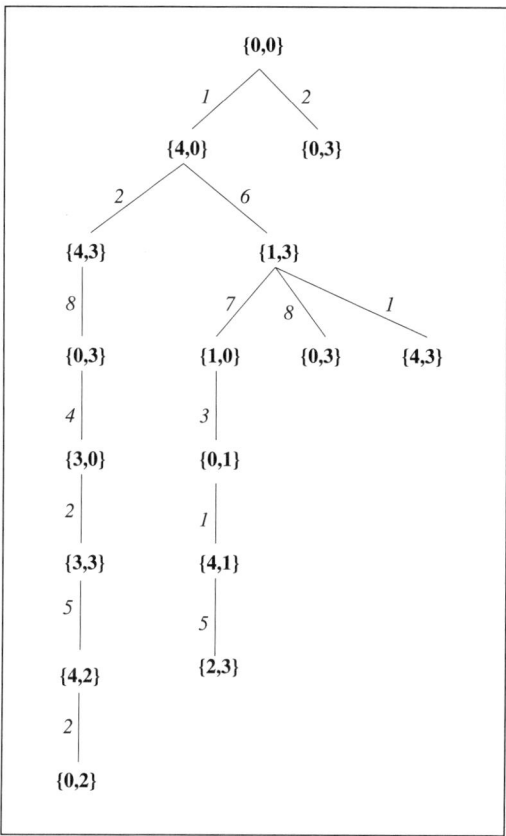

Abbildung 4.11: Suchbaum für das Kanisterproblem

All dies sollte klar sein, wenn wir versuchen, das Problem zu lösen. Wir werden zunächst die Tiefensuche verwenden und die Elemente auf der Agenda zu *Pfaden* vom Anfangszustand zum aktuellen Zustand machen, statt sie nur den aktuellen Zustand repräsentieren zu lassen, und auf Schleifen innerhalb jedes Pfads prüfen. Es können auch andere Suchtechniken (wie sie in Abschnitt 4.2 erörtert werden) genutzt werden.

Anfangs sind beide Kanister leer, sodass der Anfangszustand {0,0} ist und die Agenda so aussieht:

*Agenda* = [[{0,0}]]

(Die ganzen Klammern werden benutzt, weil ein *Zustand* als {0,0} dargestellt wird, ein *Pfad* mit nur diesem einen Zustand als [{0,0}], während eine Agenda oder Liste solcher Pfade [[{0,0}]] ist.)

Unser Zielzustand ist {2,X}, wobei X jeden Wert annehmen kann. Um mit der Problemlösung zu beginnen, entfernen wir den ersten Pfad aus *Agenda* und suchen nach möglichen *Erweiterungen* für diesen Pfad. Ein möglicher erweiterter Pfad ist einer, der der Gleiche wie der alte ist, aber einen zusätzlichen Knoten am Ende hat, sodass dieser Knoten ein *Nachfolger* des letzten Knotens im alten Pfad ist. Es kann mehrere solcher möglichen erweiterten Pfade geben.

Von dem Zustand {0,0} aus können Sie zwei Aktionen durchführen, die den Zustand der Welt ändern werden – entweder Sie füllen den Drei-Liter-Kanister oder den Vier-Liter-Kanister. Mögliche Nachfolger sind {4,0} und {0,3}, sodass dies die neue Agenda ist:

*Agenda* = [[{0,0},{4,0}], [{0,0},{0,3}]]

Von {4,0} aus gelten die Aktionen 2, 6 und 8. Mögliche neue Zustände sind: {4,3}, {1,3}, {0,0}. {0,0} befindet sich bereits auf dem Pfad (es gäbe also eine Schleife), sodass dieser verworfen wird und dies die neue Agenda ist:

*Agenda* = [[{0,0},{4,0},{4,3}], [{0,0},{4,0},{1,3}], [{0,0},{0,3}]]

Nun können wir von {4, 3} aus die Aktionen 7 und 8 anwenden. Die Aktion 7 wird uns zu {4,0} zurückbringen. Dieser Zustand befindet sich bereits auf dem Pfad und wird deshalb ignoriert. Die Aktion 8 bringt uns zu {0,3}, sodass in der neuen Agenda das erste Element durch [{0,0},{4,0},{4,3},{0,3}] ersetzt wird. Von {0,3} aus können wir zu {3,0} oder {4,3} oder {0,0} gelangen. Lediglich {3,0} ist ein neuer Zustand, die neue Agenda sieht also so aus:

*Agenda* = [[{0,0},{4,0},{4,3},{0,3},{3,0}], [{0,0},{4,0},{1,3}],[{0,0},{0,3}]]

Von {3,0} aus können wir zu {0,3}, {0,0} und {3,3} (gieße Kanister 1 in Kanister 2; leere Kanister 1; fülle Kanister 2) gelangen. Nur {3,3} ist ein neuer Zustand, sodass aus der Agenda Folgendes wird:

*Agenda* = [[{0,0},{4,0},{4,3},{0,3},{3,0},{3,3}], [{0,0},{4,0},{1,3}],
      [{0,0},{0,3}]]

Von {3,3} aus können wir zunächst die Aktion 5 anwenden, um zu {4,2} zu kommen, und dann die Aktion 7, um den Zustand {0,2} zu erreichen. An diesem Punkt stellen wir fest, dass sich alle weiteren erreichbaren Zustände bereits auf dem Pfad befinden. Also entfernen wir den gesamten Pfad aus der Agenda und suchen nach dem nächsten Pfad. Von {1,3} aus können wir {1,0}, {0,3}, {4,3} erreichen, die allesamt neue Zustände auf dem Pfad sind. Es gibt also drei mögliche erweiterte Pfade und die Agenda ist:

*Agenda* = [[{0,0},{4,0},{1,3},{1,0}],[{0,0},{4,0},{1,3},{0,3}],
      [{0,0},{4,0},{1,3},{4,3}],[{0,0},{0,3}]]

Von {1,0} aus können wir einen neuen Zustand {0,1} erreichen (gieße Kanister 1 in Kanister 2) und von dort aus den neuen Zustand {4,1} (fülle Kanister 1). Und von dort aus können wir Kanister 2 aus Kanister 1 befüllen, wodurch zwei Liter in Kanister 1 verbleiben und wir zu {2,3} gelangen! Das ist die Lösung, nach der wir gesucht haben. Wir haben zwei Liter in dem Vier-Liter-Kanister. Der Teil des Suchbaums, der untersucht wurde, ist in Abbildung 4.11 dargestellt. Die Zahlen in Kursivschrift zeigen die relevanten Aktionen an.

Wir haben also eine Lösung für das Problem gefunden – fülle den Vier-Liter-Kanister, befülle den Drei-Liter- aus dem Vier-Liter-Kanister, leere den Drei-Liter-Kanister, leere den Vier-Liter-Kanister in den Drei-Liter-Kanister, fülle den Vier-Liter-Kanister und befülle wieder den Drei-Liter- aus dem Vier-Liter-Kanister. Tatsächlich war keine allzu große Suche erforderlich, da wir das Problem sorgfältig formuliert und Aktionen ausgeschlossen haben, die zu alten Zuständen oder keinen Änderungen führen. Probleme, die eine umfassende Suche erfordern, wären einfach zu mühselig, um sie durchzugehen! Das Beispiel hat Ihnen aber hoffentlich eine Idee davon vermittelt, wie einfache Probleme mit Suchtechniken angegangen werden. Sie müssen über eine Darstellung des Problemzustands, eine Darstellung der verfügbaren Aktionen für dieses Problem entscheiden und systematisch alle möglichen Folgen von Aktionen durchgehen, um eine zu finden, die Sie vom Anfangs- zum Zielzustand bringt.

Beachten Sie, dass wir bei der Lösung zu diesem Problem manchmal Zustände neu untersucht haben, die bereits überprüft wurden. Der Zustand {0,3} befindet sich in dem untersuchten Baum z.B. in drei Ästen. Es wird viel Arbeit erledigt, die bereits zuvor gemacht wurde (z.B. die Prüfung, ob es von {0,3} aus eine Lösung gibt). Wir hätten dies mit Hilfe einer Liste mit bereits besuchten Knoten vermeiden können, wie es in Abschnitt 4.2 erläutert wurde.

Bei dem Wasserkanister-Problem besteht keine echte Notwendigkeit, eine heuristische Suchtechnik zu verwenden – die Domäne ist ausreichend eingeschränkt, um alle Möglichkeiten recht schnell durchgehen zu können. In der Tat ist es schwierig, sich vorzustellen, wie eine gute Bewertungsfunktion aussehen könnte. Wenn Sie zwei Liter in dem Kanister haben möchten, bedeutet das, dass Sie kurz vor einer Lösung stehen, wenn Sie ein oder drei Liter im Kanister haben? Viele Probleme haben die Eigenschaft, dass Sie anscheinend einen Teil des offensichtlich erzielten Fortschritts rückgängig machen müssen, um schließlich zu einer Lösung gelangen zu können (z.B.: leere den Kanister aus, wenn ein Liter darin ist). Die heuristische Suche ist bei der Problemlösung häufig nützlich, aber es mag besser sein, das Problem sorgfältig zu formulieren, sodass der Suchraum klein ist und einfache Suchtechniken angewendet werden können.

Es gibt viele andere Probleme, die mit ähnlichen Techniken gelöst wurden und in vielen ausführlicheren KI-Lehrbüchern erörtert werden. Eines finden Sie unter den Übungen am Ende des Kapitels.

## KOMPLEXITÄTSPROBLEME

Die Techniken, die wir beschrieben haben, können auf viele Problemlösungsaufgaben angewendet werden. Bei realistischen Aufgaben geraten wir aber häufig in Schwierigkeiten. Ein Problem bezieht sich auf die Komplexität der Algorithmen. Bei *Brute-Force*-Suchtechniken wie Breiten- und Tiefensuche könnte es dazu kommen, dass wir eine enorme Anzahl von Knoten im Suchraum durchsuchen müssen, um eine Lösung zu finden. Wenn es z.B. (im Durchschnitt) $n$ Nachfolger für jeden Knoten im Suchraum gibt und unsere Lösung sich in der Tiefe $d$ befindet, dann müssen wir bei der Breitensuche möglicherweise $nd$ Knoten durchsuchen. Wenn $n$ z.B. 20 ist und $d$ 6, haben wir es also mit über 60 Millionen Knoten zu tun. Bei der Tiefensuche schneiden wir meist besser ab und stoßen möglicherweise früher auf die Lösung. Wenn aber im ersten Ast, den wir ausprobieren, keine Lösung zu finden ist, müssen wir am Ende möglicherweise noch mehr Knoten durchsuchen. Techniken der Graphensuche, bei denen wir es vermeiden, bereits durchsuchte Knoten erneut zu untersuchen, können zwar bei einigen Problemen helfen, bringen aber für die Pflege und Überprüfung einer Liste von bereits überprüften Knoten zusätzliche Prozessorlast mit sich. Heuristische Suchmethoden sind möglicherweise nützlich, aber nur, wenn die Bewertungsfunktionen gut sind.

Die durchschnittliche Anzahl von Nachfolgerzuständen für Knoten im Suchraum ist als *Verzweigungsfaktor* (branching factor) bekannt. Damit die Suche lenkbar ist, soll unser Suchraum einen ziemlich kleinen Verzweigungsfaktor haben. Der Verzweigungsfaktor wird davon abhängen, wie ein Problem formuliert wird. Bei der Suche im Zustandsraum kann der Verzweigungsfaktor reduziert werden, indem (menschliche!) Intelligenz eingesetzt wird, wenn die Regeln oder Operatoren für das Ableiten von Nachfolgezuständen festgelegt werden – wir möchten sicherstellen, dass alle sinnlosen Aktionen/Nachfolgezustände in der Suche nicht einmal in Erwägung gezogen werden. Er kann außerdem reduziert werden, indem passend gewählt wird, ob vorwärts gesucht wird, vom Anfangszustand aus oder rückwärts, vom Zielzustand aus (beides ist häufig zulässig). Der Verzweigungsfaktor kann in jedem Fall sehr unterschiedlich sein.

Wenn nichts davon hilft, dann haben wir eine *kombinatorische Explosion* (combinatorial explosion)! Wir haben einfach zu viele Kombinationen zum Ausprobieren und je tiefer wir im Baum suchen, desto schlimmer wird es. Vor allem aufgrund dieses Problems sind universelle Suchtechniken für die ernsthafte Lösung von Problemen häufig unangemessen. Sie müssen zumindest mit spezialisierteren, domänenspezifischen Techniken zur Problemlösung verbessert werden.

### 4.3.2  PLANUNGSTECHNIKEN

Planung ist in der KI das Problem, eine Folge von primitiven Aktionen zu finden, um ein Ziel zu erreichen. Diese Folge von Aktionen wird der Plan des Systems sein, der dann ausgeführt werden kann. Planung wird häufig im Zusammenhang mit Robotik erörtert, wo ein physikalischer Roboter den Plan ausführen wird. Sie ist aber in vielen Bereichen der KI wichtig – z.B. ist es beim Verständnis der natürlichen Sprache wichtig, Schlussfolgerungen über die Pläne und Ziele von Personen anzustellen, um möglichst viel Sinn in ihre Äußerungen zu bringen.

Die Suche im Zustandsraum kann als einfache Planungstechnik angesehen werden. Im Allgemeinen ist der Begriff „Planung" in der KI-Literatur aber für anspruchsvollere Dinge reserviert, bei denen insbesondere Aktionen auf eine komplexere Art dargestellt werden. Um KI-Planungsmechanismen einzuführen, werden wir eine einfache

Planungsmethode beschreiben, die auf dem Ansatz der *Mittel-Ziel-Analyse* (means-ends analysis) zur Problemlösung basiert, und eine Darstellung von Aktionen, die in einem der ersten KI-Planungssystemen mit dem Namen STRIPS eingeführt wurden.

Die Mittel-Ziel-Analyse ist ein Ansatz zur Problemlösung, der sich, statt blind alle möglichen Aktionen zu durchsuchen, auf Aktionen konzentriert, die den *Unterschied* zwischen dem aktuellen Zustand und dem Zielzustand verringern. Eine weitere Funktion besteht darin, dass eine Aktion, die den Unterschied reduziert, berücksichtigt wird, auch wenn sie auf den aktuellen Zustand nicht angewendet werden kann. Festzustellen, wann die nützliche Aktion angewendet werden kann, wird als neues zu lösendes Unterproblem festgelegt.

Die Mittel-Ziel-Analyse kann auf eine ganze Reihe von Problemlösungsaufgaben angewendet werden – sie wurde sogar ursprünglich als Teil eines allgemeinen Modells entworfen, das nachvollzieht, wie Menschen grundsätzlich Probleme lösen (der GPS oder General Problem Solver). Wir werden aber nur eine Variante beschreiben, die die STRIPS-Darstellung von Aktionen einsetzt und auf einfache Roboterplanungsaufgaben angewendet wird. Eine typische Aufgabe könnte darin bestehen, eine Reihe von Kisten zu stapeln oder einige Objekte von einem Raum in einen anderen zu bringen.

Die Technik verwendet die grundlegenden Konzepte der Suche im Zustandsraum. Sie beschäftigt sich damit, einen Pfad von einem Anfangszustand zu einem gewünschten endgültigen oder Zielzustand zu finden und prüft dabei die verschiedenen möglichen Aktionen, die vorgenommen werden können, um herauszufinden, welche Folgen von Aktionen zum richtigen Ergebnis führen. Die *Mittel-Ziel-Analyse* ist die Technik, mit der die Suche gesteuert wird.

Bei einfachen Planungssystemen kann der Status des Problems als Liste von Fakten dargestellt werden, die wahr sind, z.B.:

[in(roboter, wohnzimmer), in(bier, kueche), in(fred, wohnzimmer), tuer_geschlossen(kueche, wohnzimmer)]

Dies kann einen Zustand darstellen, in dem Fred sich mit seinem Roboter im Wohnzimmer befindet, das Bier aber in der Küche steht und die Tür zur Küche geschlossen ist.

Angesichts dieser Darstellung des Problemzustands (als eine Liste wahrer Fakten) benötigen wir eine etwas anspruchsvollere Methode zur Darstellung der Aktionen. Aktionen werden nun von Operatoren repräsentiert, die die *Vorbedingungen* der Aktionen und die Effekte dieser Aktion auf den Problemzustand angeben. Eine Auswirkung kann z.B. sein, eine neue Tatsache zum Problemzustand *hinzuzufügen* oder einen Fakt zu *löschen*. Wenn wir also annehmen, dass die einzigen Aktionen, die in unserem Beispiel zulässig sind, „Roboter öffnet/schließt Tür" und „Roboter trägt Objekt von einem Raum in einen anderen" sind, dann können wir die folgenden Operatoren haben, um die möglichen Aktionen zu beschreiben:

| Operator | Vorbedingungen | Hinzufügen | Löschen |
|---|---|---|---|
| oeffnen(R1,R2) | in(Roboter, R1) tuer_geschlossen (R1, R2) | tuer_offen(R1, R2) | tuer_geschlossen (R1, R2) |
| schliessen(R1, R2) | in(Roboter, R1) tuer_offen(R1, R2) | tuer_geschlossen (R1, R2) | tuer_offen(R1, R2) |
| bewegen(R1, R2) | in(Roboter, R1) tuer_offen(R1, R2) | in(Roboter, R2) | in(roboter, R1) |
| tragen(R1, R2, O) | tuer_offen(R1, R2) in(Roboter, R1) in(O, R1) | in(Rotober, R2) in(O, R2) | in(Roboter, R1) in(O, R1) |

Angenommen, unser Zielzustand beinhaltet, dass Fred sich mit seinem Bier im Wohnzimmer befindet, sein Roboter neben ihm steht und die Tür geschlossen ist.

[in(bier, wohnzimmer), in(fred, wohnzimmer), in(roboter, wohnzimmer), tuer_geschlossen(kueche, wohnzimmer)]

Die Mittel-Ziel-Analyse versucht, einen Operator zu finden, dessen Auswirkungen den Unterschied zwischen dem aktuellen und den Zielzuständen verringern. Im Moment befindet sich das Bier am falschen Ort! Der einzige Operator, der das Bier verschieben kann, ist der Operator „tragen". Wenn er angewendet werden könnte, dann würden wir tatsächlich unseren Zielzustand erreichen. Leider befindet sich der Roboter im falschen Raum und die Tür ist geschlossen.

Die Tatsache, dass wir einen Operator jetzt nicht anwenden können, hält uns aber nicht auf. Wir setzen die unerfüllten *Vorbedingungen* der Aktionen als neues zu lösendes Ziel. Also versuchen wir, rekursiv den Mittel-Ziel-Algorithmus mit den Vorbedingungen der Aktion als Zielzustand aufzurufen. Mit anderen Worten, wir versuchen, Folgendes zu lösen:

*Anfangszustand*:

[in(roboter, wohnzimmer), in(bier, kueche), in(fred, wohnzimmer), tuer_geschlossen(kueche, wohnzimmer)]

*Zielzustand*:

[tuer_offen(kueche,wohnzimmer), in(roboter,kueche)]

Nun versuchen wir, eine Folge von Aktionen zu finden, die den neuen Zielzustand wahr machen. Ohne auf die Einzelheiten einzugehen, bedeutet dies: Wenn wir *oeffnen(kueche, wohnzimmer)* und *bewegen(wohnzimmer, kueche)* wählen, ist das Zielzustand erreicht.

Nun müssen wir den Plan beenden. Wir stellen fest, welchen Zustand wir erhalten, wenn wir die bisher ausgearbeiteten Operatoren auf unseren Anfangszustand anwenden. In unserem Beispiel bringt uns dies:

[in(roboter, wohnzimmer), in(bier, wohnzimmer), in(fred, wohnzimmer), tuer_offen(kueche, wohnzimmer)]

Wir haben unseren Zielzustand fast erreicht, aber die Tür ist noch geöffnet. Daher müssen wir den Plan vervollständigen, indem wir eine Möglichkeit finden, die Tür zu schließen. Schließlich haben wir einen vollständigen Plan:

oeffnen(kueche, wohnzimmer)

bewegen(wohnzimmer, kueche)

tragen(kueche, wohnzimmer, bier)

schliessen(kueche, wohnzimmer)

Dies bedeutet, dass wir zuerst eine Aktion in der *Mitte* des Plans finden müssen: *trage(kueche, wohnzimmer, bier)*. Dann sind die Start- und Endteile des Plans vollständig.

Dies kann wie folgt dargestellt werden:

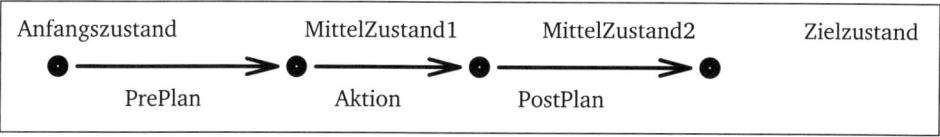

Der verwendete Gesamtalgorithmus sieht so aus:

Um plan_finden(Anfangszustand, Zielzustand)

❖ Wenn alle Ziele im Zielzustand im Anfangszustand wahr sind, dann Ziel erreicht.

❖ Andernfalls:

1. Wähle ein noch unerreichtes Ziel aus Zielzustand aus.

2. Finde eine Aktion, die Ziel zum aktuellen Zustand hinzufügt.

3. Aktiviere Aktion, indem du einen Plan (PrePlan) findest, der ihre Vorbedingungen erfüllt, d.h. plan_finden(Anfangszustand, Vorbedingungen). Lasse ZwischenZustand1 das Ergebnis der Anwendung dieses Plans auf Anfangszustand sein.

4. Wende Aktion auf ZwischenZustand1 an, um ZwischenZustand2 zu erreichen.

5. Finde einen Plan (PostPlan) von ZwischenZustand2 zu Zielzustand.

6. Gib einen Plan zurück, der aus PrePlan, Aktion und PostPlan besteht.

Viele nachfolgende KI-Planungssysteme basierten auf einer modifizierten Version dieses Algorithmus. Erweiterungen des grundlegenden Algorithmus umfassen die folgenden:

**Planung mit geschützten Zielen:** Hier umfasst der Algorithmus eine Prüfung, damit eine Aktion, die erwogen wird, nicht aus Versehen ein Ziel rückgängig macht, das zuvor erreicht worden war.

**Nichtlineare Planung:** Hier ist der Algorithmus nicht der Ordnung verpflichtet, dass Aktionen im Plan auftreten, außer eine Aktion muss einer anderen vorangehen, um die Vorbedingungen der anderen zu aktivieren.

**Hierarchische Planung:** Hier wird der Plan zuerst groß skizziert und dann werden die Einzelheiten ausgefüllt.

**Reaktive Planung:** Hier kann der Plan modifiziert werden, wenn der Zustand der Welt sich unerwartet verändert oder Fehlschläge auftreten.

Bei vielen modernen Planern stellt ein Knoten im Suchraum nicht mehr den aktuellen Zustand des Problems dar, sondern er kann für einen möglichen teilweise ausgeführten Plan stehen. Die Planung umfasst das Durchsuchen möglicher Pfade, damit ein Teilplan entwickelt werden kann. Dies liefert einen flexibleren Rahmen für die praktische Planung und wird in vielen Der am Ende des Kapitels angegebenen Literaturquellen erörtert (z.B. (Russell und Norvig 2003) (Kapitel 11-12)).

## PRAKTISCHE PLANUNG

Wenn Planungssysteme auf konkrete Probleme im wirklichen Leben angewendet werden, erweisen sich die einfachen Suchmethoden, die in diesem Abschnitt erörtert wurden, als ungeeignet und es müssen komplexere Methoden herangezogen werden. Ein Beispielsystem für die praktische Planung ist O-Plan, das in Edinburgh entwickelt wurde. In O-Plan (und seinem Vorgänger Nonlin) besteht das Ziel darin, einen teilweise vervollständigten Plan nach und nach zu entwickeln und zu verfeinern. Dieser Plan kann anfangs sehr skizzenhaft sein, es können Einzelheiten fehlen und es besteht keine feste Reihenfolge für die Aktionen. Er kann dann auf verschiedene Arten entwickelt und repariert werden. Eine Aktion in dem Plan könnte z.B. erweitert werden, um mehr Einzelheiten darüber anzugeben, wie sie ausgeführt werden sollte.

O-Plan wurde für die unterschiedlichsten Anwendungen genutzt, z.B. zur Planung von Rettungsaktionen nach einer Katastrophe. In dieser Anwendung wählt das System zuerst eine Vorlage aus, die einen elementaren Plan für die spezielle Katastrophenart umreißt (z.B. für eine Gasexplosion). Diese Vorlage wird dann ausgefüllt, erweitert und verfeinert.

### 4.3.3 SPIELSYSTEME

Als abschließendes Beispiel dafür, wie Suchtechniken bei der Problemlösung verwendet werden können, werden wir Spielsysteme betrachten. Das elementare Verfahren gilt Gegnerspielen mit zwei Spielern, bei denen beide Spieler den Zustand des Spiels kennen. Viele Brettspiele wie Schach, Dame und Go fallen in diese Kategorie (zwei Spieler streiten um den Sieg und beide können das Spielbrett sehen).

Spiele unterscheiden sich stark von den Problemen, die bisher in diesem Kapitel behandelt wurden, da es einen Gegner gibt, der versuchen wird, jeden Plan zu vereiteln. Es ist zwar möglich, eine Folge von Aktionen auszuarbeiten, um einen Sieg zu erreichen, aber sehr wahrscheinlich wird ein Zug Ihres Gegners verhindern, dass Sie ihren Plan ausführen können. Man braucht eine sinnvolle Methode, um gute Spielzüge auszuwählen, die unabhängig davon, was der Gegner tut, gute Chancen zum Sieg bieten.

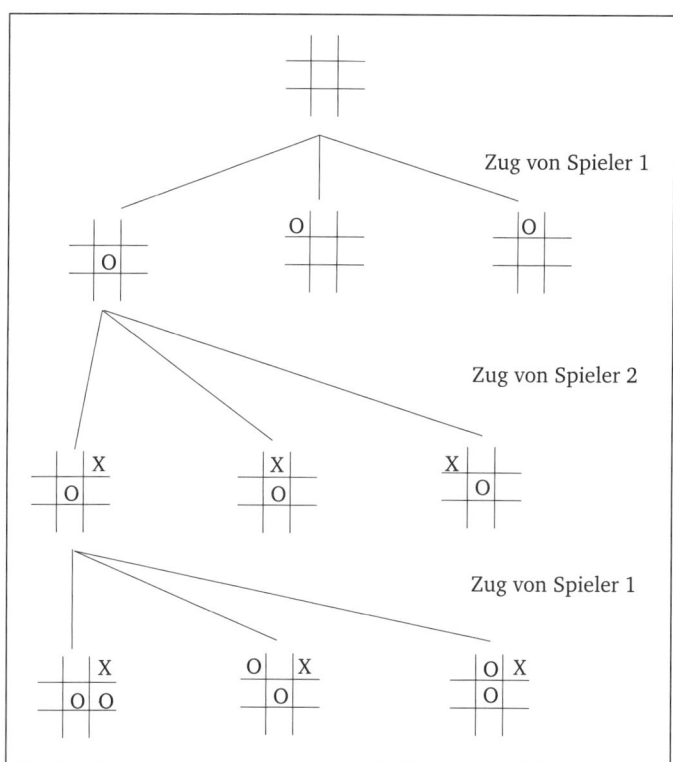

Abbildung 4.12: Partieller Spielbaum für Tic Tac Toe

Spielprobleme können trotzdem unter dem Aspekt von Suchbäumen kategorisiert werden. Abbildung 4.12 zeigt einen Teil eines einfachen Suchbaums (oder *Spielbaums* (game tree)) für eine Partie Tic Tac Toe. Beachten Sie, dass die Ebenen im Baum zwischen den beiden Spielern wechseln.

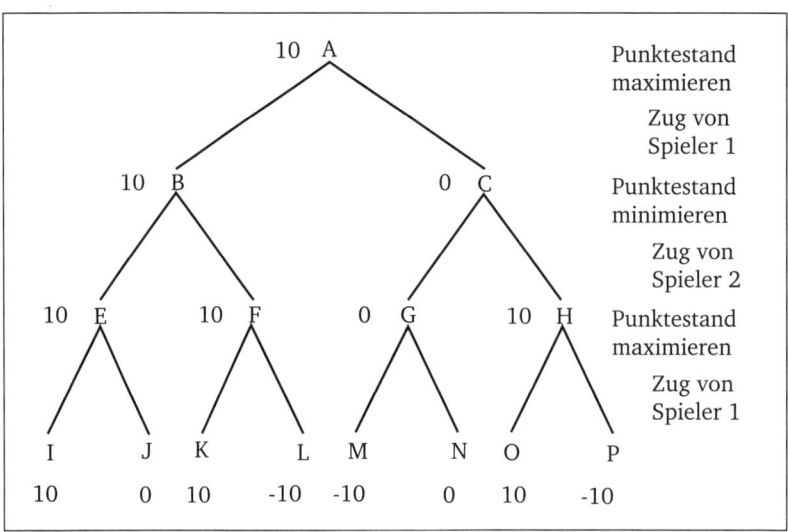

Abbildung 4.13: Spielbaum für ein einfaches Spiel

Abbildung 4.13 zeigt den vollständigen Spielbaum für ein hypothetisch sehr einfaches Spiel, bei dem ein Sieg in nur zwei Zügen möglich ist. (Die möglichen Spielstände werden nur durch die Buchstaben A-J dargestellt, statt durch ein Bild des tatsächlichen Spielbretts.) Wie soll Spieler 1 entscheiden, welchen Zug er machen soll? Jeder Spieler sollte ganz offensichtlich annehmen, dass der andere zu gewinnen versucht. Wenn Spieler 1 auf Zustand B zieht, dann wird Spieler 2 sich dafür entscheiden, auf Zustand F zu ziehen, und damit gewinnen. Wenn Spieler 1 auf Zustand C zieht, wird jeder Zug, den Spieler 2 machen kann, dazu führen, dass Spieler 1 gewinnt. Wenn Spieler 1 auf Zustand D zieht, wird jeder Zug, den Spieler 2 macht, dazu führen, dass Spieler 2 gewinnt. Ganz offensichtlich ist der einzige sichere Zug für Spieler 1 den auf Zustand C.

### DIE MINIMAX-PROZEDUR

Bei einem vollständigen Spielbaum wie diesem können wir, wie im Folgenden erläutert wird, gute Züge für den ersten Spieler finden. Erstens legen wir fest, dass ein etwaiger Sieg für Spieler 1 durch eine positive Punktzahl von 10 repräsentiert wird, eine Niederlage durch eine negative Punktzahl –10 und ein Unentschieden durch 0. Dann können wir uns von unten vorarbeiten und die Punktstände früherer Knoten im Spielbaum erarbeiten. In Abbildung 4.14 sind diese Zwischenspielstände für einen weiteren einfachen Spielbaum angezeigt. Bei den Knoten E, F, G und H ist Spieler 1 an der Reihe. Er wird versuchen, seinen Spielstand zu *maximieren*. Von den Knoten E, F und H aus kann er in einem Zug gewinnen, sodass diese Knoten mit 10 bewertet werden. Von Knoten G aus kann er bestenfalls ein Unentschieden erzielen, sodass dieser Knoten mit 0 bewertet wird. Bei den Knoten B und C ist Spieler 2 an der Reihe und Spieler 2 wird versuchen, die Punkte von Spieler 1 zu *minimieren*.

(Die Knoten B und C werden als minimierende Knoten bezeichnet, während E-H als maximierende Knoten bezeichnet werden.) Unabhängig davon, was Spieler 2 in Knoten B macht, behält Spieler 1 die Möglichkeit zu gewinnen. Der Spielstand dort ist das *Minimum* der Spielstände der Knoten E und F, welcher aber immer noch 10 ist. Bei Knoten C ist der minimale Spielstand 0, was der Option von Spieler 2 entspricht, zu Knoten G zu ziehen und Spieler 1 in eine Situation zu zwingen, in der er nicht gewinnen kann. Also kann Spieler 1 nun mit Sicherheit sagen, dass Knoten B dem besten Zug entspricht und ihm von dort aus der Sieg sicher ist.

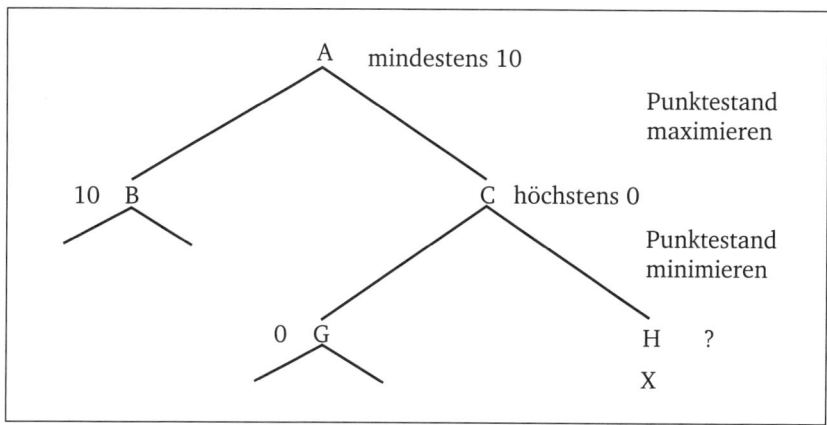

Abbildung 4.14: Spielbaum, der Minimax veranschaulicht

Die Verfahrensweise, einem Spielstand einen Knoten zuzuordnen, sieht folgendermaßen aus:

Für Bewertung(Knoten):

❖ Wenn der Knoten sich an einem Endpunkt des Suchbaums befindet, gib die Punkte dieses Knotens zurück.

❖ Wenn es sich um einen maximierenden Knoten handelt, dann gib die maximale Punktzahl der Nachfolgerknoten zurück.

❖ Wenn es sich um einen minimierenden Knoten handelt, dann gib die minimale Punktzahl der Nachfolgerknoten zurück.

Spieler 1 wird sich entscheiden, welchen Zug er macht, nachdem er die möglichen Züge wie oben beschrieben bewertet hat. Dies wird als Minimax-Prozedur für das Spielen bezeichnet. Sie sollten anhand des Tic Tac Toe-Beispiels durcharbeiten, wie dies funktioniert. Um es einfach zu gestalten, stellen Sie sich vor, dass Sie die Hälfte eines Spiels geschafft haben und entscheiden, wohin Sie das nächste Kreuz setzen sollen. Zeichnen Sie den Spielbaum für den Rest des Spiels und zeigen Sie, wie Minimax Ihnen erlauben würde, den besten Zug zu bestimmen.

## ALPHA-BETA-ALGORITHMUS

Es gibt einen sehr einfachen Trick, der die Effizienz der Minimax-Prozedur signifikant erhöht. Sie basiert auf der Idee, dass es nicht sinnvoll ist, eine Berechnung zu Ende zu führen, wenn Sie mittendrin wissen, dass sie entweder erfolgreich sein wird oder fehlschlagen wird. Zum Beispiel ist es in Programmiersprachen klar, dass bei der Auswertung von Aussagen wie `if A>5 or B<0` keine Notwendigkeit besteht, sich mit der zweiten Bedingung abzugeben, wenn die erste Bedingung erfolgreich ist. Bei `if A>5 and B<0` ist es ebenfalls nicht sinnvoll, fortzufahren, wenn die erste Bedingung *verletzt* wird.

Ich werde mit Hilfe von Abbildung 4.14 damit beginnen, die Technik zu erläutern. Angenommen, der Punktestand für Knoten B wurde gefunden. Da Spieler 1 seinen Punktestand *maximieren* wird, wissen wir, dass er *mindestens* einen Punktestand von 10 erreichen kann, ohne Knoten C auch nur zu untersuchen. Also ist der Spielstand für Knoten A mindestens 10. Angenommen, der Spielstand für Knoten G wurde auch gefunden. Spieler 2 wird den Spielstand von Spieler 1 *minimieren*, sodass der Spielstand für Knoten C *höchstens* 0 sein kann. Zusammen genommen bedeutet dies, dass es nicht sinnvoll ist, den Spielstand für Punkt H zu berechnen, da er sich nicht auf den Spielstand von Knoten A auswirken kann. Angenommen, der Spielstand von Knoten H wäre kleiner als null. Dies würde den Spielstand von Knoten C ändern, aber Knoten A kann immer noch einen Spielstand von 10 erzielen, bleibt also unverändert. Angenommen, der Spielstand von Knoten H war größer als (oder gleich) null. Der Spielstand von Knoten C wäre unverändert und damit auch der von Knoten A. Dieses Beispiel wird etwas einfacher in Abbildung 4.15 veranschaulicht. Der Spielstand von Knoten H macht keinen Unterschied, sodass der Teil des Baums unterhalb des Knotens (der mit einem X gekennzeichnet ist) vollständig ignoriert werden kann.

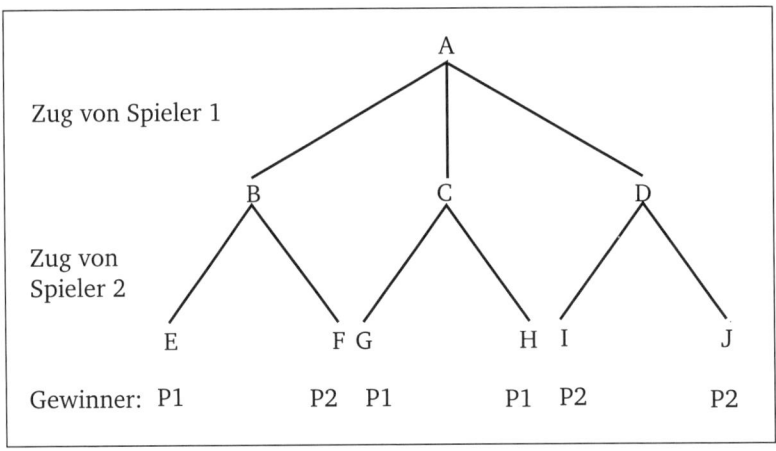

Abbildung 4.15: Spielbaum, der den Alpha-Beta-Algorithmus veranschaulicht

Beim Alpha-Beta-Algorithmus werden die *Höchst-* oder *Mindest*werte und deren Verwendung beobachtet, um Einsparungen wie die oben dargestellten zu machen. Wir wissen, dass der Spielstand bei einem *maximierenden* Knoten mindestens der beste Spielstand der bisher untersuchten Nachfolgerknoten sein wird (ein Parameter $\alpha$ wird verwendet, um dies aufzuzeichnen). Der Spielstand an einem *minimierenden* Knoten wird höchstens der schlechteste Spielstand der bisher untersuchten Nachfolgerknoten sein (ein Parameter $\beta$ wird hierfür verwendet). Wenn der $\beta\angle$Wert eines minimierenden Knotens weniger als der $\alpha\angle$Wert seines Vaterknotens ist, dann können alle verbleibenden Berechnungen für diesen Knoten aufgegeben werden. Der Rest des Baumes wird *gestutzt* (pruned). Wenn der $\alpha\angle$Wert eines maximierenden Knotens größer als der $\beta\angle$Wert seines Vaters ist, kann entsprechend die übrige Berechnung für einen Knoten aufgegeben oder der entsprechende Teilbaum abgeschnitten werden.

Der Alpha-Beta-Algorithmus wird nur genutzt, um die Minimax-Prozedur effizienter zu gestalten. Seine Beschreibung fällt an dieser Stelle eher kurz aus, sollte aber für Sie ausreichend sein, um einige Beispiele durchzuarbeiten und zu sehen, wie er in der Praxis funktioniert.

### KOMPLEXERE SPIELE

Bei komplexeren oder anspruchsvolleren Spielen ist es natürlich nicht realistisch, den vollständigen Spielbaum zu erarbeiten, auch nicht mit dem Alpha-Beta-Algorithmus. Beim Schach gibt es Milliarden von möglichen Spielständen. Es kann aber eine Variante der obigen Methode genutzt werden. Wir beschränken die *Tiefe*, die im Suchbaum untersucht wird (auf z.B. fünf Züge im Voraus), und für die Spielstände, die den Blättern in dem eingeschränkten Suchbaum entsprechen (die Gewinnzustände sein können oder nicht), wird eine heuristische Suche verwendet, um dem Knoten eine Bewertung zuzuordnen. Beim Schach könnte eine einfache Bewertung einem Punktestand der verbleibenden Figuren des Spielers entsprechen. Die obige Bewertungsfunktion wird dann verwendet, um die Bewertungen von Knoten weiter oben im Baum zu bestimmen, sodass der Spieler den besten Zug auswählen kann. Beim Schach entspricht dies – unter der Voraussetzung, dass die Bewertung auf den verbleibenden Figuren basiert und die Tiefe auf fünf Züge beschränkt ist – einer Strategie, die darauf hinausläuft, dass Sie nach einem Zug suchen, der Ihnen auf fünf Züge im Voraus zumindest einen Spielvorteil bringt. Das garantiert vielleicht keinen Gewinn des Spiels (manchmal müssen Sie Figuren opfern, um später besser dazustehen), aber es kann relativ effektiv sein.

Die Verwendung dieser recht einfachen (und nicht sehr intelligenten) Techniken für Spielsysteme führt zu ziemlich guten Leistungen. Für eine noch bessere Leistung muss man sich aber ein bßchen genauer anschauen, wie menschliche Experten ein Spiel spielen. Beim Schach sind z.B. die Eröffnungs- und Schlusszüge sehr wichtig und es gibt einige recht standardisierte Eröffnungsspiele. Die Erweiterung eines suchbasierten Systems mit dem Wissen über diese guten Eröffnungs- und Folgerungssequenzen (die Sie in jedem Schachbuch finden) sollte seine Leistung verbessern.

## 4.4 ZUSAMMENFASSUNG

■ Das Lösen vieler KI-Probleme umfasst die Verwendung von *Such*techniken. Bei einer einfachen Suche im Zustandsraum können wir z.B. mögliche Folgen von Aktionen durchsuchen, um eine zu finden, die von einem Anfangszustand aus einen Zielzustand erreichen wird. Ein bestimmter Zustand, den wir vom anfänglichen Zustand aus erreichen können, wäre ein *Knoten* im *Suchraum* und die Folge von Aktionen der *Pfad*.

■ Der Suchraum kann ein *Baum* oder ein allgemeiner *Graph* sein. Unterschiedliche Algorithmen umfassen das Durchlaufen (traversing) dieses Suchraums auf eine andere Art.

■ Die einfachsten Suchmethoden sind die *Breiten-* und *Tiefen*suche. Diese umfassen ein vollständiges Durchlaufen des Suchraums auf systematische Art. Bei der Breitensuche werden kürzere Pfade vor den längeren durchsucht. Bei der Tiefensuche wird ein Pfad bis zum Ende durchsucht, bevor man zurückgeht und Alternativen ausprobiert.

■ *Heuristische* Suchmethoden versuchen, Wissen darüber, wie nahe ein Zustand sich am Zielzustand befindet, zu nutzen, um zu entscheiden, welcher Pfad zuerst durchsucht werden soll. Dies kann verhindern, dass der gesamte Suchraum durchsucht wird, was zu einer schnelleren Lösung führt. Hill-Climbing, Bestensuche und A* sind heuristische Suchmethoden.

■ Anspruchsvollere *Planung*stechniken sind häufig erforderlich, um Probleme zu lösen. KI-Planungssysteme nutzen eine komplexere Darstellung der Aktionen als einfache suchbasierte Problemlöser. Einfache Planungsalgorithmen kontrollieren die Suche durch mögliche Aktionen, indem nach Aktionen gesucht wird, die den *Unterschied* zwischen dem aktuellen und den Zielzuständen reduzieren, und neue zu lösende Teilziele gesetzt werden, wenn im aktuellen Zustand keine nützlichen Aktionen angewendet werden können.

■ Suchtechniken können auch auf Spielsysteme angewendet werden, wobei dann aber zu berücksichtigen ist, was der Gegner tun könnte. Die *Minimax*-Prozedur erlaubt Ihnen, den besten Zug zu finden, wobei vorausgesetzt wird, dass der Gegner sein Bestes tun wird, um Ihren Sieg zu verhindern.

## 4.5 WEITERFÜHRENDE LITERATUR

Die meisten der ausführlicheren KI-Lehrbücher bieten gutes Material zu den Themen Suche, Spielen und Planung und befassen sich auch mit komplexeren Verfahren und stärker mathematischen Analysen. Erörterungen von Suchmethoden sind in den verschiedenen Büchern meist ähnlich, die Einzelheiten der Planung und Darstellung von Algorithmen dagegen meist unterschiedlich. Rich und Knight (Rich und Knight 1991) (Kapitel 2-3, 12-13) erörtern weitere Methoden zur Problemlösung und bieten auch Erörterungen der Vorteile alternativer Verfahren. Ginsberg (Ginsberg 1993) (Kapitel 3-5, 14) bietet Komplexitätsanalysen von Algorithmen und ein logikbasiertes Verfahren der Planung. Russell und Norvig (Russell und Norvig 2003) (Kapitel 3-6, 11-12) bieten eine sehr klare Erörterung der elementaren Suche im Zustandsraum und Suchalgorithmen und beschreiben modernere Planungssysteme. Luger (Luger 2001) bietet eine Erörterung, die sich stärker an der Implementierung orientiert.

Weitere Details zu Heuristiken, Backtracking etc. finden sich bei Heinsohn und Socher-Ambrosius (Heinsohn, Socher-Ambrosius 1999)

## 4.6 ÜBUNGEN

1. Geben Sie anhand des folgenden Suchbaums die Reihenfolge an, in der die Knoten bei der Breitensuche, der Tiefensuche, dem Hill-Climbing und der Bestensuche durchsucht werden, bis eine Lösung erreicht wird. Die Zahlen an den Knoten geben die geschätzten Kosten für die Lösung an.

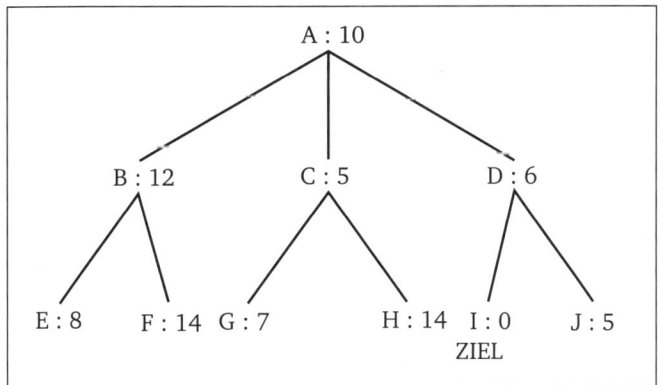

2. Die folgende Aufgabe kann mit den Suchtechniken des Zustandsraums gelöst werden:

   „Ein Bauer erreicht mit seinem Hund, einem Hasen und einem Kohlkopf das Ufer eines Flusses, den er überqueren möchte. Es gibt ein Boot am Flussufer, aber natürlich kann nur der Bauer rudern. Das Boot kann immer nur zwei Dinge aufnehmen (einschließlich des Ruderers). Wenn der Hund mit dem Hasen allein gelassen wird, wird der Hund den Hasen fressen. Ebenso wird der Hase den Kohlkopf fressen, wenn er mit ihm allein ist. Wie kann der Bauer über den Fluss gelangen, sodass der Hund, der Hase und der Kohlkopf sicher auf der anderen Seite ankommen?"

   Formalisieren Sie das obige Problem unter dem Aspekt der Zustandsraumsuche. Sie sollten:

   – eine geeignete Repräsentation des Problemzustands vorschlagen
   – angeben, wie der Anfangs- und Zielzustand in dieser Repräsentation aussehen
   – die verfügbaren Operatoren/Regeln angeben, um von einem Zustand zum nächsten zu kommen, und alle Bedingungen angeben, wann sie angewendet werden können.

3. Erörtern Sie für das folgende Problem zuerst, wie es mit einfachen Suchtechniken des Zustandsraums gelöst werden kann, und dann, wie es mit einfachen Planungsmethoden gelöst werden kann, die in Abschnitt 4.3.2 eingeführt wurden. Vergleichen Sie die beiden Methoden miteinander und stellen Sie sie gegenüber.

   „Sie leben in einer Zweizimmerwohnung mit einer Tür zwischen den Zimmern. Ihr Roboter kann sich in den Räumen hin und her bewegen, sich umdrehen (um 180°), die Tür öffnen und Objekte aufheben. Sie möchten, dass er Pläne bilden kann, um einfache Aufgaben auszuführen, z.B. Ihr Bier aus dem anderen Zimmer holen und es Ihnen bringen. Um sich in den Zimmern hin und her zu bewegen, muss die Tür offen sein, und um eine Tür zu öffnen, muss der Roboter sie ansehen."

4. Warum erfordert die Tiefensuche weniger Speicher als die Breitensuche? Ziehen Sie den Fall in Betracht, dass der Suchraum gleichförmig ist und jeder Knoten bis zu einer Tiefe von acht Knoten zwei Nachfolger hat und schätzen Sie die Anzahl der Knoten, die sich für jede Methode auf der Agenda befinden, wenn der aktuelle Knoten ein Endknoten ist.

5. (Projekt) Versuchen Sie, die Minimaxspielprozedur zu implementieren. Nutzen Sie sie für ein einfaches Tic Tac Toe-Spiel.

# 5
# VERARBEITUNG
# NATÜRLICHER SPRACHE

**Lernziele**

Einführung in die Grundlagen der Verarbeitung natürlicher Sprache mit
Schwerpunkt auf dem Schreiben einfacher Grammatiken unter Verwendung
der definiten Klauselgrammatik (DCG)

**Sie sollten in der Lage sein:**

→ die Hauptstadien der Verarbeitung im natürlichsprachlichen Verständnis
einschließlich der Sprachverarbeitung, syntaktischen Analyse, Semantik
und Pragmatik kurz zu beschreiben

→ eine einfache Grammatik des Deutschen mit der DCG-Notation zu entwickeln (oder zu erweitern)

Kenntnisse in den folgenden Bereichen wären nützlich, sind aber nicht
unentbehrlich: syntaktische Kategorien (Substantive, Verben etc.), BNF-
(Grammatik-)Notation und elementare Kenntnisse über Prolog.

## 5.1 EINFÜHRUNG

Die nächsten beiden Kapitel beschäftigen sich mit zwei „alltäglichen" Aufgaben:
natürliche Sprache und Bildverarbeitung. Beides sind Aufgaben, die Menschen sehr
einfach ausführen können – auch ein kleines Kind kann ein Gesicht erkennen oder
an einem Gespräch teilnehmen – aber dennoch sind sie sehr schwierig zu automatisieren.

Die Verarbeitung natürlicher Sprache kann in das *Verständnis* und die *Generierung*
natürlicher Sprache aufgeteilt werden. Das Verständnis natürlicher Sprache bedeutet, dass man sich einen gesprochenen oder geschriebenen Satz vornimmt und herausfindet, was er bedeutet, sodass etwas damit getan werden kann. Die Generierung
natürlicher Sprache beschäftigt sich mit dem Gegenteil: Man nimmt eine formelle
Darstellung dessen, was man sagen möchte, und findet eine Möglichkeit heraus, es
in Deutsch (oder einer anderen natürlichen[1] Sprache) auszudrücken. Dieses Kapitel

---

[1]  Der Begriff *natürliche* Sprache wird verwendet, um natürliche menschliche Sprachen wie z. B. Deutsch,
    Japanisch etc. von formellen Sprachen wie Computerprogrammiersprachen oder Logiken abzugrenzen.

beschäftigt sich hauptsächlich mit dem Verständnis der natürlichen Sprache mit dem Ziel, die Bedeutung eines deutschen Satzes zu finden.

Sprachverarbeitende Systeme werden entwickelt, um allgemeine Theorien zur menschlichen Sprachverarbeitung zu untersuchen, aber auch für praktische Aufgaben wie sprachverarbeitende Schnittstellen oder Frontends für Anwendungssysteme. Im letzteren Fall besteht die Aufgabe des sprachverarbeiteten Systems darin, die Äußerungen des Benutzers zu verstehen und sie für die Anwendung in eine geeignete Form zu übersetzen. Bei einem Frontend, welches die Sprachverarbeitung beherrscht, und einem Datenbanksystem besteht das Ziel z.B. darin, einen deutschen Satz in eine formelle Datenbankabfrage zu übersetzen.

Im Allgemeinen wird der Benutzer mit einem System kommunizieren wollen, indem er spricht oder etwas eingibt. Dabei ist es viel schwieriger, gesprochene Sprache zu verstehen als geschriebene – die Eingabe besteht nur aus den unbearbeiteten Sprachsignalen, die vom Mikrophon aufgenommen wurden. Bevor wir an der Bedeutung des Gesagten arbeiten können, müssen wir aus dem Sprachsignal die Wörter herausarbeiten, die gesprochen wurden. Dies wird als *Spracherkennung* bezeichnet. Hierbei handelt es sich um die erste Stufe des Sprachverständnisses und die Ausgabe ist die Abfolge der gesprochenen Wörter.

Wenn diese Abfolge von Wörtern erst einmal bestimmt wurde, kann der Rest des Verständnisprozesses in weitere Stadien eingeteilt werden: die syntaktische Analyse, die semantische Analyse und die Pragmatik. Zusammen mit der Spracherkennung erhalten wir die folgenden vier Stadien des natürlichsprachlichen Verständnisses, die auch in Abbildung 5.1 dargestellt sind.

**Spracherkennung:** Die unbearbeiteten Sprachsignale werden analysiert und die Abfolge der gesprochenen Wörter wird bestimmt.

**Syntaktische Analyse:** Die Abfolge der gesprochenen Wörter wird mit dem Wissen über die *Grammatik* der Sprache analysiert und die *Struktur* des Satzes wird bestimmt.

**Semantische Analyse:** Mit Informationen über die Struktur des Satzes und die Bedeutung der Wörter darin wird eine teilweise Darstellung der Bedeutung des gesamten Satzes erreicht.

**Pragmatische Analyse:** Schließlich wird diese erste Darstellung über die Bedeutung des Satzes mit Informationen über den *Kontext* erweitert, d.h. wie, wann und wo dieser Satz gesprochen wurde und wer ihn wem gegenüber geäußert hat.

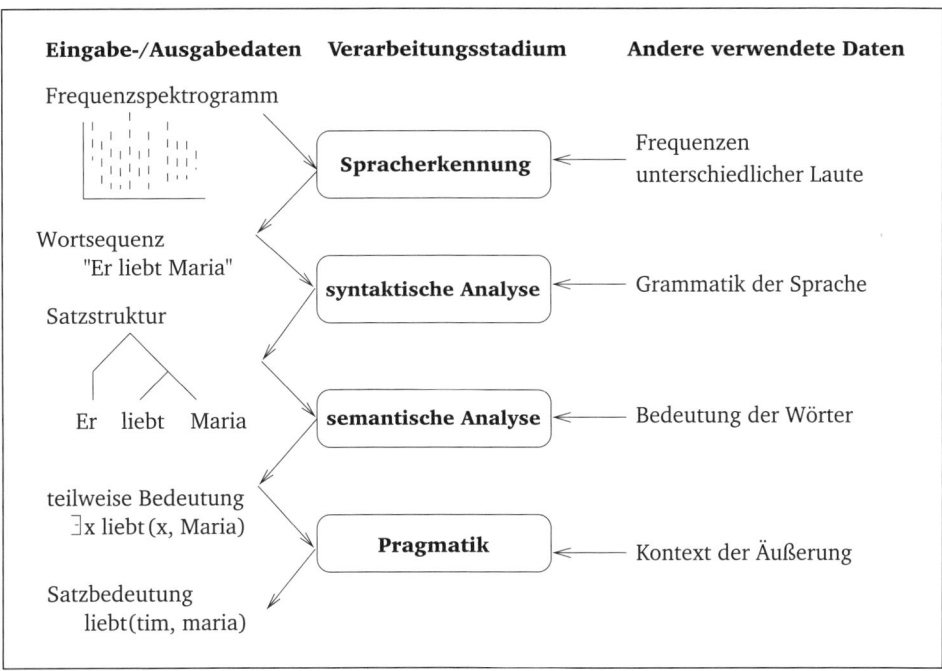

| Eingabe-/Ausgabedaten | Verarbeitungsstadium | Andere verwendete Daten |

Abbildung 5.1: Stadien des natürlichsprachlichen Verständnisses

Andere Bücher listen möglicherweise etwas andere Stadien auf. Es wird jedoch im Allgemeinen anerkannt, dass eine solche Aufteilung der Verständnisaufgaben nützlich ist.

Im Rest dieses Kapitels werden wir zuerst die einzelnen Stadien des Sprachverständnisses besprechen, wobei der Schwerpunkt auf der *syntaktischen Analyse* liegt. Dann wird das Problem der *Mehrdeutigkeit* von Sprache erörtert. Schließlich werden wir zurückkehren und einen kurzen Blick auf den anderen Aspekt der Sprachverarbeitung werfen, der *Generierung*.

## 5.2 SPRACHERKENNUNG

Spracherkennung ist der Prozess, in dem ein Sprachsignal analysiert und die Folge der gesprochenen Wörter bestimmt wird. Wenn diese Folge von Wörtern weiter analysiert wird, um ihre Bedeutung zu erhalten, wie es in späteren Abschnitten besprochen wird, dann bezeichnen wir den gesamten Prozess als *Sprachverständnis* (speech understanding).

Das Sprachverständnis ist schwer zu erreichen. Die Aussicht, dass es möglich ist, mit einem Computer über die alltägliche Sprache zu kommunizieren, ist aber sehr reizvoll. Schließlich sieht man Captain Kirk[1] in *Star Trek* niemals *tippen*. Die Sprachein-

---

[1]   Oder übrigens auch seinen Nachfolger Jean Luc Picard.

gabe erlaubt eine flexible Eingabe, ohne dass eine Tastatur erforderlich ist, kann, wenn nötig, über das Telefon und mit hoher Geschwindigkeit erfolgen, während die Hände für andere Dinge frei sind. Irgendwann in der Zukunft können wir uns vielleicht mit unserem Computer über jedes Thema unterhalten und er wird es verstehen und uns antworten. Aber auch ein eingeschränktes Sprachverständnis ist nützlich und Systeme mit eingeschränktem Sprachverständnis sind überall in Gebrauch.

## 5.2.1 EIN ÜBERBLICK ÜBER DEN SPRACHERKENNUNGSPROZESS

Abbildung 5.2 veranschaulicht, wie man ein *Frequenzspektrogramm* (frequency spectrogram) erhält, welches der Ausgangspunkt für unsere Analyse ist. Die Ausgabe von einem Mikrophon ist ein *analoges Signal*, das mit speziellen Filtern in unterschiedliche *Frequenzen* aufgeteilt werden kann. Das ist, als würde man ein Geräusch in Bereiche mit hohen Tönen und Bereiche mit tiefen Tönen aufteilen. Die Energiemenge jeder Frequenz kann an jedem Punkt gemessen werden. Dies wird als Frequenzspektrogramm aufgezeichnet, das für jeden Zeitpunkt die Quantität jeder interessanten Frequenz angibt. (In der Abbildung sollen die breiten Striche grob veranschaulichen, wo die Quantität einer Frequenz zu einer bestimmten Zeit sehr hoch sein könnte.)

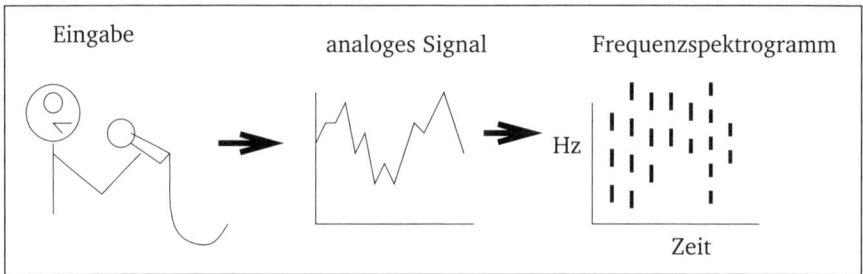

Abbildung 5.2: Sprachsignal

Liegt einem ein Frequenzspektrogramm vor, so besteht der nächste Schritt darin, herauszufinden, welchem Wort es entsprechen könnte. Dieser Schritt teilt sich in zwei Hauptstadien auf. Im ersten Stadium geht es darum, zu erraten, welche elementaren *Laute* in dem Signal auftauchen. Alle menschlichen Sprachen nutzen eine kleine Anzahl (40-50) elementarer Laute, die *Phoneme* genannt werden, beispielsweise der „a"-Laut in „Katze" und der „sch"-Laut in „Schule". Wir können für jedes Phonem ohne weiteres eine vollständige Bibliothek mit Frequenzspektrogrammen (*Vorlagen*) zusammenstellen. Wenn wir nun ein neues Spektrogramm haben, das einem Sprachfragment entspricht, können wir herausfinden, welche Phoneme geäußert werden, indem Fragmente des Spektrogramms mit Fragmenten in der Bibliothek verglichen werden, um die besten Übereinstimmungen zu finden. Dies wird als *Mustererkennung* (template matching) bezeichnet. Diese wird u. a. durch ein Verfahren mit der Bezeichnung *dynamische Zeitanpassung(DTW)* ermöglicht, das es erlaubt, auch dann eine gute Übereinstimmung zu finden, wenn die beiden Laute mit unterschiedlichen Geschwindigkeiten gesprochen wurden.

Im nächsten Stadium ist es erforderlich, anhand dieser Phoneme herauszufinden, welchem Wort/welchen Wörtern sie entsprechen. Wir könnten z.B. die Phoneme „s", „a", „ch" und „e" nehmen und daraus schließen, dass das Wort „Sache" lautet. Wenn das Ergebnis des vorherigen Stadiums verlässlich war und wenn ein bestimmtes Wort immer auf die gleiche Art ausgesprochen wird, dann wäre damit nur ein einfaches Nachschlagen und Vergleichen mit der phonetischen Aussprache von Wörtern aus dem Wörterbuch verbunden. Die Gewinnung der Phoneme aus den Sprachsignalen ist aber aus vielen verschiedenen Gründen, die als Nächstes erörtert werden, tendenziell sehr unzuverlässig. Die Ergebnisse des ersten Stadiums stellen vielleicht nur Wahrscheinlichkeiten für unterschiedliche mögliche Phoneme dar, die auf der Genauigkeit der Übereinstimmung basieren. Vielleicht gibt es eine 50-prozentige Wahrscheinlichkeit, dass es sich um einen „m"-Laut handelt, aber eine 30-prozentige Wahrscheinlichkeit, dass es ein „n"-Laut ist. Das alles kann dadurch noch weiter verkompliziert werden, dass in einer Sprache ein bestimmtes Wort manchmal auf unterschiedliche Weise ausgesprochen werden kann (z.B. das Wort „tomato" im Englischen).

Um herauszufinden, welches Wort ausgesprochen wurde (oder zumindest, bei welchem die Wahrscheinlichkeit am höchsten ist), werden alle möglichen *statistischen* Informationen herangezogen. Dazu gehören die Wahrscheinlichkeiten für die möglichen Phoneme, die Wahrscheinlichkeiten der unterschiedlichen Aussprachen und auch die Wahrscheinlichkeiten der Wörter selbst. Die Wahrscheinlichkeit für ein bestimmtes Wort hängt wiederum davon ab, welches Wort oder welche Wörter davor auftraten (z.B. ist es unwahrscheinlich, dass auf „eine" „das" folgt). Zu den Methoden, die verwendet werden, um die Wahrscheinlichkeit für unterschiedliche Wörter zu bestimmen, zählt eine statistische Technik mit der Bezeichnung *Hidden-Markov-Modellierung (HMM)*. Diese statistischen Methoden, die zu komplex sind, um hier erörtert zu werden, sind in der Spracherkennung sehr erfolgreich.

## PRAKTISCHE ANWENDUNGEN

Einfache Spracherkennungsprogramme sind recht weit verbreitet, besonders bei Telefonanwendungen. Zum Beispiel nutzt eine amerikanische Telefongesellschaft die Spracherkennung, um R-Gespräche und andere Dienstleistungen abzuwickeln. Das System fragt nach dem Namen des Anrufers, zeichnet ihn auf, wählt die Nummer und fragt dann die angerufene Person, ob sie die Gebühren übernimmt. Es muss dann nur bestimmen, ob die Antwort Ja oder Nein lautet (oder eine Variante davon, wie z.B. „Klar, sicher."). Falls ihm das nicht gelingt, kann es die Kontrolle an einen menschlichen Vermittler übergeben. Dieses System benötigt offensichtlich nur ein geringes Vokabular, muss aber sprecherunabhängig sein. Es bedient sich einer Reihe von Vorlagen, um alle unterschiedlichen Aussprachen von Ja, Nein und deren Varianten abzudecken.

Spracherkennungssysteme sind auch bei telefonischen Dienstleistungen von Banken im Einsatz. Auch hier ist normalerweise ein sehr geringes Vokabular zulässig, wie z.B. die Ziffern null bis neun, Ja, Nein etc. Der Dialog mit dem Benutzer muss sehr eingegrenzt oder *gelenkt* sein, um sicherzustellen, dass der Benutzer mit einer der erwarteten Möglichkeiten antwortet.

## 5.2.2 PROBLEME UND KOMPLIKATIONEN

Das wesentliche Problem bei der Spracherkennung besteht darin, dass es keine einfache Zuordnung von Sprachsignalen zu einem Wort gibt. Das gleiche Wort kann von unterschiedlichen Sprechern auf unterschiedliche Weise ausgesprochen werden, besonders wenn sie unterschiedliche Dialekte sprechen oder unterschiedlichen Geschlechts sind. Auch der gleiche Sprecher wird bei unterschiedlichen Gelegenheiten Wörter anders aussprechen, schnell oder langsam und mit variierender Intonation sprechen. Der gleiche Laut kann in manchen Sprachen auch mehreren möglichen Wörtern entsprechen (z.B. bear und bare im Englischen).

Da in der alltäglichen gesprochenen Sprache meist keine Lücken zwischen den Wörtern sind, kann es auch schwierig sein, herauszufinden, wo ein Wort endet und ein anderes beginnt. Ein berühmtes Beispiel dafür ist die Äußerung „How to recognize speech", die fast genauso klingen kann wie „How to wreck a nice beach"! Hintergrundgeräusche können das Problem noch weiter verkomplizieren: Wir müssen möglicherweise die Signale, die vom Rauschen des Windes in den Bäumen oder vom Telefonklingeln im Hintergrund herrühren, von den Signalen trennen, die das Wort „Hallo" beinhalten, das Fred von sich gibt. Wenn die Worte am Telefon gesprochen werden, kommen noch weitere Probleme hinzu. Hohe Frequenzen können vom Telefonsystem verschluckt werden, sodass bestimmte Phoneme (wie z.B. „f" und „s") fast gleich klingen.

Aufgrund dieser Probleme stellen Spracherkennungssysteme häufig eine oder mehrere vereinfachende Annahmen auf. Die erste Annahme ist, dass sie sich immer nur mit einem *einzelnen Sprecher* beschäftigen. Im Gegensatz dazu stehen *sprecherunabhängige* Systeme, die mit jedem beliebigen Sprecher umgehen sollen. Bei einem Ein-Sprecher-System können die Vorlagen, die verwendet werden, um die Phoneme in Übereinstimmung zu bringen, von diesem speziellen Sprecher kommen. Der Sprecher *trainiert* das System, indem er einige bestimmte Laute oder Wörter äußert, die bei der Erkennung verwendet werden.

Eine weitere vereinfachende Annahme ist, dass die Eingabe aus einem Wort nach dem anderen mit signifikanten Pausen zwischen den Wörtern besteht. *Spracherkennungsprogramme für einzelne Wörter* beschäftigen sich mit derartigen Eingaben. *Spracherkennungsprogramme für fortlaufende Sprache* versuchen, mit normaler fortlaufender Sprache ohne diese Pausen umzugehen.

Die Spracherkennung ist auch dann einfacher, wenn wir es mit *eingeschränktem Vokabular* zu tun haben. Als extremes Beispiel könnte ein nützliches System vielleicht nur zwischen den Wörtern „Ja" und „Nein" oder den Ziffern null bis neun unterscheiden. Schließlich kann ein Sprachsystem auch voraussetzen, dass der Sprecher in einer ruhigen Umgebung ohne merkliche Hintergrundgeräusche arbeitet.

Ein Spracherkennungssystem kann z.B. als „sprecherunabhängiges System für fortlaufende Sprache mit einem Vokabular von 500 Wörtern" beschrieben werden. Solche Systeme (d.h. recht universelle Systeme mit nur wenigen vereinfachenden Annahmen) können bei dem jetzigen Stand der Technik ungefähr 80-90 % der Wörter richtig erkennen. Das ist nicht wirklich gut genug für die heutigen praktischen Anwendungen. Systeme, die von noch vereinfachenderen Annahmen ausgehen, sind möglicherweise genauer und derzeit in stärkerem praktischen Gebrauch.

### 5.2.3 SPRACHVERSTÄNDNIS

Die Ausgabe eines Spracherkennungssystems ist nur eine Folge oder Folgen von Wörtern, wobei vielleicht mit Wahrscheinlichkeiten angezeigt wird, welche mögliche Folge wahrscheinlicher ist. Bei einigen Anwendungen ist diese Wortfolge alles, was benötigt wird. Ein Telefonsystem möchte z.B. vielleicht nur bestimmen, ob der Sprecher auf eine Frage mit Ja oder Nein geantwortet hat, und entsprechende Schritte unternehmen. Ein automatisches Diktierprogramm gibt vielleicht nur den Text aus, damit er in einem Textverarbeitungsprogramm weiterverarbeitet werden kann.

Bei interessanteren Anwendungen müssen wir jedoch die Bedeutung der Folge von Wörtern bestimmen. Dafür benötigen wir die nächsten Stadien des natürlichsprachlichen Verständnisses, die weiter unten erörtert werden[1].

## 5.3 SYNTAKTISCHE ANALYSE

Die syntaktische Analyse hilft uns zu verstehen, wie Wörter zusammengestellt werden, um komplexe Sätze zu bilden, und sie gibt uns einen Ausgangspunkt, um die Bedeutung des ganzen Satzes zu ergründen. Sehen Sie sich z.B. die folgenden Sätze an:

(1) Der Hund fraß den Knochen.

(2) Der Knochen wurde vom Hund gefressen.

Das Verständnis der *Struktur* des Satzes mit Hilfe der Syntaxregeln hilft uns herauszufinden, dass es der Knochen ist, der gefressen wird, und nicht der Hund. Eine einfache Regel wie „Es ist das zweite Substantiv, das gefressen wird" funktioniert einfach nicht.

---

[1] Die Art des weiteren Vorgehens beim natürlichsprachlichen Verständnis kann, wenn die Eingabe aus gesprochenen Daten besteht, auf Grund der Unsicherheiten bei den Daten und der Tatsache, dass Sprache häufig nicht *grammatikalisch* ist, etwas anders sein. Um die Dinge zu vereinfachen, gehen wir einfach davon aus, dass konventionelle Sprachverarbeitungsmethoden verwendet werden.

Die syntaktische Analyse erlaubt uns, eine mögliche Gruppierung von Wörtern in einem Satz zu bestimmen. Manchmal wird es nur eine mögliche Gruppierung geben, sodass wir dann direkt die Bedeutung herausfinden können. In dem folgenden Satz:

(3) Der Hase mit den langen Ohren erfreute sich an einem großen grünen Salatkopf.

können wir z.B. mit den Syntaxregeln herausfinden, dass „der Hase mit den langen Ohren" eine Gruppe bildet (eine Substantivphrase) und „ein großer grüner Salatkopf" eine weitere Gruppe von Substantivphrasen bildet. Wenn wir damit anfangen, die Bedeutung des Satzes zu bestimmen, können wir zuerst die Bedeutung dieser Wortgruppen bestimmen, bevor wir sie kombinieren, um die Bedeutung des gesamten Satzes zu erhalten.

In anderen Fällen kann es viele mögliche Gruppierungen von Wörtern geben. Zum Beispiel gibt es für den Satz „Tim sah Maria mit dem Teleskop" zwei unterschiedliche Deutungen, basierend auf den folgenden Gruppierungen:

(4i) Tim sah (Maria mit einem Teleskop). D.h., Tim sah Maria, die ein Teleskop hält.

(4ii) Tim (sah Maria mit einem Teleskop). D.h., Tim sah sie durch ein Teleskop an.

Wenn es viele mögliche Gruppierungen gibt, ist der Satz syntaktisch mehrdeutig. Manchmal sind wir in der Lage, allgemeines Wissen zu nutzen, um auszuarbeiten, welches die gewünschte Gruppierung ist – ziehen Sie z.B. den folgenden Satz in Betracht:

(5) Ich sah den Kölner Dom auf dem Flug nach Frankfurt.

Es gibt zwei mögliche Deutungen. Bei der einen fliegt der Sprecher (vermutlich in einem Flugzeug) und sieht auf den Kölner Dom herunter. Bei der anderen fliegt der Dom selbst. Wir können wohl vermuten, dass der Kölner Dom nicht fliegt! Also ist dieser Satz zwar syntaktisch mehrdeutig, aber nicht, wenn wir allgemeines Wissen über Kirchen zur Anwendung bringen. In Beispiel (4) ist allgemeines Wissen nicht ausreichend, um die beabsichtigte Bedeutung auszuarbeiten. Wenn wir aber etwas über Tim und Maria wissen (z.B. dass Tim die Gewohnheit hat, Mädchen mit einem Teleskop zu beobachten), können wir wiederum auf die beabsichtigte Bedeutung schließen. Dies wird ausführlich in Abschnitt 5.6 erörtert.

Die syntaktische Analyse ist bei der Bestimmung der Bedeutung eines Satzes sehr hilfreich, indem mögliche Strukturen (meist Wortgruppen) ausgearbeitet werden. Wie weiter oben erörtert wurde, kann es alternative Strukturen geben und die richtige (d.h. die, die vom Sprecher oder Schreibenden beabsichtigt ist) kann nur mit zusätzlichen Informationen bestimmt werden. Es ist aber meistens angebracht, mit der Syntax zu beginnen. Im Rest dieses Abschnitts gehen wir darauf ein, wie eine solche Analyse vorgenommen wird.

## 5.3.1 DAS SCHREIBEN EINER GRAMMATIK

Syntaxregeln geben die mögliche Organisation von Wörtern in Sätzen an und erlauben uns, die Struktur eines bestimmten Satzes zu bestimmen (oder die möglichen Strukturen), und helfen uns damit, seine Bedeutung zu bestimmen. Sie werden festgelegt, indem eine *Grammatik* für die Sprache geschrieben wird. Um die Struktur eines Satzes zu analysieren, benötigen wir außerdem einen *Syntaxanalysierer (Parser)*, der mit einem bestimmten Satz (oder einer Folge von „Symbolen") und einer Grammatik prüft, ob der Satz entsprechend der Grammatik richtig ist, und eine Darstellung der Satzstruktur ausgibt, wenn dies der Fall ist. Die Struktur wird normalerweise als *Ableitungsbaum* (parse tree) für den Satz zurückgegeben, der die möglichen Gruppierungen von Wörtern in syntaktische Bestandteile der höheren Ebene angibt. Dieser Abschnitt wird beschreiben, wie einfache Grammatiken geschrieben werden können, wobei der Schwerpunkt auf dem Formalismus der definiten Klauselgrammatik (DCG) liegt, der in Prolog sehr einfach behandelt werden kann. Der folgende Abschnitt wird den Ableitungsprozess ausführlicher erörtern.

Die Grammatik einer natürlichen Sprache gibt zulässige Satzstrukturen im Sinne elementarer syntaktischer Kategorien wie Substantive und Verben an. Sie wird ähnlich definiert wie eine Grammatik für eine Programmiersprache, muss aber komplexer sein. Aufgrund der Komplexität der natürlichen Sprache ist es unwahrscheinlich, dass eine Grammatik alle möglichen grammatikalischen Sätze abdeckt.

In der natürlichen Sprache analysieren wir die Syntax der Sprache normalerweise nicht, um zu überprüfen, ob sie „richtig" ist. Wir analysieren die Syntax der Sprache, um die Struktur zu bestimmen und die Bedeutung herauszufinden. Die meisten Grammatiken beschäftigen sich nur mit der Struktur von grammatikalisch korrektem Deutsch, da die Syntaxanalyse viel komplexer wird, wenn man ungrammatikalisches Deutsch zulässt. Es ist außerdem einfacher, Grammatiken einzuführen, indem nur erwogen wird, wie eine Grammatik geschrieben wird, die grammatikalisch richtige Sätze „erkennt", aber keine falschen. Das Problem, die Struktur zurückzubringen, kann auf später verschoben werden.

Ein Ausgangspunkt für die Beschreibung der Struktur einer natürlichen Sprache besteht darin, eine einfache *kontextfreie* Grammatik zu verwenden (wie sie häufig eingesetzt wird, um die Syntax einer Programmiersprache zu beschreiben). Wir möchten nun eine Grammatik schreiben, die Sätze wie die folgenden erkennt:

1. Tim aß den Keks.
2. Der Löwe fraß den Schizophrenen.
3. Der Löwe küsste Tim.

Sie soll aber falsche Sätze wie diese nicht erkennen:

1. Aß Tim Keks den.
2. Schizophrenen der Löwe den fraß.
3. Keks Löwe küsste.

Eine einfache Grammatik, die diese Sätze behandelt, sehen Sie in Abbildung 5.3. Die verwendete Notation ist die der definiten Klauselgrammatik (Definite Clause Grammar, DCG) oder genauer gesagt die DCG-Notation von Prolog. Hierbei handelt es sich im Grunde um eine Variante der BNF-Notationen, die häufig verwendet werden, um die Syntax von Programmiersprachen zu beschreiben (die Symbole ::= oder nur = werden in BNF manchmal anstelle von --> verwendet, bedeuten aber genau das Gleiche). Die erste Regel besagt, dass ein Satz *aus* einer Substantivphrase und einer Verbphrase *besteht*. Die Substantivphrase entspricht dem *Subjekt* des Satzes – das Ding, das etwas tut. Die Verbphrase entspricht dem *Prädikat* – dem Ding, das getan wird. Also ist in dem Satz „Tim aß den Keks" „Tim" die Substantivwendung (Tim tut etwas) und „aß den Keks" die Verbphrase (das, was er tut).

```
satz                  -->   substantiv_phrase, verb_phrase
substantiv_phrase     -->   passendes_substantiv
substantiv_phrase     -->   bestimmungswort, substantiv
verb_phrase           -->   verb, substantiv_phrase

passendes_substantiv  -->   [maria]
passendes_substantiv  -->   [tim]
substantiv            -->   [schizophrener]
substantiv            -->   [keks]
verb                  -->   [aß]
verb                  -->   [küsste]
bestimmungswort       -->   [der]
```

Abbildung 5.3: Eine einfache deutsche Grammatik

Die übrigen Regeln können wie folgt gelesen werden. Eine Substantivphrase besteht entweder aus einem passenden Substantiv (zweite Regel) *oder* einem Bestimmungswort (ein Wort wie „der" oder „einer"), gefolgt von einem Substantiv. Eine Verbphrase besteht aus einem Verb (z.B. „aß") und einer Substantivphrase.

Die Regeln am Ende sind eigentlich wie Wörterbucheinträge, die die syntaktischen Kategorien von unterschiedlichen Wörtern angeben. Das Format, das für sie angegeben wird (d.h. in eckigen Klammern), ist die einfachste Methode, solche Einträge auszudrücken, wenn der DCG-Formalismus von Prolog verwendet wird.

Sehen Sie sich noch einmal die Beispielsätze von oben an. Der Satz „Tim aß den Keks" besteht aus einer Substantivphrase „Tim" und einer Verbphrase „aß den Keks". Die Substantivphrase ist einfach ein passendes Substantiv, während die Verbphrase aus dem Verb „aß" und einer weiteren Substantivphrase („den Keks") besteht. Diese Substantivphrase besteht aus einem Bestimmungswort „den" und einem Substantiv „Keks". Die falschen Sätze werden von der Grammatik ausgeschlossen. Zum Beispiel beginnt „Keks Löwe küsste" mit zwei Substantiven, was in der Grammatik nicht zulässig ist. Es sind aber einige merkwürdige Sätze zulässig, wie z.B. „Der Keks küsste Tim". Der Satz ist semantisch zwar merkwürdig, syntaktisch aber zulässig und sollte daher von der Grammatik erkannt werden.

Für eine bestimmte Grammatik können wir die syntaktische Struktur des Satzes veranschaulichen, indem wir einen *Ableitungsbaum* verwenden, der herausstellt, in welche unterschiedliche syntaktische Bestandteile der Satz zergliedert wird. Diese Art der Information kann für eine spätere semantische Verarbeitung nützlich sein. Abbildung 5.4 zeigt den Ableitungsbaum für „Tim aß den Löwen", wenn die Grammatik aus Abbildung 5.3 gegeben ist. Im nächsten Abschnitt werden wir uns ansehen, wie solche Ableitungsbäume in Prolog mit einer DCG-Grammatik zurückgegeben werden können.

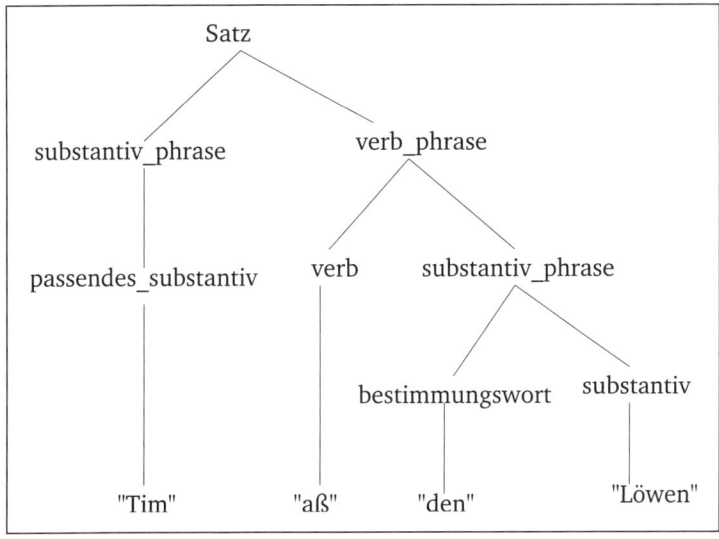

Abbildung 5.4: Ableitungsbaum für „Tim aß den Löwen"

Die oben verwendete Grammatik ist natürlich sehr eingeschränkt. Sie kann keine komplexen Sätze (wie diesen hier) behandeln, wird aber einige Sätze erkennen, die wir als ganz offensichtlich ungrammatikalisch ansehen würden. Sehen Sie sich die beiden folgenden Sätze an:

- ❖ Maria esst den Löwen.
- ❖ Maria isst den wilden Löwen.

Wenn „esst" und „isst" als Verben kategorisiert werden, dann ist der erste Satz entsprechend der weiter oben eingeführten einfachen Grammatik akzeptabel, während der zweite nicht akzeptabel ist – wir haben in unserer Grammatik keine Adjektive erwähnt. Trotzdem sollte der erste Satz NICHT zulässig sein, da es „isst" statt „esst" heißen müsste, damit die zahlenmäßige Übereinstimmung von Subjekt und Verb korrekt ist. Der zweite Satz sollte offensichtlich zulässig sein. Um mit dem ersten Problem umzugehen, benötigen wir eine Methode, um die zahlenmäßige Übereinstimmung zwischen Subjekten und Verben zu erzwingen, sodass Dinge wie „Ich bin ..." und „Wir sind ... " akzeptiert werden, aber nicht „Ich sind ... " und „Wir bin ...". Um das zweite Problem zu beheben, müssen wir zu unserer Grammatik weitere Regeln hinzufügen.

Um eine Übereinstimmung zwischen Subjekt und Verb zu erzwingen, besteht die einfachste Methode darin, Argumente zu den Grammatikregeln hinzuzufügen. Dies bedeutet streng genommen, dass die Grammatik nicht mehr 'kontextfrei' ist, was aber im DCG-Formalismus erlaubt ist. Wenn wir uns nur mit Substantiven im Singular und Plural beschäftigen, erhalten wir vielleicht die Regeln und Wörterbucheinträge, die Sie in Abbildung 5.5 sehen. Für diejenigen, die nicht mit Prolog vertraut sind: Großbuchstaben zeigen *Variablen* an, also ist Num eine Variable, während das s einen speziellen Eintrag kennzeichnet, in diesem Fall ein Substantiv oder Verb im Singular. Hier verweist der Wert von Num auf die *Stelligkeit* eines Substantivs oder Verbs, die singularisch (s) oder pluralisch (p) sein kann.

```
satz                      -->  substantiv_phrase (Num), verb_phrase (Num)
substantiv_phrase (Num)   -->  passendes_substantiv(Num)
substantiv_phrase (Num)   -->  bestimmungswort(Num), substantiv(Num)
verb_phrase (Num)         -->  verb(Num), substantiv_phrase (_)

passendes_substantiv(s)   -->  [maria]
substantiv(s)             -->  [löwe]
substantiv(p)             -->  [löwen]
best(s)                   -->  [den]
best(p)                   -->  [die]
verb(s)                   -->  [isst]
verb(p)                   -->  [essen]
```

Abbildung 5.5:  Eine einfache Grammatik mit zahlenmäßiger Übereinstimmung zwischen Subjekt und Verb

Die Grammatik kann wie folgt gelesen werden: Ein Satz besteht aus einer Substantivphrase und einer Verbphrase, von denen beide eine zugeordnete Zahl Num haben, die gleich sein sollte. Eine Substantivphrase mit einer zugeordneten Zahl besteht entweder aus einem passenden Substantiv oder einem Bestimmungswort und einem Substantiv, und zwar alle mit der relevanten Zahl. Eine Verbphrase besteht aus einem Verb der angegebenen Zahl mit einer zusätzlichen Substantivphrase. Letztere Substantivphrase muss NICHT mit der Zahl des Verbs übereinstimmen (denken Sie an „Tim isst die Mohrrübe" und „Tim isst die Mohrrüben"). Dies wird daher mit einem „_"-Symbol angezeigt, das Prolog-Programmierern bekannt sein sollte. Hier kann es aber als ein „ist egal"-Symbol angesehen werden. Schließlich ist bei jedem Wörterbucheintrag die Anzahl als s oder p angegeben.

Im Allgemeinen ist es viel komplexer, eine Übereinstimmung in einer Grammatik richtig festzulegen. Wir benötigen recht komplexe Regeln und müssen außerdem noch weitere Informationen in den Wörterbucheinträgen angeben. Ein gutes Wörterbuch wird nicht alles explizit angeben, sondern allgemeine Informationen über die Wortstruktur auswerten, z.B. die Tatsache, dass bei einem Verb wie „gehen" in der dritten Person Singular im Allgemeinen am Ende ein „t" steht: gehen/geht, hören/hört etc. Die *Morphologie* ist der Bereich der Verarbeitung natürlicher Sprache, der sich mit der Struktur von Wörtern beschäftigt.

Damit wir Adjektive zulassen können, müssen wir die Grammatik um ein oder zwei zusätzliche Regeln erweitern, z.B.

```
substantiv_ phrase (Num)    -->   bestimmungswort(Num), adjektive, substantiv(Num)
adjektive                   -->   []
adjective                   -->   adjektiv, adjektive

adjektiv                    -->   [wild]
adjektiv                    -->   [hässlich]
```

Das heißt, dass Substantivphrasen aus einem Bestimmungswort, einem Adjektiv und einem Substantiv bestehen können. Adjektive können entweder nicht vorhanden sein (sie sind optional) oder aus einem Adjektiv und noch weiteren Adjektiven bestehen. Mit diesen Eigenschaften können wir nun Sätze wie „Der wilde hässliche Löwe frisst Maria" ableiten.

Beachten Sie, dass die Adjektivregel *rekursiv* ist (d.h. auf sich selbst verweist). Sie lässt jede Anzahl von Adjektiven zu, von keinem bis zu einer unendlichen Liste. Logischerweise hätten wir die Regel auch als adjektive --> adjektive, adjektiv schreiben können. Das wäre aber *links rekursiv* (left recursive) und die meisten einfachen Syntaxanalysierer wären nicht in der Lage, damit umzugehen, und würden in eine Endlosschleife übergehen. Genau das gleiche Problem tritt beim Schreiben von rekursiven Funktionen oder Prozeduren in den meisten Programmiersprachen auf, sodass es für Programmierer ein vertrautes Problem sein sollte.

Bisher haben wir, ausgehend von einer ganz einfachen Grammatik, gezeigt, wie diese erweitert werden kann, um mit etwas komplexeren Sätzen oder grammatikalischen Beschränkungen umzugehen. Um einige weitere Methoden der Erweiterung einer Grammatik zu veranschaulichen, sehen Sie sich den folgenden Satz an: „Der Mann mit dem haarigen Bart isst unsicher das Rindfleisch, das Europa zurückweist." Zuerst muss eine Grammatik mit *Adjektiven* wie „haarig" und *Adverbien* wie „unsicher" arbeiten können. Als Nächstes muss sie mit *präpositionalen Ausdrücken* wie „mit dem haarigen Bart" umgehen, die eine Substantivphrase *modifizieren*, indem sie zusätzliche Informationen über das Substantiv hinzufügen. Außerdem müssen *Relativsätze* wie „das Europa zurückweist" behandelt werden; Relativsätze modifizieren ebenfalls eine Substantivphrase. Genau dieser Relativsatz ist kompliziert und beschreibt ein Phänomen, das als *Filler Gap Dependency* bezeichnet wird. Es ist jetzt nicht wichtig, alle diese Begriffe zu verstehen, sondern es geht darum, sich der damit verbundenen Komplexität bewusst zu werden.

Sogar dieser recht einfache und künstlich konstruierte Satz erfordert eine einigermaßen komplexe Grammatik, damit er richtig erkannt werden kann. Um komplexere Sätze abzudecken, wie z.B. solche in diesem Absatz, müsste die Grammatik noch viel weiter ausgedehnt werden, möglicherweise unter Verwendung eines anspruchsvolleren grammatikalischen Formalismus. Eine Grammatik, die einen signifikanten Teil der deutschen Sprache abdeckt, könnte aus hunderten von Regeln bestehen.

Ein letzter Punkt sollte noch erwähnt werden, bevor wir diesen Abschnitt beenden. Zu Beginn des Abschnitts haben wir erwähnt, dass der Sinn der syntaktischen Analyse darin besteht, die Struktur zu bestimmen, die sie dem Satz zuweist, sodass diese Struktur dabei helfen kann, die Bedeutung des Satzes herauszufinden. Dieses anfängliche Ziel ging bei der Erörterung darüber verloren, wie eine Grammatik geschrieben wird, um sicherzustellen, dass richtige Sätze erkannt und falsche abgelehnt werden. Eine Grammatik sollte *außerdem* sicherstellen, dass die Struktur des Satzes sinnvoll ist und zusammengehörige Wörter auch zusammen angeordnet sind. Das folgende Fragment einer Grammatik führt z.B. nicht dazu, dass verbundene Wörter zusammen angeordnet werden, obwohl sie ähnliche Sätze akzeptiert wie die Grammatik in Abbildung 5.3:

```
satz --> best, substantivverbbest, substantiv.

substantivverbbest --> substantiv, verb, best.
```

In dem Satz „Der Hund fraß den Löwen" ist die Gruppierung mit dieser Grammatik „Der (Hund fraß den) Löwen", während sie der Grammatik in Abbildung 5.3 zufolge „(Der Hund) (fraß (den Löwen))" ist, was viel sinnvoller ist, wie Sie hoffentlich sehen können. Jeder eingeklammerte Teil ist selbst (bis zu einem bestimmten Grad) bedeutungsvoll. Dieses Merkmal macht es viel einfacher, diese Struktur zu benutzen, um die Bedeutung des gesamten Satzes herauszufinden, indem man sich die Bedeutung der einzelnen Teile des Satzes ansieht. Auf diesen Punkt werden wir in Abschnitt 5.4 ausführlicher eingehen.

### 5.3.2 SYNTAXANALYSE

Eine Grammatik ist aber nicht ausreichend, um die Syntax einer natürlichen Sprache zu analysieren – Sie brauchen einen Syntaxanalysierer. Der Syntaxanalysierer sollte nach möglichen Methoden suchen, wie die Regeln der Grammatik genutzt werden können, um den Satz abzuleiten; die Syntaxanalyse kann als Art Suchproblem angesehen werden[1]. Im Allgemeinen kann es viele unterschiedliche Regeln geben, die genutzt werden können, um eine bestimmte syntaktische Kategorie zu „erweitern" oder *neu zu schreiben*, und der Syntaxanalysierer muss sie alle prüfen, um zu sehen, ob der Satz mit einer Kombination aus ihnen geparst werden kann. In unserer Minigrammatik weiter oben gab es z.B. zwei Regeln für substantiv_ausdruecke; beim Ableiten kann entweder die eine oder die andere verwendet werden.

Um also einen Satz abzuleiten, müssen wir alle Möglichkeiten durchsuchen und erfolgreich alle möglichen syntaktischen Strukturen durchgehen, um eine zu finden, die auf den Satz passt. Dafür gibt es viele Methoden, die sich in Komplexität und Effizienz unterscheiden. Eine Methode besteht im Grunde darin, eine Tiefensuche durch den Ableitungsbaum durchzuführen und im Baum zurückzugehen (Backtracking), wenn ein Wort in dem Satz nicht mit der erwarteten syntaktischen Kategorie überein-

---

[1]  Während die Grammatiken von Computersprachen so (um)geschrieben werden können, dass die Notwendigkeit einer Suche im Ableitungsprozess vermieden werden kann, ist das bei natürlichen Sprachen nicht möglich. Daher sind die Syntaxanalysierer häufig ein wenig komplexer.

stimmt. Diese Methode ist in Prolog eingebaut, was bedeutet, dass kein separater Syntaxanalysierer notwendig ist, wenn DCGs in Prolog verwendet werden. DCGs werden sogar von Prolog nur in gewöhnlichen Prolog-Code übersetzt und der normale Prolog-Backtracking-Mechanismus wird genutzt, um einen Satz abzuleiten.

Die Grammatiken, die in Abbildung 5.3 und 5.5 aufgeführt sind, können ohne Zusätze direkt als Prolog-Programme verwendet werden, um zu bestimmen, ob ein Satz entsprechend der Grammatik syntaktisch akzeptabel ist. Das Ergebnis ist, wie bei Prolog-Programmen üblich, nur „Ja" oder „Nein". Dies kann zwar nützlich sein, wenn Sie die grammatikalische Richtigkeit eines Satzes prüfen möchten, ist aber wenig sinnvoll, wenn Sie die Bedeutung eines Satzes bestimmen wollen. Dafür gibt es zwei alternative Verfahren, die verwendet werden können. Das erste Verfahren besteht darin, die semantische mit der syntaktischen Analyse zu *kombinieren*. Das wird in Abschnitt 5.4 ausführlicher erörtert, aber im Grunde geht es darum, dass die Bedeutung eines Satzes im Einklang mit seiner Struktur analysiert wird, wobei diese aus den Bedeutungen der Teile gebildet wird, die entsprechend der Syntax gruppiert werden. Das zweite Verfahren besteht darin, den *Ableitungsbaum* zurückzugeben (auf den weiter oben verwiesen wurde) und dies dafür zu nutzen nutzen, um ein separates Stadium der semantischen Analyse zu steuern. Auf dieses Verfahren wollen wir an dieser Stelle kurz eingehen.

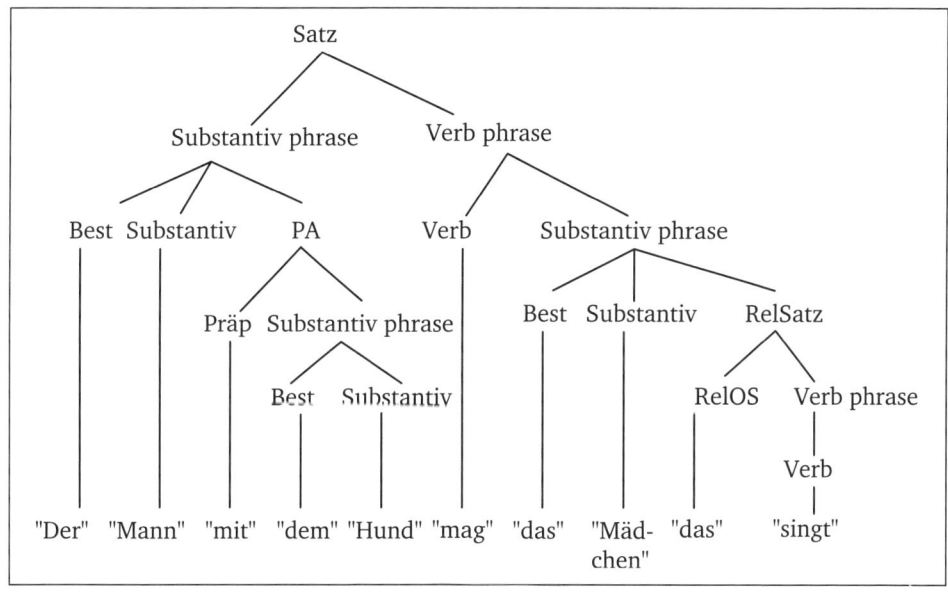

Abbildung 5.6: Ein weiterer Ableitungsbaum

Der Ableitungsbaum sollte die Struktur des Satzes entsprechend der Grammatik widerspiegeln. Das Beispiel in Abbildung 5.4 veranschaulicht dies. Das oberste Symbol im Ableitungsbaum wird satz sein. Entsprechend der Grammatik kann ein Satz aus einer Substantivphrase und einer Verbphrase bestehen, sodass dies von den relevanten Ästen des Baums angezeigt wird. Eine Substantivphrase kann aus einem passenden Substantiv oder einem Bestimmungswort und einem Substantiv bestehen. Für das erste Wort „Tim" gilt der erste Fall, während für „den Löwen" der zweite Fall gilt. Diese Wahlmöglichkeiten spiegeln sich im Baum wider. Abbildung 5.6 stellt einen etwas komplexeren Ableitungsbaum dar; dieser wird außerdem als nützlicher Hinweis für Übung 5.1 dienen.

Eine grafische Darstellung eines Ableitungsbaums ist zwar nützlich zur Visualisierung, die Informationen über die Baumstruktur können aber auch textlich dargestellt werden. Die folgende Struktur (die angenehmerweise direkt in Prolog bearbeitet werden kann) fängt die Baumstruktur in Abbildung 5.4 ein (wobei Abkürzungen für Satz, Substantivwendung etc. verwendet werden):

```
s(sa(os(tim)), va(v(ass), sa(b(den), s(loewen))))
```

Es stellt sich heraus, dass es möglich ist, solche Strukturen sehr einfach in der DCG-Notation von Prolog zu konstruieren, indem einfach ein zusätzliches Argument zu jedem Ausdruck hinzugefügt wird. Dieses zusätzliche Argument wird verwendet, um eine Struktur wie die obige aufzubauen. Dies wird in der gleich folgenden Regel dargestellt. Für ausführliche Einzelheiten sollten Sie aber ein Buch über Prolog zu Rate ziehen – die meisten werden auf dieses Thema eingehen.

```
substantiv_phrase(sa(BestBaum, SubstBaum)) -->
    bestimmungswort(BestBaum),
    substantiv(SubstBaum).


Substantiv(s(banane)) --> [banane].
```

Es ist sehr einfach, Grammatiken als DCGs zu beschreiben und den eingebauten Backtracking-Mechanismus von Prolog für das Ableiten zu verwenden. Wir können durch Backtracking sogar alle möglichen Ableitungen erhalten. Es ist aber auch einfach, auf diese Weise ein sehr ineffizientes System zu schreiben. Es kann passieren, dass erfolgreich abgeleitete Fragmente verworfen werden, wenn es zum Backtracking kommt, und die Syntaxanalyse erneut ausgeführt werden muss. Andere Ableitungsmethoden können versuchen, dies zu vermeiden. Zum Beispiel zeichnet ein Syntaxanalysierer mit *Tabelle* explizit in einer speziellen Datenstruktur alle möglichen Ableitungen jedes Satzteils auf, sodass sie niemals verworfen werden. Für Informationen über weitere Ableitungsmethoden sollten Sie in einem der am Ende dieses Kapitels empfohlenen Bücher nachschlagen.

# 5.4 SEMANTIK

Die verbleibenden beiden Stadien der Analyse, die Semantik und die Pragmatik, beschäftigen sich damit, zur *Bedeutung* eines Satzes zu gelangen. Im ersten Stadium (Semantik) wird basierend auf den möglichen syntaktischen Strukturen des Satzes und den Bedeutungen der einzelnen Wörter in diesem Satz eine teilweise Repräsentation der Bedeutung gewonnen. Im zweiten Stadium (Pragmatik) wird die Bedeutung basierend auf *Kontext*wissen und Wissen über die Welt weiter ausgearbeitet.

Das Ziel der semantischen Interpretation besteht darin, eine Möglichkeit zu finden, wie die Bedeutung des ganzen Satzes auf einfache Art aus der Bedeutung der Satzteile zusammengesetzt werden kann. Dies wird als kompositionelle Semantik (compositional semantics) bezeichnet. Dieses Verfahren mag zwar nicht immer möglich sein, ist es aber möglich, macht es das Leben viel einfacher[1]. Durch die syntaktische Analyse wird der Satz in seine bedeutungsvolle Teile aufgeteilt.

Im Allgemeinen kann die Bedeutung eines Satzes mit Hilfe eines der Wissensrepräsentationsschemata, die in Kapitel 2 erwähnt wurden, auf viele Arten dargestellt werden. Bei praktischen Anwendungen kann die Bedeutung z.B. unter Verwendung einer bestimmten Abfragesprache als Datenbankabfrage dargestellt werden. In diesem Abschnitt gehen wir davon aus, dass die Bedeutung in der Prädikatenlogik dargestellt wird. Das ist für die Darstellung beliebiger deutscher Sätze nicht angemessen und für einige Anwendungen wohl auch nicht die beste Wahl, aber es erlaubt uns, die Schlüsselideen recht einfach darzustellen.

In der Prädikatenlogik stellen wir einen Satz wie „Tim liebt Maria" einfach als *liebt(tim, maria)* dar. Hier verweisen die Symbole *tim* und *maria* auf spezifische Dateneinheiten. Für einen Satz wie „Der Mann mag Maria" wissen wir (noch) nicht, um welchen Mann es sich handelt. Also ist es notwendig, ein Symbol für diesen hypothetischen Mann zu erfinden – z.B. *m1* –, was uns zur Semantik *man(m1)* ∧ *mag(maria, m1)* führt. Wenn wir den Satz „Ein Mann mag Maria" haben, dann gibt es nicht notwendigerweise einen bestimmten Mann, den wir im Sinn haben, sodass dies als *∃x(man(x)∧mag(x, maria))* dargestellt werden kann. Wenn der Satz Adjektive enthält, wird es wieder komplexer: „Ein großer, bärtiger Mann mag Maria" hat die Semantik *∃x(man(x)∧groß(x)∧baertig(x)∧mag(x, maria))*. Wenn wir versuchen, Sätze dieses Absatzes darzustellen, dann werden die Dinge sogar sehr komplex und die Prädikatenlogik ist dafür wahrscheinlich nicht geeignet.

Um die Funktion der kompositionellen Semantik zu veranschaulichen, werden wir mit dem einfachsten möglichen Beispiel, „Tim springt", beginnen und mit „Tim liebt Maria" fortfahren. Komplexere Beispiele finden sich bei (Pereira und Shieber 1987).

Die kompositionelle Semantik erfordert eine Methode, um jedes Wort im Satz so darzustellen, dass die Wörter auf eine systematische Art kombiniert werden können, um die Bedeutung des Ganzen zu finden. „Tim" darzustellen ist einfach, wir verwenden lediglich das Symbol *tim*. Es ist ein wenig schwieriger, „springt" darzustellen. Um mit der kompositionellen Semantik zu arbeiten, müssen wir nicht wissen, dass „springt" eine Bewegung nach oben oder nach vorn bedeutet. Wir müssen nur irgendwie darstellen, dass „springt" ein Verb ist, das ein 'Subjekt' nimmt (etwas oder jemand, der springt), sodass wir einen Ausdruck wie *springt(tim)* oder *springt(maria)* erhalten, wenn es mit dem Springenden kombiniert wird.

---

[1] Beachten Sie, dass dies nicht das einzige Verfahren der semantischen Interpretation ist. Vergleiche die Literaturhinweise am Ende des Kapitels.

Eine Methode dafür besteht darin, „springt" als Prädikat mit einem variablen Argument darstellen: *springt(X)*. Die Frage lautet nun, wie man diesen Ausdruck mit *tim* kombinieren kann, um *springt(tim)* zu erhalten.

Abbildung 5.7 veranschaulicht, wie die bisher erörterten Ideen als DCG realisiert werden könnten. Die Semantik einer gegebenen semantischen Kategorie wird als Argumente angegeben. Die erste Regel besagt nur, dass ein Satz aus einer Substantivphrase und einer Verbphrase besteht und dass die Bedeutung des Satzes gewonnen wird, indem die Bedeutung der Substantivphrase mit der Bedeutung der Verbphrase kombiniert wird. Dann stellt sich die Frage, wie diese Teile kombiniert werden können.

```
satz(SBedeutung)                        -->  substantiv_phrase (SABedeutung),
                                             verb_phrase (VABedeutung),
                                             combine (SABedeutung, VABedeutung,
                                             SBedeutung)

substantiv_phrase (SABedeutung)    -->  passendes_substantiv(SABedeutung)

verb_phrase(VABedeutung)           -->  verb(VABedeutung)

passendes_substantiv(tim)          -->  [tim]
verb(springt(X))                   -->  [springt]
verb(schreit(X))                   -->  [schreit]
```

Abbildung 5.7: Eine einfache Grammatik mit Semantik: erste Version

Um dies in unserem Beispiel zu tun, benötigen wir eine Methode, um an das Argument *X* von *springt(X)* heranzukommen, sodass wir seinen Wert auf *tim* setzen können. In Prolog besteht eine gute Methode darin, eine etwas komplexere Struktur zu verwenden, bei der das relevante Argument am Anfang steht. (Diese Methode funktioniert auch bei anderen Beispielen.) Eine Möglichkeit besteht darin, daraus *X^springt(X)* zu machen. (Das ^-Symbol ist willkürlich – es ist nur da, um das *X* von *springt(X)* zu trennen.) Mit dieser etwas komplexeren Darstellung der Bedeutung des Verbs können wir ein combine-Prädikat wie folgt implementieren:

```
Combine(SPBdedeutung, VPBedeutung, SBedeutung) :-
    VPBedeutung = Arg^Bedeutung,
    Arg = SPBedeutung,
    SBedeutung = Ausdr.
```

Für diejenigen, die mit Prolog vertraut sind, kann dies sogar noch einfacher gemacht werden. Überlegen Sie sich, wie. Für diejenigen, die nicht mit Prolog vertraut sind: Dies teilt nur die Bedeutung der Verbphrase in das Argument und den Hauptausdruck auf (z.B. X und springt(X)), setzt den Wert der Argumentvariablen auf die Bedeutung der Substantivphrase (z.B. X=tim) und setzt dann die resultierende Bedeutung des Satzes auf den Ausdruck, dessen Argument nun festgelegt ist (z.B. springt(tim)).

Dies lässt sich alles ganz einfach auf das komplexere Beispiel „Tim liebt Maria" verallgemeinern. Abbildung 5.8 veranschaulicht, wie dies in Prolog aussieht. Beachten Sie, dass die Semantik für liebt zwei Argumente hat und beide an den Anfang gestellt wurden, sodass man auf sie zugreifen kann.

```
satz(SBedeutung)                  --> substantiv_ phrase (SABedeutung),
                                      verb_phrase (VABedeutung),
                                      {combine (SABedeutung, VABedeutung,
                                      SBedeutung)}
verb_phrase (VABedeutung)         --> verb(VBedeutung),
                                      substantiv_phrase (SABedeutung),
                                      {combine(SABedeutung, VBedeutung,
                                      VABedeutung)}
verb_phrase (VABedeutung)         --> verb(VABedeutung)
substantiv_phrase (SABedeutung)   --> passendes_substantiv(SABedeutung)
passendes_substantiv(tim)         --> [tim]
passendes_substantiv(maria)       --> [maria]
verb(X^springt(X))                --> [springt]
verb(Y^X^liebt(X,Y))              --> [liebt]
```

Abbildung 5.8:  Eine einfache Grammatik mit Semantik: endgültige Version

Dies kann formeller, ohne auf Prolog zurückzugreifen, mit Hilfe der $\lambda$∠Notation (ausgesprochen: Lambda-Notation) erörtert werden. Ein Ausdruck wie $\lambda x.springt(x)$ wird verwendet, um einen Ausdruck darzustellen, der, wenn er auf ein Argument (z.B. *tim*) angewendet wird, dazu führt, dass $X$ durch das Argument ersetzt wird (d.h., um *springt(tim)* zu erhalten). Die Anwendung von $\lambda y. \lambda x.liebt(x,y)$ auf *maria* ergibt $\lambda x.liebt(x,maria)$. Wenn dieses Ergebnis auf *tim* angewendet wird, erhalten wir *liebt(tim, maria)*.

Abbildung 5.9 veranschaulicht, wie dies im Zusammenhang mit der *Struktur* des Satzes steht, die durch die Ableitung gewonnen wird. Die Abbildung zeigt den Ableitungsbaum für „Tim liebt Maria", kommentiert mit den Bedeutungen. Beachten Sie, dass die Bedeutung der Verbphrase einfach auf der Kombination der Bedeutungen seiner Teile basiert, während die Bedeutung des gesamten Satzes auf der Kombination der Verbphrasen-Bedeutung und der Bedeutung der Substantivphrase basiert. In dem Prolog-Beispiel werden die Bedeutungen zur gleichen Zeit konstruiert, wie der Satz geparst wird. Man könnte auch den Ableitungsbaum und die Wortbedeutungen benutzen, um die Bedeutung des Satzes zu finden, nachdem die Syntaxanalyse abgeschlossen ist.

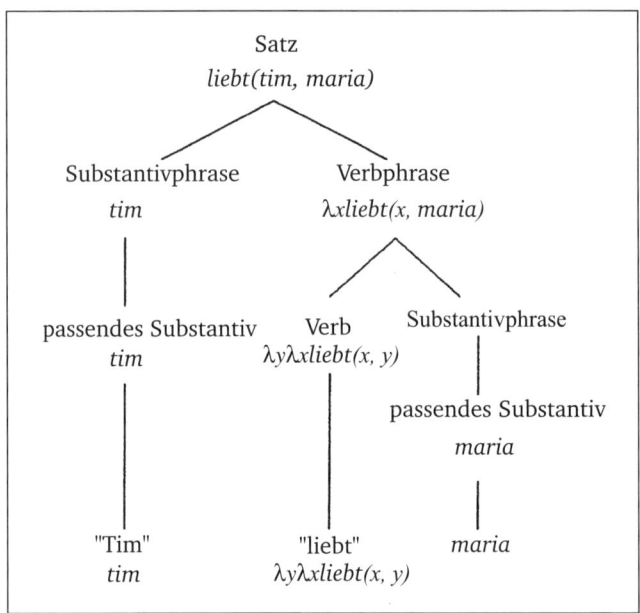

Abbildung 5.9: Ableitungsbaum mit zugeordneten Semantiken

## 5.5 PRAGMATIK

Aufgrund des bisher erläuterten können wir die Spracherkennung sowie syntaktische und semantische Analysetechniken nutzen, um von einem Sprachsignal, bei dem jemand „Tim liebt Maria" sagt, zu einem Ausdruck in der Prädikatenlogik zu kommen: *liebt(tim, maria)*. Dabei wird das Wissen über die Laute, aus denen Wörter bestehen, Wissen über die Struktur der Sprache und über die Bedeutung der einzelnen Wörter genutzt. Will man aber die Sprache wirklich verstehen, ist es nicht ausreichend, die Bedeutung der einzelnen Wörter zu kennen. Sie müssen etwas über den *Kontext* der Äußerung wissen: wo wurde etwas gesagt, von wem und warum und was wurde zuvor gesagt. In diesem Abschnitt werden zwei dieser Aspekte erörtert.

### 5.5.1 SPRACHE ALS AKTION

Um richtig einzuschätzen, warum es nicht genügt, nach der semantischen Analyse aufzuhören, werfen wir zuerst einen Blick auf die Rolle, die Sprache in der *Kommunikation* und *Aktion* spielt. Wenn wir mit jemandem sprechen, hat jede Äußerung einen Zweck. Manchmal besteht dieser Zweck nur darin, eine Tatsache mitzuteilen. Wenn wir also sagen: „Tim liebt Maria", besteht der einzige Zweck dieser Äußerung vielleicht darin, diese Tatsache mitzuteilen und quasi den Hörer dazu zu bringen, die Tatsache `liebt(tim, maria)` zu seiner „Wissensbasis" hinzuzufügen. Häufig gibt es aber einen tieferen Sinn, wie die folgenden Äußerungen veranschaulichen:

1. „Wo ist der Kaffee?" Hier besteht der Zweck offensichtlich darin, herauszufinden, wo der Kaffee ist. Das zugrunde liegende Ziel kann aber darin bestehen, Kaffee zu kochen.

2. „Kannst du das Fenster schließen?" Hier besteht der Zweck darin, den Hörer dazu zu bringen, das Fenster zu schließen. Wenn man die Äußerung aber wörtlich nimmt, fragt sie nur nach der Fähigkeit des Hörers, diese Aktion auszuführen.

3. „Hast du eine Uhr?" Hier besteht der Zweck darin, auf indirektem Weg die Zeit zu bestimmen. Es wird *indirekt* danach gefragt, indem gefragt wird, ob der Hörer eine Uhr hat.

4. „Wann wirst du zu Hause sein?" Hier hängt der Zweck vom Sprecher ab. Vielleicht ist es der Ehepartner des Hörers und der Zweck besteht darin, festzustellen, wann das Essen fertig sein soll. Vielleicht ist es ein Freund, der herausfinden möchte, wann die beste Zeit für einen Anruf ist.

5. „Du bist spät dran." Der unmittelbare Zweck besteht darin, dem Hörer mitzuteilen, dass er spät dran ist. Der zugrunde liegende Zweck besteht aber vielleicht darin, den Hörer zu kritisieren und ihm ein schlechtes Gewissen zu machen.

Sprache wird hier verwendet, um etwas zu erreichen. Eine Äußerung kann somit als eine *Aktion* angesehen werden, ähnlich dem Öffnen einer Tür. Die zweite Äußerung weiter oben sollte sogar (mit etwas Glück) das Gleiche erreichen, wie etwa die Aktion, zum Fenster zu gehen und es selbst zu schließen! Der Begriff *Sprechakt* wird verwendet, um auf die Aktionen zu verweisen, die durch Sprache erreicht werden können. Zu den Arten des Sprechakts zählen unter anderem das *Informieren*, das *Bitten* und das *Versprechen*. Hinter jedem Sprechakt gibt es ein Ziel – d.h. etwas, das der Sprecher[1] erreichen möchte.

Wir können versuchen, die Ziele auszudrücken, die hinter einer Äußerung stecken. Wenn der Sprecher mit $S$ und der Hörer mit $H$ bezeichnet wird, könnten wir die folgenden Ziele haben:

1. $S$ möchte, dass $H$ ihn darüber informiert, wo der Kaffee ist.

2. $S$ möchte, dass $H$ das Fenster schließt.

3. $S$ möchte, dass $H$ ihm sagt, wie spät es ist.

4. $S$ möchte, dass $H$ ihm sagt, wann er zu Hause sein wird.

5. $S$ möchte, dass $H$ weiß, dass er sich über die Verspätung von H ärgert.

---

[1] Wir haben zwar über den Sprecher und den Hörer gesprochen, dies gilt aber im Allgemeinen natürlich auch, wenn es einen Schreiber und einen Leser gibt. Der Schreiber versucht, etwas durch seinen Text zu erreichen.

Der Hörer muss in der Lage sein, zu erkennen, wie diese Ziele aussehen, um entsprechend antworten zu können. Es ist nicht ausreichend, zu wissen, was die Äußerung wörtlich bedeutet; wir müssen auch wissen, worin die Absicht des Sprechers besteht.

Die Analyse der Ziele hinter einer Äußerung ist nur ein Aspekt der *Pragmatik*. Ideen aus der *Planung* (die kurz in Kapitel 4 erörtert wurde) erweisen sich hier als wichtig. Wenn Sprache verwendet wird, um Ziele zu erreichen, dann ist es genau wie bei anderen Aktionen ein Planungsprozess, der entscheidet, was zu sagen ist. Die Ziele herauszufinden, die den Äußerungen eines Sprechers zugrunde liegen, um entsprechend zu antworten, ist ein *Planerkennungs*-Problem. Das ist das Gegenteil von Planung. Während man in der Planung mit einem Ziel beginnt und Aktionen findet, um dieses Ziel zu erreichen, beginnt man in der Planerkennung mit den Aktionen (in diesem Fall den Äußerungen) und findet heraus, was die zugrunde liegenden Ziele sind. Bei einer solchen Analyse ist etwas Wissen über den Kontext nützlich. Wenn z.B. die Frage „Weißt du, wie spät es ist?" in einer Situation gestellt wird, in der der Hörer zu spät zu einer Konferenz erschienen ist, kann die Äußerung als Kritik interpretiert werden und die richtige Antwort ist NICHT „Ja". Wenn sie in einer Situation gestellt wird, in der der Sprecher wissen muss, wie spät es ist, dann könnte die richtige Antwort „Ja, es ist fünf Uhr" lauten.

## 5.5.2   DIE BEHANDLUNG VON PRONOMEN

Ein ganz anderes Problem betrifft die Analyse von Sätzen, die Pronomen enthalten (d.h. Wörter wie „er", „sie" und „es"). Sehen Sie sich die folgende Äußerung an.

„Hans küsst Sabine. Er liebt sie."

Ganz offensichtlich bezieht sich „er" auf Hans, während sich „sie" auf Sabine bezieht. Die Interpretation des zweiten Satzes sollte daher `liebt(hans, sabine)` sein. Um aber diese Interpretation zu erreichen, ist es ganz offensichtlich notwendig, sich den vorangegangenen Satz anzusehen. Vorangegangene Sätze liefern den Kontext, mit dessen Hilfe die nachfolgenden Sätze interpretiert werden.

Im obigen Fall war es recht deutlich, auf wen sich die Pronomen beziehen. „Er" verweist auf die männliche Dateneinheit, die im vorangegangenen Satz erwähnt wurde, während „sie" auf die weibliche Dateneinheit verweist. Es wäre recht einfach, ein Programm zu schreiben, dass dies behandelt und Informationen über Objekte im vorangegangenen Satz benutzt, um die Bedeutung des aktuellen Satzes auszuarbeiten.

Dies wird wohl bei vielen Sätzen funktionieren, aber nicht bei allen. Manchmal kann sich ein Pronomen auf eine Dateneinheit beziehen, die mehrere Sätze weiter vorn erwähnt wurde. Sehen Sie sich diesen Satz an:

„Tim kauft ein neues Teleskop. In der Ferne sieht er Maria. Er holt sein Teleskop hervor. Er betrachtet sie durch es."

Das Pronomen „sie" in diesem Beispiel bezieht sich klar auf Maria, die im vorangegangenen Satz überhaupt nicht erwähnt wurde. Beachten Sie in diesem Beispiel auch, dass auf Tims Teleskop auf drei Arten verwiesen wird: „ein neues Teleskop", „sein Teleskop" und „es". Herauszufinden, dass das neue Teleskop, das im ersten Satz erwähnt wurde, das gleiche ist wie „sein Teleskop" im dritten Satz, ist nicht banal. Es erfordert ein Verständnis dafür, was es bedeutet, etwas zu kaufen – dass man es nämlich dann besitzt.

Das Problem, herauszufinden, worauf Dinge verweisen, ist nicht auf Pronomen beschränkt. Jede Substantivphrase kann auf ein bestimmtes Objekt verweisen und es kann wichtig sein, herauszufinden, welches Objekt es ist, um den Satz richtig zu interpretieren. Ziehen Sie beispielsweise folgenden Satz in Betracht: „Tim sah einen blauen Nissan Micra und einen roten Ford Fiesta beim Autohändler. Er entschied sich dafür, das blaue Auto zu kaufen." Die Phrase „das blaue Auto" bezieht sich ganz klar auf den Nissan Micra.

Auch wenn die meisten Beispiele hier recht künstlich waren, geht es dabei um einen Punkt, auf den in jedem praktischen natürlichsprachlichen System eingegangen werden muss. Bei einem Datenbankabfragesystem einer Fluggesellschaft könnte z. B. jemand zwei Fragen stellen wie „Wann geht der nächste Flug nach Budapest?", gefolgt von „Sind da noch Plätze frei?" Es wäre notwendig, festzustellen, dass „da" sich auf einen bestimmten Flug nach Budapest bezieht, nicht auf Budapest selbst.

## 5.6 MEHRDEUTIGKEIT DER SPRACHE

Eines der Hauptprobleme des Sprachverständnisses, das bisher nur kurz erwähnt wurde, ist das Problem der *Mehrdeutigkeit*. Das heißt, dass die meisten Äußerungen mehr als eine mögliche Interpretation haben. In diesem Abschnitt werden die verschiedenen Arten der Mehrdeutigkeit zusammengefasst und es wird erörtert, wie die richtige Interpretation ausgewählt werden kann.

Mehrdeutigkeiten treten in allen Stadien des natürlichsprachlichen Verständnisses auf. Im Folgenden werden einige der Mehrdeutigkeiten aufgeführt, die in jedem Stadium auftreten können.

**Mehrdeutigkeiten in der Spracherkennung:** Ein Problem besteht darin, dass viele unterschiedliche Wörter fast gleich klingen, wie z.B. die weiter oben erwähnten englischen Wörter „bear" und „bare". Diese werden *Homophone* genannt.

**Syntaktische Mehrdeutigkeit:** Hier gibt es zwei Probleme. Erstens kann ein bestimmtes Wort mehr als eine mögliche syntaktische Kategorie haben: z.B. kann das Wort „überlegen" ein Adjektiv oder ein Verb sein. Zweitens kann ein Satz mehr als eine Struktur haben: „Tim sah Maria auf dem Berg mit einem Teleskop" ist ein Beispiel dafür, das weiter oben erörtert wurde. Wenn die erste Art der Mehrdeutigkeit auftritt, ist die zweite umso wahrscheinlicher. In dem Satz „Fruit flies like a banana" kann das Wort „flies" ein Substantiv oder ein Verb sein. Wenn es als Verb interpretiert wird, dann erhalten wir für den Satz die Bedeutung das Obst auf die gleiche Art durch den Raum fliegt, wie es eine Banane tun würde.

**Semantische Mehrdeutigkeit:** Ein neues Problem tritt auf, wenn wir uns die Wortbedeutungen ansehen. Viele Wörter (sogar mit der gleichen syntaktischen Kategorie) können mehr als eine Bedeutung haben. Ein häufig verwendetes Beispiel ist das Wort „Bank", bei dem es sich um eine Sitzgelegenheit oder ein Finanzinstitut handeln kann. Dies wird normalerweise als lexikalische Mehrdeutigkeit bezeichnet.

**Pragmatische Mehrdeutigkeit:** Manchmal ist es unklar, auf welches Objekt sich ein Pronomen bezieht. Dies wird als *referenzielle Mehrdeutigkeit* bezeichnet. Es kann auch unklar sein, welche Ziele der Sprecher verfolgt. Ist die Äußerung „Wissen Sie, wie spät es ist?" eine Kritik oder eine echte Frage?

Manchmal können Mehrdeutigkeiten, die am Anfang eines Verständnisprozesses aufgetreten sind, später aufgelöst werden. Nehmen wir z.B. an, das Spracherkennungssystem hat zwei mögliche Wortfolgen vorgeschlagen:

„Er gab ihm einen Rat."

„Er gab ihm einen Rot."

Die zweite Alternative hätte nach einer vernünftigen Grammatik der deutschen Sprache keine gültige Ableitung und würde daher abgelehnt.

Manchmal ist es aber notwendig, auf allgemeines Wissen über die Welt, über den Sprecher und/oder den Kontext zurückzugreifen, um Mehrdeutigkeiten aufzulösen. Die merkwürdige Interpretation von „Fruit flies like a banana" könnte z.B. ausgeschlossen werden, wenn wir wissen, dass Obst normalerweise nicht fliegt. Die richtige Interpretation von „Bank" in „Richard ging zur Bank, um sich nach einer Hypothek zu erkundigen" kann gewählt werden, wenn wir wissen, dass es die Bank als Institution ist, die sich mit Hypotheken beschäftigt.

Um das alles richtig zu verstehen, ist ganz offensichtlich ein hohes Maß an allgemeinem Wissen über die Welt notwendig. Um das alles richtig zu verstehen, ist ganz offensichtlich ein hohes Maß an allgemeinem Wissen über die Welt. Wie kunstvoll konzipiert Ihr natürlichsprachliches Verständnissystem auch sein mag, es wird nur dann die richtige Interpretation einer jeden Äußerung herausbekommen, wenn Sie auch eine Wissensbank haben, die eine große Menge alltäglicher Informationen umfasst.

# DIALOGSYSTEME FÜR GESPROCHENE NATÜRLICHE SPRACHE

Es gibt bislang relativ wenige Spracherkennungssysteme, die mit dem Benutzer in einen gesprochenen Dialog treten können und dabei mündliche Äußerungen verstehen und darauf gesprochene Antwort liefern können. Ein Beispiel ist das am MIT entwickelte PEGASUS System. PEGASUS ist ein Sprecherkennungs-Interface zu einem Flugreservierungsdienst, der Fluginformationen und Reservierungsmöglichkeiten anbietet. Das System nimmt gesprochene Äußerungen auf und übersetzt diese in eine Repräsentation der Bedeutung der Äußerung.

Wo nötig wird Kontextinformationen verwendet. Das System erfragt gegebenenfalls so lange weitere Informationen oder Erklärungen vom Benutzer, bis es eine komplette Datenbankanfrage konstruieren kann. PEGASUS ist bereits in Betrieb und stellt telefonisch Auskünfte über Flüge innerhalb der Vereinigten Staaten zur Verfügung. Innerhalb der USA kann das System über eine konstelose Service-Nummer (1-877-527-8255). Aus Europa kann Pegasus über die Nummer 001-617-258-0301 erreicht werden (der Anruf ist allerdings nicht kostenlos).

Am MIT wurden noch einige andere Spracherkennungssysteme entwickelt, darunter das ältere VOYAGER, das Frage über den Staat Massachussets beantworten kann. Dieses System akzeptiert Anfragen in Englisch, Italienisch und Japanisch und kann z.B. sagen, wie man zu einem bestimmten Restaurant kommt.

Kein Spracherkennungssystem ist so weit entwickelt, dass alle gesprochenen Äußerungen fehlerfrei erkannt und interpretiert werden. Die praktische Nutzbarkeit dieser Systeme wird daher davon abhängen, inwieweit in Zukunft Fehlinterpretationen ausgeschlossen werden können.

## 5.7   GENERIERUNG

Um in natürlicher Sprache zu kommunizieren, ist mehr nötig als nur die Fähigkeit, Äußerungen zu *verstehen*. Man muss auch in der Lage sein, etwas zu entgegnen! Das heißt, dass man ausgehend von einem Gedanken, den man mitteilen möchte, und einer Information, die mitgeteilt werden könnte, in der Lage sein muss, eine Folge von Wörtern auszuarbeiten, um dies auszudrücken. Stellen Sie sich als Beispiel vor, dass das fragliche System ein Datenbankabfragesystem ist, das über das Telefon genutzt werden kann. Das System weiß, dass es dem Benutzer Informationen über sämtliche günstige Flüge von Frankfurt nach Boston an einem bestimmten Tag mitteilen soll, es hat die benötigten Daten in seiner Datenbank und muss eine Äußerung wie die folgende präsentieren:

> „Es gibt zwei Flüge, die für Sie in Frage kommen. Der erste ist mit Lufthansa, kostet 480,– € und geht um 11 Uhr. Der zweite ist mit American Airlines, kostet 490,– € und geht um 14 Uhr. Es gibt noch weitere Flüge, aber sie sind alle teurer."

Die Generierung natürlicher Sprache kann in Stadien aufgeteilt werden, ähnlich denen des Verständnisses natürlicher Sprache. Im ersten Stadium geht es darum, zu entscheiden, *was zu sagen* ist. Im obigen Beispiel entscheidet das System aufgrund des Ziels, dem Benutzer die günstigen Flüge nach Boston mitzuteilen, die Flüge mit Lufthansa und American Airlines zu erwähnen. Das System muss außerdem entscheiden, wie diese Informationen organisiert werden, sodass sich der Ablauf vernünftig liest. Hier wird der Lufthansa-Flug zuerst erwähnt (vielleicht weil er günstiger ist?) und die Äußerung endet mit einem Überblick über weitere mögliche Flüge. Andere Anordnungen der Informationen lesen sich vielleicht weniger gut.

Die Entscheidung darüber, was gesagt wird, wird manchmal als *Textplanung* (text planning) bezeichnet. Damit ist gemeint, dass man mit einem Ziel beginnt und eine Folge von Äußerungen findet, mit denen das Ziel erreicht werden soll. Dafür werden manchmal Planungstechniken (wie sie in Kapitel 4 erörtert wurden) verwendet. Es ist aber auch möglich, einfachere Techniken zu verwenden, bei denen Standardmethoden für die Äußerung von Sachverhalten auf eine bestimmte Art verschlüsselt sind. Bei unserem Flugbeispiel wird vielleicht jede Fluganfrage damit beantwortet, dass erwähnt wird, wie viele geeignete Flüge es gibt, wie teuer sie sind, wann die Abflugzeit ist, und dem Benutzer mitgeteilt wird, dass es andere mögliche, aber ungünstigere Flüge gibt. Wenn jede Fluganfrage auf diese Art beantwortet werden kann, besteht keine Notwendigkeit, komplexe Techniken zu nutzen, um zu planen, was gesagt werden soll.

Wenn ein System darüber entschieden hat, was es sagen will, muss es immer noch bestimmen, *wie es etwas sagen* will – d.h. die tatsächliche Folge von Worten, um die Informationen auszudrücken. Von einer semantischen Darstellung ausgehend wie z.B. $kosten(flug1, 480) \land abflugzeit(flug1, 1100) \land fluglinie(flug1, lh)$ muss das System entscheiden, dass die geeignete Äußerung „Der erste ist mit Lufthansa, kostet 480,– € und geht um 11 Uhr" lautet.

Das kann ein komplexer Prozess sein. Erstens kann es notwendig sein, darüber zu entscheiden, wie die Informationen in einzelne Sätze aufgeteilt werden sollen. Die Informationen im zweiten und dritten Satz des Beispiels könnten z.B. auch so ausgedrückt werden:

> „Es gibt einen Flug mit Lufthansa und einen mit American Airlines, die um 11 bzw. um 14 Uhr gehen. Der Flug mit Lufthansa kostet 480,– € und der mit American Airlines kostet 490,– €."

Wenn über die beste Methode entschieden wurde, wie die Informationen aufgeteilt werden sollen, muss jeder Satz erzeugt werden. Der Satz sollte grammatikalisch richtig sein, geeignete Pronomen verwenden und Wörter benutzen, die der Hörer oder Leser wahrscheinlich verstehen wird. Es ist ein komplexes Problem, das alles richtig zu machen. Wenn es aber nur ein paar elementare Arten von Sätzen gibt, die in einem System erforderlich sind, kann man ein wenig mogeln, indem Sätze verwendet werden, die man „zuvor vorbereitet hat". Wir könnten z.B. eine Vorlage haben, bei der nur die Lücken ergänzt werden müssen, wie z.B. „Es gibt einen Flug mit X, der Y kostet und um Z abfliegt."

Die Methoden, die von einem System zur Generierung natürlicher Sprache verwendet werden, hängen von der erforderlichen Flexibilität ab. Wenn es mit einem speziellen Anwendungssystem verwendet werden soll, bei dem nur ein paar unterschiedliche Äußerungen erforderlich sind, dann können wir mogeln und Vorlagen zum Ergänzen verwenden, die für die spezielle Anwendung entwickelt wurden. Das entspricht im Grunde der *Serienbrief*-Funktion in der Textverarbeitung zur Erzeugung personalisierter Werbebriefe. Je mehr Flexibilität erforderlich ist, umso ausgefeiltere Methoden sind vonnöten, die die in diesem Abschnitt erörterten Aspekte berücksichtigen.

Bevor wir diesen Abschnitt abschließen, sollten wir auf die *Sprachsynthese* (speech synthesis) eingehen. Wenn eine Sprachausgabe erforderlich ist, benötigen wir eine Methode, um aus den Wörtern in einem Satz ein geeignetes Sprachsignal zu erzeugen. Wenn es nur ein paar mögliche grundlegende Satzformen gibt (die vielleicht mit einer Lückentext-Vorlage produziert werden), dann ist es möglich, einfach Aufzeichnungen eines Menschen zu benutzen, der die relevanten Phrasen spricht, und die Aufzeichnungen der erforderlichen Phrasen zusammenzufügen. Diese Technologie wird z.B. für Ansagen in Bahnhöfen eingesetzt. Wenn mehr Flexibilität erforderlich ist, könnten Sie aufzeichnen, wie jemand jedes Wort in einem Wörterbuch sagt. Das wäre aber zeitaufwendig und würde viel Speicher beanspruchen.

Ein vernünftigeres Verfahren besteht darin, die phonetische Aussprache eines jeden Worts nachzuschlagen, Aufzeichnungen eines jeden Phonems zu verwenden und diese zu verbinden. Diese Lösungsmöglichkeit führt aber zu einer schlechten und kaum verständlichen Ausgabe. Es gibt eine Reihe von Problemen. Eines besteht darin, dass Phoneme leicht unterschiedlich ausgesprochen werden, je nachdem, was davor und danach gesagt wird. Ein weiteres Problem besteht darin, dass Intonation, Betonung und zeitliche Abstimmung wichtig sind (z.B. dass man bei einer Frage zum Ende des Satzes hin die Stimme hebt oder nach einer wichtigen Äußerung eine Pause macht) und dies nicht durch die Wörter allein bestimmt werden kann.

Trotz dieser Probleme gab es bei der Entwicklung von Sprachsynthesesystemen gute Fortschritte und es ist möglich, bei einigen gesprochenen Texten eine recht gut verständliche Ausgabe zu erzielen.

## 5.8 ZUSAMMENFASSUNG

- Die Verarbeitung natürlicher Sprache umfasst sowohl das *Verständnis*, wobei die Bedeutung einer Äußerung anhand einer Folge von Wörtern ausgearbeitet wird, als auch die *Generierung*, wobei die Folge von Wörtern anhand dessen, was ausgedrückt werden soll, ausgearbeitet wird.

- Das Verständnis natürlicher Sprache kann in Spracherkennung, syntaktische Analyse, semantische Analyse und Pragmatik aufgeteilt werden. Einen Überblick finden Sie in Abbildung 5.1.

- Die Spracherkennung umfasst die Suche nach einer Folge von Wörtern, wenn ein Sprachsignal gegeben ist. Es umfasst den Mustervergleich von Fragmenten des Sprachsignals mit bekannten Lauten (Phonemen) und das Zusammensetzen der möglichen Phoneme, um mögliche Wörter zu finden.

- Die syntaktische Analyse umfasst die Verwendung einer *Grammatik* der Sprache, um die Struktur des Satzes herauszufinden.

- Die semantische Analyse umfasst die Verwendung von Wissen über die Bedeutung von Wörtern und der Struktur des Satzes, um eine Darstellung der Bedeutung des Satzes zu finden.

- Die Pragmatik umfasst die Verwendung des *Kontexts*, um diese Bedeutung auszufüllen, z.B. um herauszufinden, auf welche Objekte sich die Pronomen beziehen.

- Alle diese Stadien können *mehrdeutige* Ausgaben haben, bei denen es mehr als ein mögliches Ergebnis geben kann. Das Wort „Bank" hat z.B. zwei Bedeutungen. Manchmal kann Weltwissen genutzt werden, um zu entscheiden, welches die richtige Interpretation ist.

- Die Generierung natürlicher Sprache kann man auch in Stadien aufgeteilt werden. Es geht im Grunde darum, zu entscheiden, was gesagt werden soll, wie es gesagt werden soll, und dann (wenn eine Sprachausgabe erforderlich ist) aus den gewählten Wörtern das Sprachsignal auszuarbeiten.

## 5.9 WEITERE LITERATUR

Die meisten Texte über KI enthalten ein oder mehrere Kapitel über die Verarbeitung natürlicher Sprache, darunter auch (Rich und Knight 1991) (Kapitel 15), (Luger und Stubblefield 1993) (Kapitel 19), (Ginsberg 1993) (Kapitel 17) und (Russell und Norvig 2003) (Kapitel 22-23). In allen Werken werden die Hauptstadien der Analyse, Syntax, Semantik und Pragmatik, besprochen. Rich und Knight bieten eine recht ausführliche Abhandlung unterschiedlicher Techniken und kontrastieren mit diesem Kapitel, das konsequent einen Ansatz präsentiert (DCGs und kompositionelle Semantik). Ginsbergs Ansatz ähnelt dem, der in diesem Kapitel verfolgt wird, seine Beispiele basieren aber auf *erweiterten Übergangsnetzen* (augmented transition networks) statt auf DCGs. Russell und Norvig bieten eine recht tiefgründige Behandlung, die mit der dieses Kapitels konsistent ist, aber weitere Konzepte und Unterscheidungen einführt. Sie sprechen z.B. über die Verwendung der *quasilogischen Form* (quasi-logical form), die sowohl syntaktische als auch semantische Informationen enthält.

Es gibt viele gute Lehrbücher, die sich der Verarbeitung natürlicher Sprache widmen. Ein gutes Grundlagenbuch, das die Gedanken aus Abschnitt 5.2 und 5.3 weiterentwickelt, ist (Pereira und Shieber 1987). Dieses Buch ist eine sehr gute Weiterführung dieses Kapitels, besonders für Leser, die ein kleines, aber nicht triviales natürlichsprachliches Verständnissystem in Prolog implementieren möchten. Andere umfassendere Texte, die einen Überblick über das gesamte Thema bieten, liefern unter anderem (Allen 1995) und (Gazdar und Mellish 1989).

Die oben genannten Texte gehen nur wenig auf die Sprachverarbeitung ein, die meist als separates Thema behandelt wird. Ein guter Text zur Sprachverarbeitung ist (Holmes 1988).

## 5.10 ÜBUNGEN

Das Folgende ist eine Grammatik einer Teilmenge des Deutschen in der DCG-Notation:

```
satz              -->    sa(N), va(N)
sa(N)             -->    best, substantiv(N)
va(N)             -->    verb(N), na(_)
substantiv(s)     -->    [mohrruebe]
substantiv(s)     -->    [hase]
substantiv(p)     -->    [hasen]
verb(s)           -->    [isst]
best -->          -->    [die]
```

1. Welcher der folgenden Sätze kann mit dieser Grammatik erkannt werden?
   - Die Mohrrübe isst die Mohrrübe.
   - Die Hasen isst die Mohrrübe.
   - Der Hase isst Mohrrüben.

2. Erweitern Sie die Grammatik, um die folgenden Sätze zu behandeln. „Alle" und „einige" sollte als Bestimmungswörtern (best) behandelt werden.

- Alle Hasen essen Mohrrüben.
- Einige Hasen essen die Mohrrübe.
- Der Hase isst jede Mohrrübe.

Die Grammatik sollte KEINE Sätze zulassen, die grammatikalisch falsch sind, weil ein Substantiv im Plural (z.B. Mohrrüben) mit einem Bestimmungswort verwendet wird, das nur mit Substantiven im Singular (z.B. eine, jede) verwendet werden kann, oder umgekehrt, z.B.:

- Alle Hase essen die Mohrrübe.
- Ein Hasen essen die Mohrrübe.
- Jeder Hasen isst die Mohrrüben.

Testen Sie Ihre Grammatik in Prolog.

3. Versuchen Sie, die Bedeutung der ersten drei Sätze von oben mit der Prädikatenlogik anzugeben. Beachten Sie dabei alle Schwierigkeiten, die Sie dabei haben, um die Bedeutung des Deutschen einzufangen.

4. Machen Sie Vorschläge, wie die Grammatik erweitert werden könnte, wenn Sie unsinnige Sätze ausschließen wollten (d.h. Sätze, die semantisch merkwürdig sind). Sie sollten z.B. Sätze eliminieren, die davon handeln, dass Mohrrüben Hasen essen. Ein Verfahren würde darin bestehen, zusätzliche Argumente zu verwenden und die Substantive semantischen Kategorien wie z.B. „lebendig" oder „essbar" zuzuweisen. Versuchen Sie, Ihre Lösung so allgemein wie möglich zu halten.

# 6
# BILDVERARBEITUNG

**Lernziele**

Einführung in die Grundlagen der Bildverarbeitung mit Computern, wobei der Schwerpunkt auf der Verarbeitung auf der unteren Ebene liegt

**Sie sollten in der Lage sein:**

➔ die Hauptstadien der Verarbeitung in der Bildverarbeitung kurz zu beschreiben

➔ zu erklären, wie Kanten und Linien in einem Bild gefunden werden können

➔ die unterschiedlichen Methoden zu umreißen, mit denen Informationen über die Tiefe und Ausrichtung von Objekten in einem Bild gewonnen werden können

Kenntnisse der elementaren Mathematik, wie z.B. Elementarrechnung und Trigonometrie, wären hilfreich.

## 6.1 EINFÜHRUNG

Als Fortführung des vorangegangenen Kapitels wenden wir uns einer weiteren „alltäglichen" Aufgabe zu: der Bildverarbeitung. Menschen können leicht Sinn in das bringen, was sie um sich herum sehen, und komplexe Objekte mühelos erkennen – das ist etwas, was wir lernen, wenn wir noch sehr jung sind. Jedoch ist dies wie das Verständnis natürlicher Sprache sehr schwierig zu automatisieren. Ein einziges Objekt kann aus vielen verschiedenen Winkeln und bei unterschiedlichen Lichtbedingungen betrachtet werden, und möglicherweise versperren andere Objekte einen Teil der Sicht. Es gibt also ebenso wie bei der Spracherkennung keine einfache Zuordnung zwischen einem visuellen Signal und einem erkannten Objekt.

Wir gehen davon aus, dass der Zweck eines Bildverarbeitungssystems darin besteht, von einem anfänglichen *digitalisierten Bild* zu einer nützlichen Analyse der Szene zu gelangen. Bei einigen praktischen Anwendungen kann eine sehr einfache Analyse nützlich sein. Zum Beispiel kann es in einem System, das Objekte auf einem Förderband in zwei Kategorien sortieren soll, sehr einfach sein, wenn das System anhand eines einfachen Abbilds der Silhouette bestimmen kann, um welche Art von Objekt es sich handelt. Und ein sehr einfaches Roboter-Bildverarbeitungssystem muss vielleicht nur wissen, wann es fast in ein Hindernis hineinfährt und wie es sich drehen muss.

Viele praktische Bildverarbeitungssysteme haben zwar vielleicht bescheidenere Anforderungen, das Endziel besteht aber darin, ein System mit den Fähigkeiten zu entwickeln, die mit denen des Menschen vergleichbar sind. Stellen Sie sich die Aufgabe vor, Kücheneinheiten zusammenzubauen. Wir *erkennen* die unterschiedlichen Teile (z.B. Tür, Handgriff etc.), *lesen* die Anleitung (na ja, wir interpretieren komische Diagramme), *navigieren* um die verschiedenen Teile herum, die jetzt auf dem Küchenboden verteilt sind, und *manipulieren* die Dinge, um sie zusammenzusetzen. Wir müssen von dem visuellen Signal (von unseren Augen) zu einer Darstellung der Szene gelangen, die adäquat ist, um komplexe Operationen mit den relevanten Objekten auszuführen. Dies erfordert einiges Wissen über die spezifischen Objekte (z.B. die typischen Ausmaße von Küchenschränken), allgemeines Wissen über die Materialarten (z.B. ist Metall glänzend und glatt) und Wissen darüber, wie die Lichtquelle, die Ausrichtung des Objekts und die Art des Materials, um die Helligkeit an einem bestimmten Punkt im Bild zu beeinflussen.

Wie die natürlichsprachliche Verarbeitung wird auch der Bildverarbeitungsprozess normalerweise in Stadien aufgeteilt. Wir beginnen mit einem digitalisierten Bild, das die Helligkeit an jedem Punkt (Pixel) im Bild angibt. Dem schließen sich folgende Stadien an:

**Verarbeitung auf der unteren Ebene:** Hier werden einfache Charakteristiken wie z.B. Linien oder *Kanten* im Bild identifiziert. Die Ausgabe ist so etwas wie eine Strichzeichnung der Objekte im Bild, wobei die Linien das Bild entsprechend der Objektoberflächen in Bereiche aufteilen. Häufig wird hierfür der Begriff Rohskizze (primal sketch) verwendet.

**Verarbeitung auf der mittleren Ebene:** Das nächste Stadium besteht in der Ausarbeitung der Entfernung der Bereiche und deren Orientierung. Die Ausgabe wird manchmal als 2½-D-Skizze bezeichnet.

**Verarbeitung auf der hohen Ebene:** Schließlich versuchen wir, eine nützliche Beschreibung der Szene auf hoher Ebene zu erhalten. Ein erstee Schritt könnte sein, anhand der Tiefen- und Orientierungsinformationen, die oben gewonnen wurden, 3D-Modelle von Objekten in der Szene auszuarbeiten. Als Nächstes könnte man zu *erkennen* versuchen, welche Arten von Objekten in der Szene auftauchen.

Diese Stadien sind in Abbildung 6.1 zusammengefasst. Der Rest dieses Kapitels wird sich jedem dieser Stadien ausführlicher widmen.

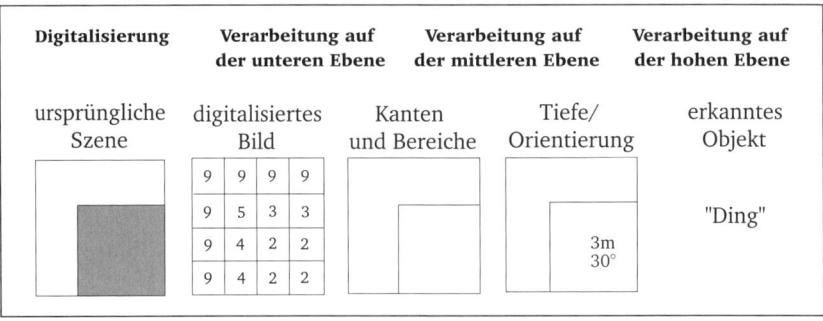

Abbildung 6.1:  Stadien der visuellen Verarbeitung

## 6.2 VERARBEITUNG AUF DER UNTEREN EBENE

Das erste Stadium besteht also darin, primitive Charakteristiken aus dem digitalisierten Bild zu extrahieren. Bevor wir erörtern, wie das vonstatten geht, sollten wir etwas über das Format dieses Bilds sagen.

In seiner einfachsten Form kann ein digitalisiertes Bild einfach ein zweidimensionales Feld (Array) sein, das für jeden Punkt im Bild nur angibt, wie hell oder dunkel das Bild an diesem Punkt ist. Abbildung 6.1 veranschaulicht dies für ein kleines, 4x4 großes Bildsegment. Ein realistisches Bild kann aber ein Feld von ungefähr 512x512 erfordern, um eine recht feine (hochauflösende) Darstellung des ursprünglichen Bilds zu liefern, und unser 4x4 großes Segment würde nur einem sehr kleinen quadratischen Ausschnitt eines Bilds entsprechen. Jeder Bildpunkt wird als *Pixel* bezeichnet und die Helligkeit oder *Bildintensität* an einem Pixel wird normalerweise durch eine Ganzzahl zwischen 0 und 255 (0 = schwarz, 255 = weiß) dargestellt.

Ein Farbbild kann auf ähnliche Art dargestellt werden, es würden aber drei Felder für die Mengen an Blau, Grün und Rot an unterschiedlichen Punkten im Bild verwendet. Um aber die Darstellung einfach zu gestalten, bleiben wir bei Schwarzweiß- oder *Graustufen*bildern.

Bevor das digitalisierte Bild weiterverarbeitet wird, kann es notwendig sein, *Rauschen* (noise) und sehr feine Details aus dem Bild zu entfernen. Rauschen sind falsche Intensitätswerte, die beim Prozess der Erzeugung des digitalisierten Bilds eingeschleppt wurden. Feine Details können z.B. die Struktur der Wand und des Teppichs in einem Bild von meinem Büro sein. Durch das Entfernen dieser Details kann sich das Bildverarbeitungssystem auf die elementaren Objekte in dem Zimmer konzentrieren, ohne abgelenkt zu sein. Das Rauschen und die feinen Details werden entfernt, indem das Bild *geglättet* (smoothing) wird. Das bedeutet im Grunde, dass der Intensitätswert an einem bestimmten Punkt durch den Durchschnitt der Intensitätswerte dieses und der umgebenden Punkte ersetzt wird. Dadurch wird das Bild leicht verschwommen.

### 6.2.1 KANTENERKENNUNG

Nun sind wir bereit, einfache Charakteristiken in dem Bild zu finden. Unser Ziel besteht darin, so etwas wie eine Linienkontur des Objekts in dem Bild zu erhalten. Das erste Stadium besteht darin, Punkte zu finden, die auf den Kanten von Objekten in dem Bild liegen könnten.

Um den Prozess zu veranschaulichen, ziehen wir das Bild in Abbildung 6.2 in Betracht. Das Raster auf der rechten Seite illustriert ein (stark vereinfachtes) Feld von Intensitätswerten (d.h. ein digitalisiertes Bild) für das einfache Bild auf der linken Seite. Damit das Beispiel einfach bleibt, liegen die Intensitätswerte nur zwischen 0 und 9 (0 = schwarz, 9 = weiß). Wir werden davon ausgehen, dass wir ein Feld $I$ haben, das die Intensitätswerte des Bilds enthält, also z.B. $I[2, 6] = 3$.

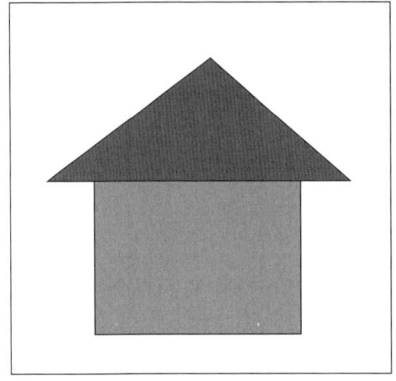

| 9 | 9 | 9 | 9 | 9 | 9 | 9 | 9 | *0* |
|---|---|---|---|---|---|---|---|---|
| 9 | 9 | 9 | 3 | 4 | 9 | 9 | 9 | *1* |
| 9 | 5 | 0 | 0 | 0 | 0 | 6 | 9 | *2* |
| 3 | 2 | 1 | 1 | 1 | 1 | 2 | 9 | *3* |
| 9 | 4 | 3 | 3 | 3 | 3 | 3 | 4 | *4* |
| 9 | 4 | 3 | 3 | 3 | 3 | 6 | 9 | *5* |
| 9 | 4 | 3 | 3 | 3 | 3 | 6 | 9 | *6* |
| 9 | 8 | 7 | 7 | 7 | 7 | 8 | 9 | *7* |
| *0* | *1* | *2* | *3* | *4* | *5* | *6* | *7* | |

Abbildung 6.2: Bildintensitätswerte für ein einfaches Bild

Beachten Sie, dass die Kanten des Objekts im Originalbild zwar scharf sind, die Intensitätswerte an den Pixeln, die diesen Kanten entsprechen, teilweise zwischen der Intensität des Hintergrunds (9) und der des Hauptkörpers des Objekts liegen können. Das liegt daran, dass ein solches Pixel zwischen dem Objekt und dem Hintergrund liegt.

Trotzdem sollte es klar sein, dass die Kanten des Objekts (nennen wir es ein Haus) gefunden werden können, indem nach Stellen gesucht wird, an denen die Intensität von nahe gelegenen Pixeln deutlich unterschiedlich ist. Die Pixel der unteren Hälfte der linken Spalte haben z.B. alle die Intensität 9. Die Pixel in der nächsten Spalte haben niedrigere Werte. Dies entspricht der linken Wand des Hauses. Der Boden des Hauses ist nicht so klar abgegrenzt, da die untere Zeile von Pixeln zum Teil dem Haus entspricht und zum Teil dem Hintergrund. Es besteht aber eine recht deutlich erkennbare Differenz zwischen den Pixeln in der untersten Zeile und denen in der Zeile darüber.

Differenzen bei den Intensitätswerten können in der *x*-Richtung oder der *y*-Richtung gemessen werden. Wir könnten z.B. $I(x+1,y)-I(x,y)$ für unterschiedliche Werte von *x* und *y* messen oder wir könnten $I(x,y+1)-I(x,y)$ messen. Im ersten Fall würden wir vertikale Kanten finden und im zweiten Fall horizontale Kanten. Für $x = 0$ und $y = 5$ erhalten wir z.B. $I(x+1,y)-I(x,y) = -5$. Dies ist eine recht große Differenz, da es an dieser Stelle eine vertikale Kante gibt.

Ausgehend von der bisherigen Erörterung könnten wir ein sehr einfaches Programm schreiben, das die Differenzen in der *x*- und *y*-Richtung für jeden Punkt im Bild errechnen und ihn als Kante kennzeichnen könnte, wenn diese Differenz eine bestimmte *Schwelle* überschreitet (z.B. wenn die Differenz größer als 2 ist). Die Ergebnisse könnten in ein neues Feld geschrieben werden, in dem überall dort, wo eine Kante sein soll, eine 1 steht, und an allen anderen Stellen eine 0. Abbildung 6.3 veranschaulicht das Ergebnis für das Beispielbild, wenn die Schwelle bei 2 liegt. Diese sehr einfache Methode hat zwar einige der relevanten Kanten im Bild gefunden, aber ihr sind ein paar entgangen (die Kante zwischen dem Dach und dem Hauptteil des Hauses), einige wurden doppelt gefunden und sie hat nur eine vage Näherung des Dachwinkels erzielt.

| 0 | 0 | 0 | 0 | 0 | 0 |
|---|---|---|---|---|---|
| 0 | 0 | 1 | 1 | 0 | 0 |
| 0 | 1 | 0 | 1 | 0 | 0 |
| 0 | 1 | 0 | 0 | 1 | 0 |
| 1 | 1 | 1 | 1 | 1 | 1 |
| 0 | 0 | 0 | 0 | 0 | 0 |

Abbildung 6.3: Kanten, die im Beispielbild gefunden wurden

Eine Möglichkeit, diese elementare Technik zu verbessern, besteht darin, etwas komplexere Differenzoperationen zu verwenden. *Differenzoperatoren* (difference operators) können als kleine Maske (2x2- oder 3x3-Felder) dargestellt werden, die über Punktgruppen im Bild platziert werden. Bei der Differenzoperation wird nun jeder Maskenwert genommen und mit dem entsprechenden Intensitätswert des Bilds multipliziert. Dann werden die Ergebnisse addiert.

Wenn wir z.B. die folgende Maske haben:

$$-1 \quad 1$$
$$-1 \quad 1$$

und sie auf $I[2..3, 1..2]$ anwenden, dann ist die relevante Berechnung $2 \times 1 + 6 \times 1 - 1 \times 1 - 5 \times 1 = 2$. Wir schließen wiederum, dass es eine Kante gibt, wenn das Ergebnis größer als eine bestimmte Schwelle ist.

Dies kann wie folgt formeller ausgedrückt werden. Für eine Maske $M[x,y]$ (mit dem Zentrum der Maske $M[0,0]$) und dem Bild $I[x,y]$ berechnen wir:

$$I'[x, y] = \sum_i \sum_j I[x - i, y - j] \times M[i, j]$$

Die obige Berechnung ist die diskrete *Faltung* (discrete convolution) des Bilds mit der Maske. Wenn das Ergebnis über der Schwelle liegt, gibt es einen Kantenpunkt.

Es wurde eine Vielzahl von Differenzoperatoren vorgeschlagen. Einige kombinieren erfolgreich das Auffinden von Differenzen mit dem Glätten des Bilds. Ein Beispiel ist der *Sobel-Operator*, den Sie hier sehen:

$$\begin{array}{ccc} -1 & 0 & 1 \\ -2 & 0 & 2 \\ -1 & 0 & 1 \end{array} \qquad \begin{array}{ccc} 1 & 2 & 1 \\ 0 & 0 & 0 \\ -1 & -2 & -1 \end{array}$$

Es gibt zwei Versionen, um die Differenz in der *x*- und *y*-Richtung zu finden. Indem man sich auf eine 3x3 große Gruppe von Pixeln konzentriert, kann ein verlässlicheres Ergebnis gewonnen werden, wodurch falsche Effekte durch Pixel vermieden werden, die sich genau am Rand eines Objekts im Bild befinden.

Diese Differenzoperatoren vermitteln einen Eindruck davon, wie schnell sich die Intensität in einem kleinen Bereich des Bilds ändert. Wenn sie sich schnell ändert, bedeutet das, dass es dort ein interessantes Merkmal im Bild gibt, wie z.B. die Kante eines Objekts (oder eine Oberflächenmarkierung). Die beiden Operatoren oben geben die Änderung in der *x*- und *y*-Richtung separat an. Wenn die Gesamtgröße gegeben und ein einzelner Wert erforderlich ist, können wir die *x*- und *y*-Werte einzeln bestimmen (z.B. $g_1$ und $g_2$) und $\sqrt{g_1^2 + g_2^2}$ berechnen. Wir können auch eine Schätzung über die Orientierung der Kante angeben: $\tan^{-1}\frac{g_1}{g_2}$.

Dies kann alles mit Hilfe der Differenzierung beschrieben werden. Wir suchen nach Stellen, an denen die Rate des Intensitätswechsels hoch ist. Dies entspricht der *räumlichen Ableitung* (spatial derivative) $\delta I/\delta x$ für die *x*-Richtung und $\delta I/\delta y$ für die *y*-Richtung. Die Punkte, die am wahrscheinlichsten einer Kante entsprechen, sind diejenigen, bei denen die Rate des Intensitätswechsels bei einem Maximum liegt. Die erste Ableitung $\delta I/\delta x$ ist ein Maximum, wenn die *zweite* Ableitung $\delta^2 I/\delta x^2 = 0$ ist. Also entspricht die Suche nach Kanten der Suche nach Stellen, an denen die zweite Ableitung gleich null ist. Da sie möglicherweise niemals genau null ist, suchen wir nach *Nulldurchgängen*, an denen es einen Übergang von einem positiven zu einem negativen Wert gibt. Dies wird in Abbildung 6.4 veranschaulicht. Sie zeigt die Graphen für die Intensitätswerte eines horizontalen Querschnitts des Beispielbilds sowie diskrete Näherungen der ersten und zweiten Ableitung[1].

Die Erstellung einer Maske kann auch auf der zweiten Ableitung basieren. Dies hat gegenüber den zuvor erörterten Masken den Vorteil, dass das Verfahren den gewählten *Schwellen* gegenüber nicht so empfindlich ist. Dies wird ebenfalls in Abbildung 6.4 veranschaulicht. Wenn solch eine Maske mit einem bestimmten (Gauß'schen) *Glättungs*operator kombiniert wird, erhalten wir den Marr-Hildreth-Operator (der ausführlicher in einigen der Referenzen am Ende dieses Kapitels erörtert wird).

Die Operation, die an jedem Punkt im Bild für diese Methoden erforderlich ist, ist zwar sehr einfach, aber die Entdeckung von Kanten ist immer noch eine rechnerisch sehr teure Operation, da solch große Datenmengen involviert sind. Bei einem 1024x1024 großen Bild muss die Operation über eine Millionen Mal wiederholt werden. Das Verfahren kann effektiver gestaltet werden, indem Kanten parallel in unterschiedlichen Pixeln aufgespürt werden. Abbildung 6.5 veranschaulicht die Ausgabe eines Kantenerkennungssystems für das Bild eines Roboterarms.

---

[1] Dem Leser wird auffallen, dass die zweite Ableitung auch dann null ist, wenn die erste Ableitung ein *Minimum* erreicht. Dies entspricht aber keiner Kante und muss daher herausgefiltert werden.

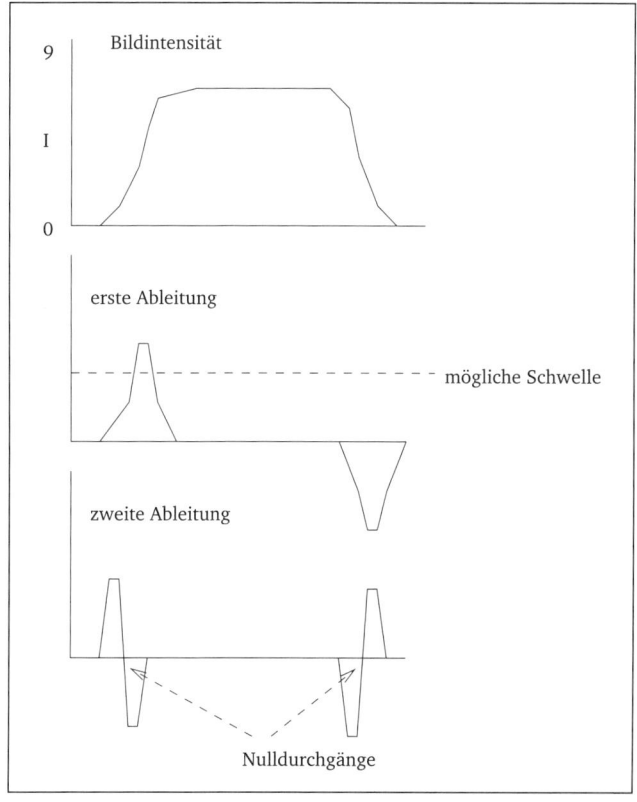

Abbildung 6.4: Diagramme der Bildintensität und der ersten und zweiten räumlichen Ableitung

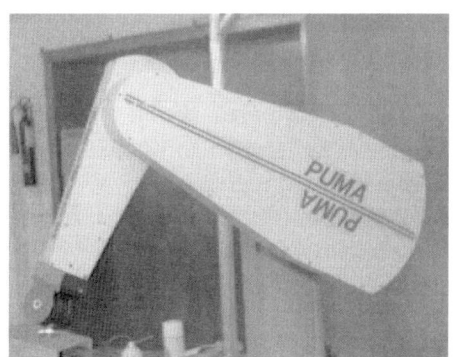 

Abbildung 6.5: Ausgabe eines Kantenerkennungssystems

## 6.2.2 GERADENERKENNUNG: DIE HOUGH-TRANSFORMATION

Die Ausgabe des oben beschriebenen Stadiums ist nur eine Menge von Punkten, von denen man vermutet, dass sie auf einer Intensitätskante liegen (Abbildung 6.3). Es wäre viel nützlicher, wenn diese zu Linien vereinigt werden könnten, die den Grenzen des Objekts entsprechen. Unser „Haus"-Bild könnte dann einfach als sechs Linien dargestellt werden, die den Kanten der Hausfront und des Daches entsprechen.

Eine Methode, um solche Linien zu finden, könnte darin bestehen, mit einem Kantenpunkt zu beginnen und jeden weiteren verbundenen Punkt als neuen Kantenpunkt anzunehmen. Das funktioniert aber nicht besonders gut, wenn es Lücken in der Linie gibt. Wenn z.B. vor dem Haus ein Baum wächst, könnte die Kante des Daches in zwei oder mehr Abschnitte unterteilt sein, wie es in Abbildung 6.6 veranschaulicht wird. Es ist außerdem nicht klar, wie die so gefundenen Linien dargestellt werden sollen. Es wäre leicht möglich, gerade Kanten einfach durch ihre Endpunkte darzustellen, aber was ist mit gebogenen Abschnitten?

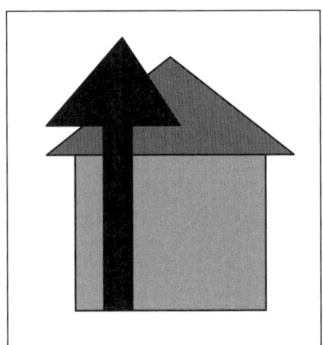

Abbildung 6.6: Haus, von einem Baum verdeckt

Eine Lösung des Problems ist die Verwendung der *Hough-Transformation* (Hough-Transform). Der Gedanke hierbei ist, die Gleichungen der Linien- (oder Kurven-) Segmente zu berücksichtigen, die Sie zu finden versuchen. Wenn wir uns nur mit geraden Linien beschäftigen, wissen wir, dass alle solche Linien durch eine Gleichung der Form $y = mx + c$ dargestellt werden können. Wenn wir einen Punkt $(x_1, y_1)$ haben, von dem wir wissen, dass er auf einer Kante liegt, können wir prüfen, ob dieser Punkt in einer gegebenen Geraden enthalten ist (d.h. ob für einen bestimmten Wert für $m$ und $c$ die Gleichung $y_1 = mx_1 + c$ wahr ist). Wenn wir nun alle möglichen Geraden berücksichtigen (d.h. alle Werte von $m$ und $c$)[1], können wir für jede Linie prüfen, wie viele Punkte auf sie fallen könnten. Wir stellen dann fest, welche Linien die meisten Punkte enthalten, die auf dieser Linie liegen könnten. Wir gehen dann davon aus, dass dies die tatsächlichen Linien im Bild sind.

---

[1] Wir können ganz offensichtlich nicht explizit alle berücksichtigen, da $m$ und $c$ fortlaufende Werte annehmen können. Wir können aber Werte zwischen zwei Punkten berücksichtigen und in kleinen Schritten aufsteigen.

Dieses Verfahren kann wie folgt formeller dargestellt werden. Angenommen, $kante(x,y)$ ist eine Funktion, die 1 zurückgibt, wenn es einen Kantenpunkt bei $(x,y)$ gibt, und andernfalls 0. Die Hough-Transformation $h(m,c)$ ist definiert durch:

$$h(m, c) = \sum_{(x,y):mx+y=c} kante(x, y) \tag{6.1}$$

Die Linien, die wir finden möchten, entsprechen Werten für $m$ und $c$, die einen maximalen Wert für $h(m,c)$ ergeben.

Beachten Sie, dass diese Methode die beiden Teile des Daches in Abbildung 6.4 als ein Teil der gleichen Linie behandelt. Das nächste Problem besteht darin, dass wir die Endpunkte der Liniensegmente im Bild bestimmen müssen. Dies ist jetzt aber einfacher als zuvor, da die Gleichungen der Linien gefunden wurden.

Das Schöne an der Hough-Transformation ist, dass sie auch dann hervorragend funktioniert, wenn die Linien, die wir erkennen möchten, Kurvensegmente, wie z.B. Kreisbogen oder sogar noch komplexere Kurven, sind. Wenn wir z.B. wüssten, dass die Kurven, die wir erkennen wollen, mit einem Polynom der Form $y = ax^3 + bx^2 + cx + d$ angenähert werden können, dann können wir wiederum für jede Kombination von $a$, $b$, $c$ und $d$ herausfinden, wie viele Punkte auf dieser Kurve liegen, und so die am besten passende Kurve finden.

Auf jeden Fall haben wir am Ende dieses Prozesses eine Linie oder ein Kurvensegment, während wir zuvor nur ein Feld von Kantenpunkten hatten. Diese können den Grenzen zwischen unterschiedlichen Objekten entsprechen.

Wenn diese Liniensegmente gefunden wurden, müssen wir herausfinden, wie damit das Bild in *Bereiche* aufgeteilt werden kann, die unterschiedlichen Oberflächen entsprechen. Ein Verfahren besteht darin, nach Bereichen ähnlicher Helligkeit Ausschau zu halten. Der Baum in Abbildung 6.6 könnte z.B. als separater Bereich identifiziert werden, da er gleichmäßig dunkler als die übrigen Bereiche in der Szene sind. Bei einfachen Anwendungen kann die Kantenerkennung und die Linienverbindung sogar unnötig sein und wir könnten einfach direkt nach homogenen Bereichen suchen.

Wenn wir die Grenzen zwischen Objekten statt zwischen Oberflächen finden möchten (z.B. zwischen dem Haus und dem Baum, aber nicht zwischen der Wand und dem Dach), besteht ein Verfahren darin, sorgfältig nach den *Schnittpunkten* zu suchen, an denen sich Linien treffen. Eine T-Kreuzung bedeutet z.B. im Allgemeinen, dass es dort ein Objekt vor einem anderen gibt[1]. Der *Waltz-Algorithmus* entwickelt diese Idee für einfache Bilder aus Blöcken. Obwohl er in praktischen Bildverarbeitungssystemen nicht verwendet wird, bietet er doch eine gute Technik, die in den meisten Referenzen am Ende dieses Kapitels weiter erörtert wird.

---

[1] In der Beispielabbildung würde dies sogar darauf hindeuten, dass das Dach ein separates Objekt ist. Dies liegt daran, dass sich das Dach vor dem Haus nach vorn neigt.

## 6.3 INFORMATIONEN ÜBER TIEFE UND ORIENTIERUNG

Da nun die Bereiche (oder zumindest die Linien) im Bild identifiziert wurden, müssen wir herauszufinden versuchen, wie weit die Objekte vom Betrachter entfernt sind und welche Ausrichtungen die unterschiedlichen Oberflächen haben. Zum Beispiel kann man in unserem Beispielbild fragen, ob es sich hier um ein zwei Zentimeter großes Spielzeughaus handelt, das nur wenige Zentimeter von der Kamera entfernt steht, oder um ein normales Haus, das weit entfernt steht.

Es gibt eine Vielzahl unterschiedlicher Techniken und Informationsquellen, die genutzt werden können, um diese Informationen zu erhalten. Wir können uns die *Schattierung* und die *Textur* der Objekte ansehen, um Hinweise über die Orientierung zu bekommen. Informationen über die Entfernung gewinnen wir, indem wir beobachten, wie sich die Ansicht des Objekts ändert, wenn man sich daran vorbeibewegt, oder Bilder von zwei Augen oder nah beieinander liegenden Kameras verwenden, um die Unterschiede zwischen den beiden Bildern festzustellen. Diese unterschiedlichen Techniken werden im Folgenden kurz erörtert.

### 6.3.1 DREIDIMENSIONALES SEHEN

Menschen nutzen beide Augen, um abzuschätzen, wie weit Objekte entfernt sind. Menschen, die auf einem Auge schlecht sehen, können Entfernungen meist schlechter abschätzen (wenn es keine allgemeinen Hinweise gibt, die ihnen helfen). Wenn Sie ein Auge schließen, werden Sie wahrscheinlich feststellen, dass Ihr Sinn für die Entfernung weniger gut ist.

Das dreidimensionale Sehen nutzt die Tatsache, dass, wenn Sie ein Objekt ganz in Ihrer Nähe betrachten, es in der visuellen Eingabe von jedem Auge an einer anderen Position erscheint. Wenn das Objekt sehr weit weg ist, wird es in beiden Augen gleich aussehen. Sehen Sie sich einen Bleistift an, den Sie vor sich halten, und schließen Sie abwechselnd ein Auge. Sie sollten feststellen, dass der Bleistift sich im Sichtfeld „bewegt", wenn Sie ihn nahe an Ihre Nase halten und von einem Auge zum anderen wechseln. Wenn der Bleistift auf Armeslänge gehalten wird (oder wenn möglich, noch weiter weg), bewegt er sich kaum.

Die Entfernung vom Objekt zum Betrachter kann mit einfacher Trigonometrie bestimmt werden, wenn wir den Winkel von diesem Objekt zu jedem Auge (oder der Kamera) kennen. Diese Winkel können bestimmt werden, indem die Position des Objekts in jedem Bild untersucht wird.

Sehen Sie sich Abbildung 6.7 an, in der jemand auf die Ecke eines Kastens schaut. Wenn wir die Winkel $\alpha$ und $\theta$ und den Augenabstand ($b$) kennen, können wir mit Hilfe elementarer Geometrie bestimmen, wie weit der Kasten vom Betrachter entfernt ist. Wir können einen Sinussatz nutzen, um zu schließen, dass:

$$\frac{R1}{\sin \alpha} = \frac{b}{\sin(180^\circ - \theta - \alpha)}$$

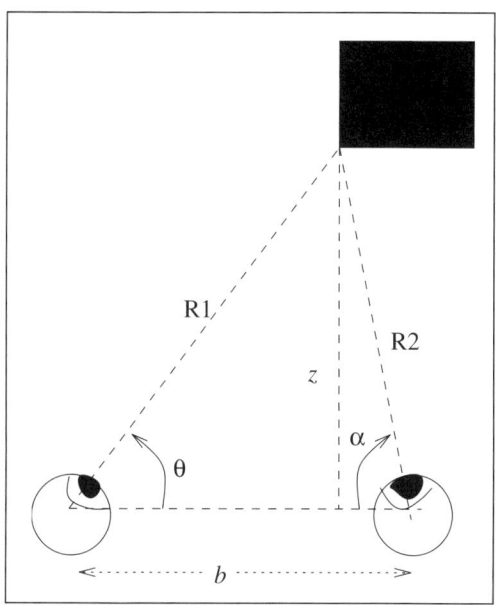

Abbildung 6.7: Dreidimensionales Sehen

Da $z = R1 \sin \theta$ ist, können wir schließen, dass:

$$z = \frac{b \sin \alpha \sin \theta}{\sin(180^{\circ} - \theta - \alpha)}$$

Weil wir die Orientierungen kennen, in denen ein Bildpunkt von jedem Auge wahrgenommen wird, können wir herausfinden, wie weit dieser Bildpunkt entfernt ist.

Die Winkel $\theta$ und $\alpha$ können recht einfach aus der Position bestimmt werden, in der das Objekt im Bild erscheint. Abbildung 6.8 veranschaulicht die Beziehung zwischen dem Winkel und der Position im Bild.

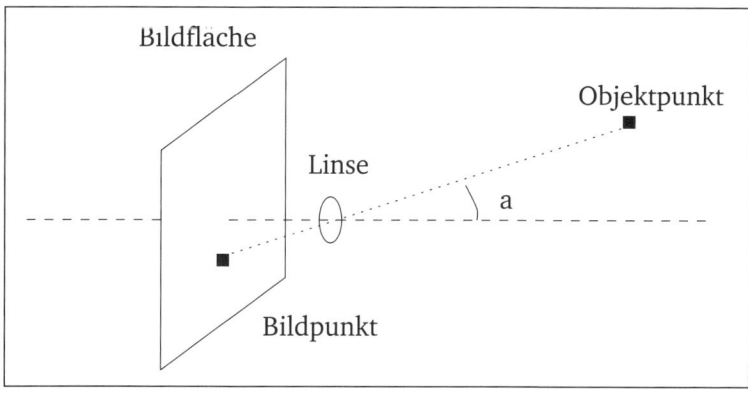

Abbildung 6.8: Projektion des Objekts auf der Bildfläche

Das ist zwar alles sehr gut, aber es gibt ein schwerwiegendes Problem. Woher wissen wir, dass ein bestimmter Bildpunkt in einem Auge einem anderen Bildpunkt im anderen entspricht? Oder um es anders auszudrücken, wie finden wir die Übereinstimmungen zwischen den beiden Bildern? Das ist wichtig für das dreidimensionale Sehen, da der ganze Prozess sich auf die Verwendung der Blickwinkel beider Augen zu einem gemeinsamen Punkt im Raum stützt.

Das Schwierige am dreidimensionalen Sehen besteht also darin, gute Algorithmen zu entwickeln, um diese Übereinstimmung der Merkmale durchzuführen. Das kann schwierig sein. Stellen Sie sich z.B. die Szene in Abbildung 6.6 vor. Vielleicht befindet sich die Spitze des Baums in einem Bild (z.B. von der Kamera auf der rechten Seite) in fast der gleichen Position wie die Spitze des Hauses im anderen Bild. Da sie beide recht ähnlich aussehen, können sie verwechselt werden. Um Übereinstimmungen zu finden, muss man nicht nur nach ähnlichen Merkmalen suchen, sondern auch geometrische Eigenschaften der beiden Bilder sowie wahrscheinliche Eigenschaften der physikalischen Szene verwerten (z.B. ändern sich die Entfernungen nicht schnell von einem Pixel zum nächsten, außer es befinden sich dort Kanten von Objekten).

## 6.3.2 TIEFENINFORMATIONEN DURCH BEWEGUNG

Eine eng verwandte Methode, um Entfernungsinformationen zu erhalten, besteht darin, aufeinander folgende Bilder von einer sich bewegenden Kamera zu verwenden. Um sich ungefähr vorzustellen, wie das funktioniert, sehen Sie sich Abbildung 6.9 an.

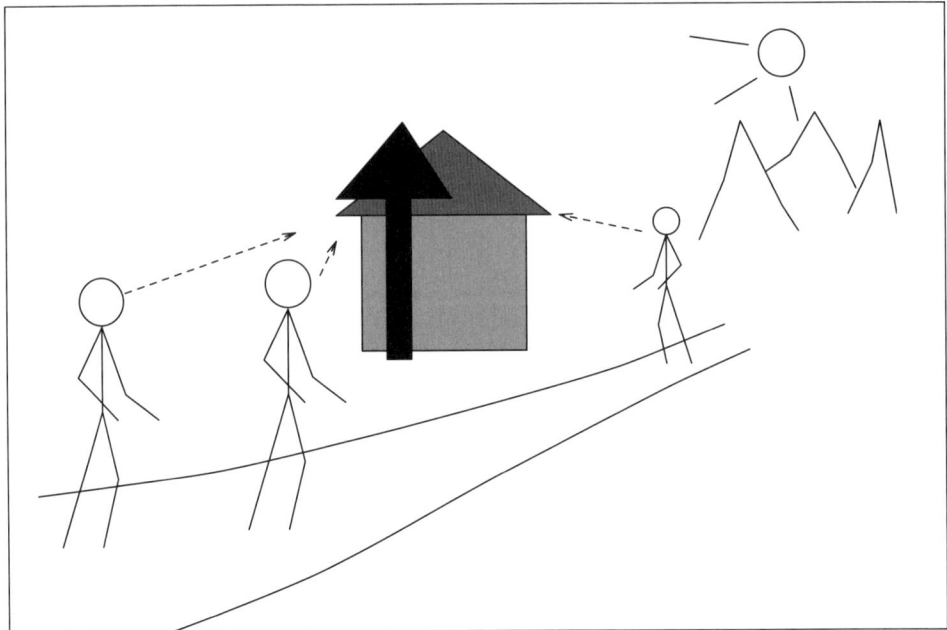

Abbildung 6.9: Änderung des Blickwinkels mit der Bewegung

Hier haben wir Tim, der einen Spaziergang die Straße entlang zu Marias Haus macht. Es ist das Haus mit dem Baum. Zuerst blickt er auf und sieht Marias Haus vor sich. Eine Minute später sieht er hoch und das Haus befindet sich schräg neben ihm. Wenn er gedankenverloren an ihrem Haus vorbeigeht, muss er sich eine Minute später umdrehen, um das Haus zu sehen. Der Blickwinkel auf das Haus ändert sich fortlaufend, während er weitergeht.

Andererseits erscheinen weiter entfernte Objekte wie die Berge am Horizont und die Sonne am Himmel immer ungefähr an der gleichen Stelle.

Es erscheint so, als erfordere dieses Verfahren fast genau die gleichen Techniken wie das dreidimensionale Sehen. Aber sehr wahrscheinlich wissen wir nicht genau, wo sich die Kamera zu jedem Zeitpunkt befindet. Auf der einen Seite haben wir also weniger genaue Informationen über die Kameraposition, aber andererseits können wir viele Bilder erhalten, indem wir immer wieder „Aufnahmen" machen, während wir uns bewegen. Es stellt sich heraus, dass wir die Richtung und die Bewegung des Beobachters herausfinden können, indem wir beobachten, wie sich unterschiedliche Teile des Bilds zwischen aufeinander folgenden Bildern zu bewegen scheinen. Dies kann dann genutzt werden, um die Formen der Objekte in der Szene zu bestimmen.

### 6.3.3 TEXTUR UND SCHATTIERUNG

Textur und Schattierung können genutzt werden, um Hinweise auf die Ausrichtung von Objekten in der Szene zu erhalten. Die Verwendung der Textur ist in Abbildung 6.10 veranschaulicht. Mit Textur meinen wir einfach eine sich regelmäßig wiederholende Musterung. Die Änderung der Form des sich wiederholenden Musters auf dem Boden deutet darauf hin, dass sich eine Oberfläche vom Betrachter weg erstreckt. Das sich ändernde Muster auf dem Würfel verstärkt unseren Eindruck seiner (kubischen) Form.

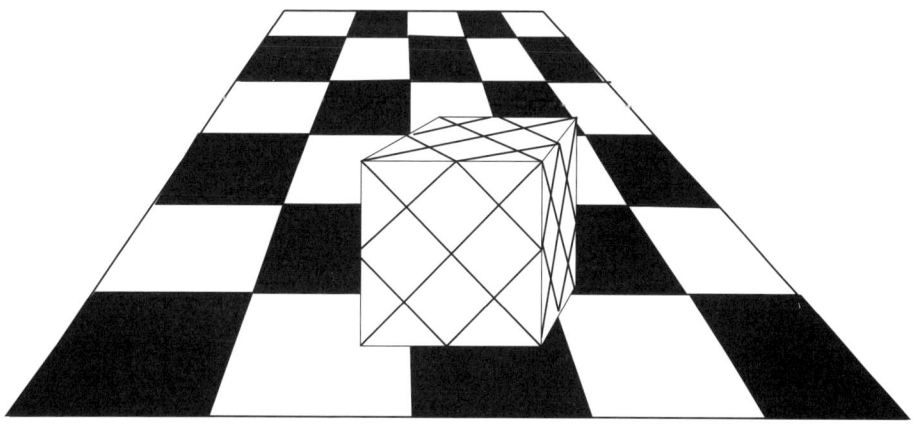

Abbildung 6.10: Ausrichtungen durch die Textur bestimmen

Abbildung 6.11 veranschaulicht, wie Informationen aus der Schattierung gewonnen werden können. Die Form der Details meiner Deckenleiste kann (größtenteils) aus der Änderung der Schattierung (oder der Helligkeit) in dem Bild bestimmt werden. Auf ähnliche Weise können die Ritzen und Wölbungen in meinem Sofa teilweise durch die Änderung der Schattierung bestimmt werden. Es gibt Algorithmen, um die Form anhand solcher Informationen über die Schattierung zu bestimmen. Diese gehen aber davon aus, dass es eine einfache gleichmäßige Lichtquelle sowie Objekte mit recht regelmäßigen Farben und *Reflexionen* (Glanz) gibt.

Abbildung 6.11: Ausrichtungen durch die Schattierung bestimmen

# 6.4 OBJEKTERKENNUNG

Mit der bisherigen Analyse haben wir das Bild prinzipiell in Bereiche aufgeteilt und die Tiefe (Entfernung vom Betrachter) und die Orientierung dieser Bereiche bestimmt. Diese Bereiche sollten den Oberflächen von Objekten entsprechen. Nun besteht das Ziel darin, die Objekte in der Szene zu erkennen.

Das ist ganz offensichtlich nur möglich, wenn das System etwas über die Objekte weiß, die in der Szene erscheinen können. Wenn es eine Mohrrübe in der Szene gibt, das System aber kein Wissen über das Aussehen von Mohrrüben hat, hat das System keine Möglichkeit, zu erraten, dass das knubbelige, orange, längliche Ding eine Mohrrübe ist. Die Objekterkennung ist also praktisch auf solche Situationen beschränkt, in denen eine relativ kleine Anzahl von Objekten vorkommt und das System Informationen über alle diese Objekte zur Verfügung hat.

Angenommen, wir haben eine Reihe hölzerner Spielzeugfiguren, darunter ein Haus, eine Kirche, einen Baum und eine vierköpfige Familie. Diese werden auf einer schönen, gleichmäßigen, grünen Unterlage angeordnet, um eine Szene zu bilden. Es sollte möglich sein, ein Bild dieser Szene zu analysieren, jedes Objekt in der Szene zu erkennen, seine Position zu bestimmen und vielleicht sogar eine formelle Beschreibung der Anordnung zu geben (z.B. `nahebei(baum, kirche)`). Dies ist offensichtlich viel einfacher als die Aufgabe, die unterschiedlichen Objekte zu erkennen, die in einer realen Dorfszene auftauchen könnten. In der realen Szene kann nicht nur eine viel größere Anzahl möglicher Objekte erscheinen, sondern ein bestimmter Objekttyp könnte auch in vielen Formen und Größen auftreten! Es gibt kein Standardaussehen für einen Baum, eine Person oder sogar ein Haus.

Um das Beispiel einfach zu halten, gehen wir davon aus, dass die Szene, die wir analysieren wollen, aus einer solchen Gruppe von Holzfiguren besteht. Das Bild kann dem ähnlich sein, das wir bisher betrachtet haben (Abbildung 6.6), aber mit mehr Objekten in der Szene und einer stärker dreidimensionalen Ansicht der Objekte. Dies ist zwar ganz offensichtlich immer noch ein künstliches Problem, aber mit einigen praktischen Problemen vergleichbar, bei denen ein Roboter einige konstruierte Objekte bearbeitet.

Sogar dieses vereinfachte Problem ist alles andere als trivial. Jedes Objekt kann aus einer Vielzahl unterschiedlicher Winkel betrachtet werden und sieht aus jeder Perspektive etwas anders aus. Ein Objekt kann auch von der Kamera aus nah oder fern sein und entsprechend im Bild groß oder klein erscheinen. Und um ein wenig Realismus in das Beispiel zu bringen, werden wir davon ausgehen, dass die Spielzeugmenschen bewegliche Arme und Beine haben, die unterschiedliche Positionen einnehmen können.

Eine Methode der Objekterkennung ist die folgende. Um ein Objekt zu erkennen, benötigen wir ein *Modell* dieses Objekts. Die Erkennung umfasst dann den Versuch, gute Übereinstimmungen zwischen der Szene und dem Modell zu finden. Wenn wir uns mit dreidimensionalen Objekten beschäftigen, die aus verschiedenen Winkeln unterschiedlich aussehen, benötigen wir dreidimensionale Modelle. Solche Modelle können aus *volumetrischen Grundformen* (volumetric primitives) wie Kegeln, Kugeln, Blöcken und Zylindern zusammengesetzt werden. Abbildung 6.12 zeigt ein mögliches Modell für unseren Spielzeugmann, das auf diesen Grundformen basiert.

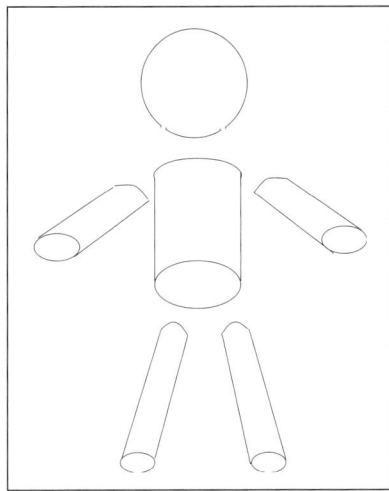

Abbildung 6.12: Ein einfaches Objektmodell für einen Spielzeugmann

Die Überprüfung der Übereinstimmung kann nun in zwei Stadien durchgeführt werden. Im ersten Stadium werden die Oberflächen in der Szene mit möglichen volumetrischen Grundformen in Übereinstimmung gebracht. Die Ausgabe dieses Stadiums wäre eine Beschreibung der Szene im Sinne dieser Grundformen (z.B. ein Zylinder der Dimension $D$ in einem Winkel $W$ in der Position $P$). Wenn wir die Szene auf diese Art beschrieben haben, können diese Grundformen mit den Objektmodellen in Übereinstimmung gebracht werden. Wenn z.B. im ersten Stadium eine Kugel über einem großen Zylinder mit vier kleineren Zylindern an der Seite und unten identifiziert wurde, kann dies erfolgreich mit dem Modell des Spielzeugmanns in Übereinstimmung gebracht und das Objekt identifiziert werden.

Bei unserem vereinfachten Problem mit dem Holzspielzeug mag die Überprüfung der Übereinstimmung mit den Modellen relativ einfach sein. Die einzige Komplikation kann von den unterschiedlichen Positionen von Armen und Beinen und den Ähnlichkeiten zwischen den verschiedenen Spielzeugmenschen (Spielzeugmann gegen Spielzeugfrau gegen Spielzeugkind) herrühren. Wir können uns überlegen, wie dieses Verfahren auf realistischere Szenen ausgeweitet werden könnte. Es wären ganz offensichtlich mehr Modelle erforderlich und die Modelle müssten besser sein, um z.B. die zulässige Veränderlichkeit zwischen unterschiedlichen Bäumen wiederzugeben. Die Modelle müssten außerdem detaillierter sein. Bei detaillierten Modellen benötigen wir aber eine effiziente Methode, um die Übereinstimmung zu überprüfen. Es wäre dann nötig, die Übereinstimmung in mehreren Stadien zu überprüfen und erst grobe und dann feinere Merkmale zu berücksichtigen.

Aber auch das wäre möglicherweise nicht ausreichend. Wenn Menschen Objekte in einer komplexen Szene erkennen, nutzen sie ihr allgemeines Wissen darüber, wo diese unterschiedlichen Objekte normalerweise erwartet werden können (z.B. fliegen Menschen normalerweise nicht am Himmel, außer es handelt sich um Supermann), und darüber, was diese Objekte tun (Kinder fahren normalerweise nicht Auto, sodass es sich vermutlich um einen Erwachsenen handelt). Das richtige Verständnis einer visuellen Szene ist sehr vom Wissen abhängig.

Es gibt viele Analogien, die wir zum Verständnis natürlicher Sprache ziehen können, besonders zur Spracherkennung. So, wie ein Objekt viele unterschiedliche Formen haben und auf unterschiedliche Arten wahrgenommen werden kann, können Wörter auf viele Arten ausgesprochen und in unterschiedlichem Kontext verwendet werden. Das Erkennen von Wörtern und das Erkennen von Objekten aus der Sprache oder einem visuellen Signal sind also komplexe Aufgaben. Die beiden Aufgaben umfassen einen Übereinstimmungsprozess bzw. Mustervergleich. Dieser ist aber nicht einfach, da die Modelle für Wörter oder Objekte komplex sind und eine große Variabilität widerspiegeln müssen.

## PRAKTISCHE ANWENDUNGEN

Eine der gängigsten Anwendungen von Bildverarbeitungssystemen findet sich im Bereich der Produktion und dort vor allem bei Fließbandarbeiten. Die Aufgabe des Bildverarbeitungssystems kann in der Qualitätskontrolle bestehen (um defekte Teile zu erkennen) oder darin, auf dem Fließband Objekte zu identifizieren und zu lokalisieren (d.h. ihre Position zu bestimmen), damit ein auf die Information wartender Roboterarm eine geeignete Aktion durchführen kann. Alles geschieht auf einer ebenen Oberfläche, die Objekte können (auf dem Fließband) in eine optimale Position gebracht werden, das Licht ist kontrolliert und es gibt eine gleichmäßige Hintergrundfarbe, gegen die sich die Objekte abheben. Dies vereinfacht das visuelle Problem deutlich und es können relativ einfache Methoden verwendet werden. Beispielsweise sind die Methoden zur Kantenerkennung vielleicht unnötig und stattdessen wird das gesamte Bild *abgegrenzt*, um die Objekte vom Hintergrund zu trennen.

Die involvierten Probleme sind aber dennoch nicht trivial. Die Objekte können sehr komplex sein, in unterschiedlichen Ausrichtungen erscheinen, sich überschneiden und glänzend sein (was zu Spiegelungseffekten führt). Das Erkennen und Bestimmen der genauen Position solcher Objekte ist immer noch eine Herausforderung.

## 6.5 BILDVERARBEITUNGSSYSTEME IN DER PRAXIS

Bisher sind wir davon ausgegangen, dass das Ziel eines Bildverarbeitungssystems darin besteht, Objekte in einer Szene zu erkennen, wenn ein oder mehrere Bilder dieser Szene gegeben sind. Es wurde ein bestimmter Prozess umrissen, der erfolgreich für einfache Szenen genutzt werden kann, in denen eine kleine Menge von blockähnlichen Objekten auftaucht.

Bei unterschiedlichen Anwendungen sind aber unterschiedliche Verfahren erforderlich. Ein praktisches Erkennungssystem kann z.B. in der Lage sein, Dinge so aufzustellen, dass die fraglichen Objekte immer genau die gleiche Ausrichtung haben. (Die Objekte werden z.B. vielleicht in eine Ecke geschoben oder so bearbeitet, dass es eine Markierung gibt, die die Ausrichtung andeutet.) Wenn dies der Fall ist, sind vielleicht einfachere Erkennungsmethoden adäquat, bei denen möglicherweise das Feld von Kantenpunkten verwendet wird, statt dass versucht wird, Bereiche, Entfernungen und Volumina zu bestimmen.

Praktische Bildverarbeitungssysteme sind außerdem nicht auf die Verwendung solcher Methoden beschränkt, die denen von Menschen ähneln. Statt z.B. konventionelle Kamerabilder zu verwenden, ist es möglich, ein *Sonar* zu benutzen, um die Entfernung von Objekten zum Betrachter zu bestimmen. Hier wird ein Signal vom Objekt zurückgeworfen und die Zeit, die vergeht, bis es wieder auf einen Detektor trifft, wird genutzt, um die Entfernung zu schätzen.

Es ist außerdem nicht notwendig, einen passiven Beobachter zu haben. Eine besonders wichtige Entwicklung auf dem Gebiet der Bildverarbeitung ist die Idee der *active vision*. Wenn wir als Menschen versuchen, Sinn in ein unbekanntes Objekt zu bringen, bewegen wir unsere Köpfe und gehen um das Objekt herum, um eine bessere Ansicht zu erhalten. Wenn wir ein interessantes Objekt sehen, konzentrieren wir uns auf dieses Objekt, sodass es in unserem Blickfeld zentriert ist. Es stellt sich heraus, dass die Computerbildverarbeitung auch einfacher ist, wenn wir eine bewegliche Kamera haben, die durch die visuelle Verarbeitung, wie benötigt, kontrolliert werden kann.

Schließlich sollten wir beachten, dass die Objekterkennung nicht das einzige Ziel der Bildverarbeitung mit dem Computer ist. Zu Beginn dieses Kapitels haben wir uns eine Situation vorgestellt, in der es darum ging, einige Objekte zu *erkennen*, sie zu *manipulieren* bzw. bedienen und um sie herum zu *navigieren*. Die Navigation ist eine besonders wichtige Aufgabe, vor allem bei der Entwicklung von *autonomen Fahrzeugen*, die dafür gedacht sind, führerlos in gefährliches und unebenes Terrain vorzudringen. Für diese Aufgabe ist es möglicherweise egal, ob jedes Objekt in der Szene erkannt wird, es ist aber von Bedeutung, dass das Fahrzeug auf möglicherweise vorhandenen Straßen bleibt und nicht in große Hindernisse fährt. Die Methoden, die für diese Aufgabe genutzt werden, unterscheiden sich stark von den oben erörterten. Die Entfernung und *Struktur* aus aufeinander folgenden Bildern zu bestimmen, die empfangen werden, während sich das Gefährt in Bewegung befindet, erweist sich aber als besonders nützlich.

## 6.6 ZUSAMMENFASSUNG

■ Die Bildverarbeitung mit dem Computer umfasst die Interpretation einer Szene anhand eines digitalen Bilds, das die Intensitätswerte an verschiedenen Punkten angibt.

■ Die Analyse wird normalerweise in Stadien aufgeteilt. Bei der Verarbeitung auf der unteren Ebene werden einfache Merkmale wie Kanten festgestellt und das Bild wird in Bereiche aufgeteilt, die den Oberflächen entsprechen. Bei der Verarbeitung auf der mittleren Ebene werden mit einer Vielzahl von Methoden Informationen über die Tiefe und Ausrichtung bestimmt. Bei der Verarbeitung auf der hohen Ebene wird schließlich eine nützliche Darstellung der Szene gewonnen, wobei möglicherweise Objekte erkannt werden, indem Modelle von möglichen Objekten mit der Oberfläche in Übereinstimmung gebracht werden, die im Bild gefunden wurde.

■ Praktische Bildverarbeitungssysteme können die Tatsache nutzen, dass die zu erkennenden Objekte manipuliert oder die Kamera bewegt werden können.

## 6.7 WEITERFÜHRENDE LITERATUR

Viele ausführliche KI-Texte bieten zwar Material zur Bildverarbeitung, es wird aber nicht immer gut präsentiert. Es gibt ein gutes, kurzes Kapitel bei (Ginsberg 1993), während (Russell und Norvig 2003) (Kapitel 24) mehr technisches Material bieten, das aber weniger klar geschrieben ist als für sie üblich. Eine gute, aber eher mathematische Abhandlung liefert (Dean 1995).

Ein klassischer Text zur Bildverarbeitung ist (Marr 1982). Dieser präsentiert klar eine bestimmte Theorie, die sich auf eine Computertheorie der menschlichen visuellen Verarbeitung konzentriert. Er ist möglicherweise aufgrund seines Materials zur Kantenerkennung besonders nützlich. Ein gutes allgemeines Lehrbuch zur Bildverarbeitung ist (Ballard und Brown 1982). Es handelt sich zwar um ein altes Buch, ist aber immer noch ein guter Ausgangspunkt. Zwei aktuellere Lehrbücher mit Verweisen auf aktuelle Literatur sind (Nalwa 1993) und (Jain 1995).

Eine gute Einführung in die Grundlagen, geometrische Modellierung und Algorithmen der Computergraphik ist mit (Bungartz, Griebel, Zenger 1996) gegeben. Ein an der Praxis orientiertes und umfangreiches Standardwerk ist von (Foley, van Dam, Feiner, Hughes 1995) herausgegeben worden.

# 6.8 ÜBUNGEN

1. Skizzieren Sie den Graph der Intensität gegen $x$ für das Bild in Abbildung 6.2 für $y = 6$. Skizzieren Sie außerdem die erste und zweite Ableitung und zeigen Sie, dass die Kanten Nulldurchgängen in der zweiten Ableitung entsprechen.

2. Benutzen Sie den Sobel-Operator aus Abschnitt 6.2.1, um die Kantenpunkte in dem Bild in Abbildung 6.2 zu finden. Gehen Sie von einer Schwelle von 3 aus.

3. Die Hough-Transformation beinhaltet, dass man herausfindet, wie viele Kantenpunkte jeder der verschiedenen möglichen Linien entsprechen. Versuchen Sie anhand Ihres Ergebnisses von Aufgabe 2, die diagonalen Linien der linken Seite des Daches zu finden, indem Sie zählen, wie viele Kantenpunkte der Linie $y = x + c$ für $c = 0,5$ entsprechen.

4. Angenommen, wir suchen nach *Kreisen* in dem Bild. Die Gleichung für einen Kreis lautet $ax^2 + by^2 = c$. Führen Sie aus, wie die Hough-Transformation genutzt werden könnte, um mögliche Kreise zu finden.

5. Geben Sie zwei Gründe an, warum es nützlich wäre, die Kamera zu bewegen, um Objekte im Bild zu identifizieren.

6. (Projekt) Implementieren Sie ein einfaches Programm zur Kantenerkennung, das auf dem Sobel-Operator basiert. Sie müssen sich für ein Bildformat entscheiden, das Ihr Programm behandeln kann. Eine einfache Wahl wäre die Graustufenversion des Portable Bitmap- Formats (pbm).

# 7
# MASCHINELLES LERNEN
# UND NEURONALE NETZE

**Lernziele**

Einführung in die Grundlagen des *maschinellen* Lernens, besonders des induktiven Lernens, mit einem Schwerpunkt auf der Suche im Versionenraum, Induktion von *Entscheidungsbäumen*, *neuronalen Netzen* und *genetischen Algorithmen*

**Sie sollten in der Lage sein:**

→ zu beschreiben, wie jede Methode genutzt werden kann, um *Klassifizierung*saufgaben durchzuführen – wenn einige Eingabemerkmale gegeben sind, sollten Sie beschreiben können, wie die Ausgabeklassifikation bestimmt wird

→ die unterschiedlichen Methoden zu vergleichen, gegenüberzustellen und die Eignung für unterschiedliche Arten von Problemen zu kommentieren

Voraussetzungen sind die Kapitel 2 und 4.

## 7.1   EINFÜHRUNG

Man kann mit Recht sagen, dass die Fähigkeit des Lernens eine der wichtigsten Charakteristiken einer intelligenten Entität ist. Ein System, das lernen kann, ist flexibler, da es in der Lage ist, auf neue Probleme und Situationen zu reagieren, und es kann auch einfacher zu programmieren sein. Der erste Punkt sollte selbstverständlich sein. Der zweite wird bei der Entwicklung von Expertensystemen immer wichtiger – wenn Experten nicht klar artikulieren können, wie sie Probleme lösen, dann kann man ihnen vielleicht ein paar Beispielprobleme zur Lösung geben und ein Lernprogramm, das genutzt wird, um einige allgemeine Regeln aus diesen Beispielfällen zu ziehen.

Das Lernen ist immer noch ein wachsender Bereich in der KI-Forschung. Er überschneidet sich mit fast allen anderen Bereichen der KI: Bei der Planung und Robotik besteht ein Interesse daran, das System dazu zu bringen, Verhaltensregeln aus den Erfahrungen in einer Umgebung zu lernen, in der natürlichen Sprache kann ein System syntaktische Regeln aus Beispielsätzen lernen, in der Bildverarbeitung kann ein System lernen, einige Objekte zu erkennen, wenn Beispielbilder gegeben sind, und bei Expertensystemen können Regeln aus Beispielfällen abgeleitet werden. Es ist außerdem ein Bereich, der das Interesse der Industrie weckt und in dem viele kommerzielle Produkte verfügbar sind. Zum Beispiel besteht ein Interesse an der Analyse von Daten, die durch Rabattaktionen gewonnen werden, um Regeln zu finden, die zur Steuerung von Marketingkampagnen genutzt werden können.

Es gibt mehrere unterschiedliche Grundarten des Lernens, die unterschiedlich viel Mühen für Schüler und Lehrer bedeuten. Ein Lehrer kann Ihnen etwas direkt sagen, sodass Sie es sich nur merken müssen. Er kann ein Beispiel anführen („Fido und Rover sind beides Hunde."), eine Analogie anführen („Elektrizität fließt in Drähten wie Wasser in einem Rohr.") oder Sie müssen neues Wissen durch Experimentieren oder Selbstbeobachtung selbst entdecken.

In der KI besteht der Großteil der Arbeit bis dato im Lernen aus Beispielen oder dem *induktiven Lernen* (inductive learning). Dazu kann das Lernen konzeptueller Kategorien gehören (wie das Konzept „Hund" anhand von Beispielen von Hunden), das Lernen von Regeln, um das Wetter vorherzusagen, das Lernen von Regeln, um eine Krankheit zu diagnostizieren usw. In jedem Fall werden Beispiele in einem geeigneten Formalismus angegeben und das System versucht, allgemeine Regeln oder Beschreibungen aus diesen Beispielen abzuleiten. Die Beispiele können positiv sein (Fido ist ein Hund) oder negativ (Herbert nicht).

Im Allgemeinen wird induktives Lernen genutzt, um ein System darauf zu trainieren, *Klassifizierungsaufgaben* durchzuführen. Wir können eine Klassifizierungsaufgabe als ein Problem ansehen, bei dem es eine Reihe von *Eingabemerkmalen* (input features) gibt, die die Antwort beeinflussen, und eine spezifizierte Menge möglicher *Ausgabekategorien*. Die medizinische Diagnose ist z.B. eine Klassifizierungsaufgabe, bei der die Eingabemerkmale die Symptome des Patienten sind und die Ausgabekategorien die möglichen Diagnosen. Die Zeichenerkennung (z.B. erkennen, dass ein eingescannter Buchstabe der Buchstabe „p" ist) ist eine weitere Art der Klassifizierungsaufgaben – hier können die Eingabemerkmale Merkmale des analysierten Zeichens sein und die Ausgabekategorie ist das erkannte Zeichen. Wenn ein Problem im Sinne einer festen Menge von Eingabemerkmalen und einer ziemlich kleinen Anzahl möglicher Ausgabekategorien ausgedrückt werden kann und es verfügbare Beispiele gibt (z.B. Personen, die von Experten diagnostiziert wurden; Zeichen, die von Menschen identifiziert wurden), dann können induktive Lernmethoden genutzt werden, um zu versuchen, ein System zu produzieren, das automatisch die richtige Klassifizierung produziert, wenn nur die Eingabemerkmalswerte gegeben sind.

Dieses Kapitel führt eine Reihe gegensätzlicher Techniken des induktiven Lernens ein, beginnend mit *symbolischen* Methoden, bei denen das gelernte Konzept mit den Sprachen der Wissensrepräsentation dargestellt wird, die in Kapitel 2 eingeführt wurden. Es werden zwei wesentliche Verfahren erörtert. Bei der ersten Methode wird das Lernen als Suchproblem angesehen und die Methoden erlauben, dass der *Suchraum* (search space) der möglichen Konzepte durchsucht wird, um eines zu finden, das den Beispielen entspricht. Das zweite Verfahren umfasst die Erstellung eines bestmöglichen *Entscheidungsbaums* (einer einfachen flussdiagrammähnlichen Darstellung), um die gegebenen Beispielen zu kategorisieren.

Als Nächstes wird die Verwendung *generischer Algorithmen* beim induktiven Lernen behandelt. Generische Algorithmen basieren auf der Vorstellung, dass gute Lösungen oder Entwürfe sich aus einem Bestand entwickeln können, indem mögliche Lösungen kombiniert werden, um „Nachfolge"-Lösungen zu produzieren und die schwächeren Lösungen „auszumerzen".

Schließlich werden wir das Lernen in neuronalen Netzen erörtern. Neuronale Netze, die weitestgehend auf der Architektur des Gehirns basieren, wurden in großem Maß in der Presse diskutiert und sind ein vielversprechendes Verfahren für bestimmte Aufgaben. Sie werden in diesem Kapitel neben den „traditionelleren" Verfahren der KI erörtert, wie z.B. der Induktion mit Hilfe eines Entscheidungsbaums, um die Ähnlichkeiten und Unterschiede hervorzuheben. Sowohl generische Algorithmen als auch neuronale Netze sind für sich genommen schon wichtige Themen mit Anwendungsmöglichkeiten, die über die hier erörterten hinausgehen (und nicht auf das maschinelle Lernen beschränkt sind).

Um die Methoden besonders gut vergleichen und gegenüberstellen zu können, beziehen wir uns durchgängig auf ein einfaches Beispiel, das im nächsten Abschnitt eingeführt wird.

## 7.2 EIN EINFACHES BEISPIEL FÜR INDUKTIVES LERNEN

Echte Anwendungen zum maschinellen Lernen erfordern normalerweise viele Hunderte oder Tausende Beispiele, damit interessantes Wissen gelernt werden kann. Um z.B. Regeln zu lernen, um eine bestimmte Krankheit zu diagnostizieren, wenn der Patient z.B. Magenschmerzen hat, wären Daten von Tausenden von Patienten erforderlich, die die zusätzlichen Symptome eines jeden Patienten und die endgültige Diagnose auflisten, die von einem Experten gestellt wurde.

Um aber die Methoden zu veranschaulichen, sind nur ein einfaches Problem und eine kleine Menge von Beispielen erforderlich. Für den Rest dieses Kapitels werden wir das Hauptproblem, das im Folgenden erörtert wird, als das „Studenten"-Problem bezeichnen.

Angenommen, wir haben Daten über eine Reihe von Studenten aus dem Kurs vom letzten Jahr und versuchen, eine Regel zu finden, die uns erlaubt, zu bestimmen, ob die derzeitigen Studenten wahrscheinlich die Note Eins bekommen werden. Wir gehen davon aus, dass mindestens die folgenden Daten über die Studenten des letzten Jahres vorhanden sind: ob sie im vergangenen Jahr ebenfalls eine sehr gute Note bekommen haben, ob sie hart arbeiten, ob sie männlich oder weiblich sind und ob sie viel ausgehen und trinken. Wir wissen außerdem bei jedem Studenten, ob er tatsächlich in diesem Jahr eine Eins bekommen hat. Diejenigen, die eine Eins bekommen haben, werden als *positive Beispiele*, während diejenigen, die keine bekommen haben, als *negative Beispiele* bezeichnet werden. Es werden sechs dieser Studenten berücksichtigt, wie es Abbildung 7.1 zeigt.

| Student | Eins im letzten Jahr? | Männlich? | Arbeitet hart? | Trinkt? | Eins in diesem Jahr? |
|---------|----------------------|-----------|----------------|---------|----------------------|
| Richard | ja | ja | nein | ja | nein |
| Alan | ja | ja | ja | nein | ja |
| Alison | nein | nein | ja | nein | nein |
| Jeff | nein | ja | nein | ja | nein |
| Gail | ja | nein | ja | ja | ja |
| Simon | nein | ja | ja | ja | nein |

Abbildung 7.1: Leistungsdaten der Studentenprüfung

Eine kurze Untersuchung sollte zeigen, dass die beiden Personen, die eine Eins bekommen haben (Alan und Gail), im vergangenen Jahr Einsen bekommen haben, hart arbeiten und keine der Personen, die keine Eins bekommen haben, im vergangenen Jahr gut abgeschnitten hat und hart arbeitet. Eine vernünftige gelernte Regel wäre also, dass Sie, wenn Sie im vergangenen Jahr gut abgeschnitten haben und in diesem Jahr hart arbeiten, gut abschneiden sollten. Aus den Beispieldaten lassen sich aber auch andere Regeln schließen. Vielleicht gilt z.B. die Regel, dass Sie, wenn Sie ENTWEDER männlich sind und nicht trinken ODER weiblich sind und viel trinken, gut abschneiden werden. Diese Regel deckt in der Tat die gegebenen Tatsachen ab, aber sie ist ein wenig fragwürdiger und komplexer als die andere Regel.

Diese beiden Regeln treffen unterschiedliche Vorhersagen über die derzeitigen Studenten. Vielleicht hat Robert im letzten Jahr eine Eins bekommen, arbeitet hart, geht aber viel aus, um zu trinken. Nach der ersten Regel sollte er gut abschneiden, nach der zweiten aber nicht (außer er gibt das Trinken auf). Wenn solche kritischen Entscheidungen gefällt werden müssen, benötigen wir eindeutig die Regel mit der besten Vorhersage, um das aktuelle Verhalten abzuleiten. Im Allgemeinen ist die beste Regel, die die meisten Vorhersagen richtig trifft, die einfachste, da sie meist allgemein gültige Regeln einfängt (hart arbeitende Studenten schneiden gut ab) und nicht die persönlichen Eigenarten der spezifischen Studenten (Alan trinkt nicht).

In diesem Beispiel haben wir vier Attribute (oder *Merkmale*) ausgewählt, auf die wir uns konzentrieren: hat im vergangenen Jahr gut abgeschnitten, arbeitet hart, ist männlich/weiblich und trinkt. Zu allen gibt es Ja-/Nein-Antworten. Dies ist natürlich nicht die einzige Methode, um die Beispiele darzustellen. Vielleicht sind andere Merkmale wichtiger, z.B. welches Fach sie studieren oder wie ihre Note im Kurs bisher ist. Es wäre außerdem möglich, Merkmale auszuwählen, die keine Ja-/Nein-Antworten haben. „Trinkt viel" könnte geändert werden in „Trinkverhalten" mit den möglichen Werten exzessiv, mäßig, gelegentlich oder nie. Diese Entscheidungen darüber, welche Merkmale für Beispiele verwendet werden und welche möglichen Werte diese Merkmale haben können, sind extrem wichtig, um eine gute Leistung bei einem maschinellen Lernsystem zu erzielen.

Vorerst werden wir aber mit dem obigen Beispiel arbeiten, um die Methoden zu veranschaulichen. Da es vier Merkmale, jedes mit einer Ja-/Nein-Antwort, gibt, gibt es 16 mögliche unterschiedliche Arten von Studenten und wir haben Daten über die Ergebnisse von sechs von ihnen. Als Kurzschrift werden wir die Merkmale (gute Note letztes Jahr, arbeitet hart etc.) mit den Buchstaben $L$, $M$, $A$ und $T$ darstellen und die *Merkmalswerte* eines bestimmten Studenten als Reihe von $T$s und $F$s (für True oder False). Also entsprechen Richards Merkmalswerte der Reihe $TTFT$, da es wahr ist, dass er im vergangenen Jahr gut abgeschnitten hat und männlich ist, und falsch ist, dass er hart arbeitet usw. Die Tatsache, dass jemand z.B. nicht trinkt, aber hart arbeitet, kann auch als logischer Ausdruck wie etwa $A \wedge \neg T$ dargestellt werden.

Im nächsten Abschnitt werden wir uns ansehen, wie Regeln wie die oben erörterten automatisch aus Beispielmengen geschlossen werden können, indem die unterschiedlichen Verfahren verwendet werden, die in der Einführung erwähnt wurden.

## 7.3  LERNEN MIT DER VERSIONENRAUM-METHODE

Die erste Methode behandelt das Lernen im Grunde als Suchproblem. Wenn wir die vereinfachende Annahme machen, dass die Regel, die gelernt werden soll, eine *Konjunktion* von Tatsachen umfasst (d.h. eine Regel umfasst nur unds, aber keine oders), dann gibt es eine recht eingeschränkte Anzahl möglicher Regeln. Eine Regel wie „Wenn Sie hart arbeiten und nicht viel trinken, bekommen Sie eine gute Note" kann kurz als Formel $A \wedge \neg T$ dargestellt werden. (Im logischen Sinne besagt diese Regel, dass der Student eine gute Note bekommen wird, wenn diese Formel für ihn wahr ist.) Die Regel „Jeder wird eine Eins bekommen" wird als $T$ dargestellt (immer wahr), während die Regel „Niemand wird eine Eins bekommen" durch ein $F$ dargestellt wird.

Alle möglichen Regeln können als *Graph* dargestellt werden, wobei der oberste Knoten im Graph $T$ ist, der unterste $F$ und die Kanten Knoten so verbinden, dass der untere Knoten der gleiche wie der obere Knoten ist, aber mit einer zusätzlichen Bedingung (z.B. fügt $A \wedge \neg T$ die Bedingung „trinkt nicht" zum Knoten $A$ hinzu). Ein Teil des Graphen für das Studentenproblem wird in Abbildung 7.2 dargestellt.

Nun können wir uns das Lernproblem als Durchsuchen des Graphen vorstellen, um mögliche Regeln zu finden, die den gegebenen Beispieldaten entsprechen. Dafür werden einige mögliche *Hypothesen* verwendet, die Vermutungen darüber enthalten, was die richtigen Regeln sein könnten. Die Beispiele werden nacheinander durchgearbeitet, wobei diese Hypothesen modifiziert werden, damit sie auf das aktuelle Beispiel zutreffen.

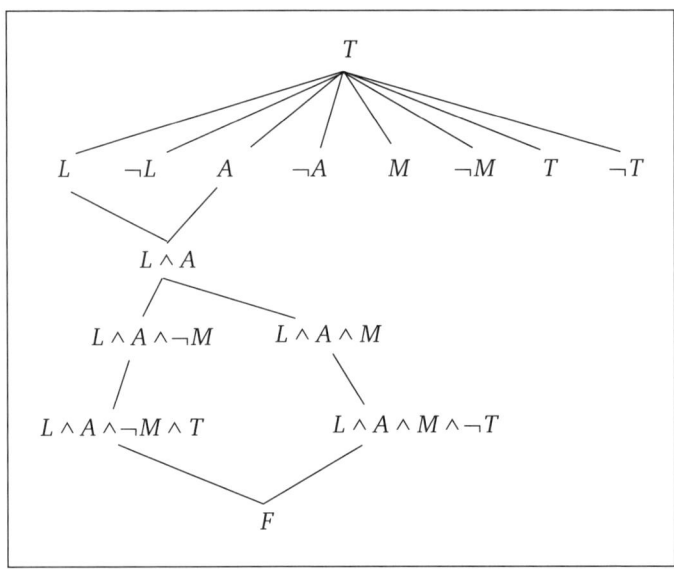

Abbildung 7.2: Ein Teil des Suchraums für das Studentenproblem

Eine einfache Version des Verfahrens berücksichtigt nur positive Beispiele (d.h. Alan und Gail) und aktualisiert eine Hypothese $S$, die eine mögliche Regel darstellt, die alle bisher überprüften Beispiele berücksichtigt. $S$ wird immer die speziellste Formel sein, die für die bisher überprüften Beispiele wahr ist. Eine Formel ist spezifischer als eine andere, wenn sie für weniger mögliche Beispiele wahr ist und sich weiter unten im Graph befindet. Anfangs, wenn noch keine Beispiele untersucht wurden, gilt $S = F$ – d.h., wir nehmen an, dass niemand eine Eins bekommen wird.

Für jedes positive Beispiel verschieben wir $S$ auf dem Graph nach oben, bis eine Formel gefunden wird, die für dieses Beispiel wahr ist. Wenn es mehr als eine solche Formel gibt, wird die speziellere ausgewählt.

Bei unserem Studentenproblem ist Alan das erste Beispiel mit den Merkmalswerten $TTTF$. Wenn wir also im Graph beginnend bei $F$ nach oben sehen, wäre eine mögliche neue Hypothese $S = L \land A \land M \land \neg T$ (d.h. nur Personen, die im letzten Jahr eine Eins hatten, hart arbeiten, männlich sind UND nicht trinken, werden in diesem Jahr gut abschneiden). Wenn wir uns das zweite Beispiel $TFTT$ ansehen und dem Graph wieder nach oben folgen, ist die speziellste Formel, die zutrifft, $S = L \land A$. Bei diesen positiven Beispielen wären noch andere allgemeinere Formeln möglich (z.B. $A$), es wird aber die speziellste ausgewählt.

Es ist auch möglich, nur die negativen Beispiele zu berücksichtigen, beginnend an der Spitze des Graphen ($T$). Diesmal wird eine Menge $G$ aktueller Hypothesen benötigt, die anfangs nur auf den Knoten $T$ gesetzt ist, sodass $G = T$ gilt. Diese Menge wird die allgemeinsten Formeln enthalten, die für die negativen Beispiele falsch sind. Wenn ein negatives Beispiel berücksichtigt wird, können wir uns in dem Graph nach unten bewegen, um Formeln zu finden, die für die Beispiele falsch sind. Es werden die allgemeinsten dieser Formeln ausgewählt (d.h. diejenigen, für die die meisten Beispiele wahr sind), aber es kann mehr als eine gleichermaßen allgemeine Formel geben.

Bei dem Studentenproblem ist anfangs $G = \{T\}$. Wenn Richard berücksichtigt wird ($TTFT$), sind die möglichen Hypothesen $G = \{\neg L, A, \neg M, \neg T\}$ (d.h. aus den bisherigen Beweisen sind mögliche Regeln, dass man eine Eins bekommen wird, wenn man im vergangenen Jahr keine hatte, wenn man hart arbeitet, wenn man weiblich ist oder wenn man nicht trinkt). Wenn wir als Nächstes Alison berücksichtigen ($FFTF$) und uns wieder im Graph nach unten bewegen, umfassen die möglichen Hypothesen $G = \{\neg L \wedge \neg A, \neg L \wedge M, L \wedge A, etc.\}$. Wenn wir Jeff berücksichtigen ($FTFT$), umfassen die Möglichkeiten $G = \{\neg L \wedge \neg A \wedge \neg M, L \wedge A, etc.\}$. Wenn wir schließlich Simon ($FTTT$) berücksichtigen, umfassen die Möglichkeiten immer noch $G = \{\neg L \wedge \neg A \wedge \neg M, L \wedge A, etc.\}$. Am Ende dieses Prozesses gibt es viele mögliche Hypothesen (von denen die meisten oben nicht explizit berücksichtigt werden). Dazu gehören auch die beiden Regeln, dass man auch dann eine Eins bekommen kann, wenn man im vergangenen Jahr KEINE bekommen hat, NICHT hart arbeitet und weiblich ist, oder die sinnvollere Regel, dass man eine Eins bekommen kann, wenn man im vergangenen Jahr eine bekommen hat und hart arbeitet.

Beachten Sie, dass die erste dieser Regeln den positiven Beispielen, die in dem Prozess vollkommen ignoriert wurden, widerspricht. Im Allgemeinen ist es am besten, sowohl positive als auch negative Beispiele zu berücksichtigen, wobei die Methoden von oben kombiniert werden. Dann können alle Beispiele verwendet werden, um aktuelle Hypothesen zu überprüfen. Es wird sowohl eine maximal spezielle Hypothese $S$ unterhalten als auch die Menge maximal allgemeiner Hypothesen $G$ und zum Schluss sollte uns der Algorithmus den Bereich der möglichen Regeln angeben, von der allgemeinsten zur speziellsten. Wenn am Ende der Verarbeitung $G$ nur ein Element hat und dieses $S$ entspricht, können wir sicher sein, dass es nur eine Regel gibt, die den gegebenen Tatsachen entspricht.

Der Algorithmus, der diese Techniken kombiniert, wird als Algorithmus zur Eliminierung von Kandidaten (candidate elimination algorithm) bezeichnet und ist (in einer etwas vereinfachten Form) hier dargestellt.

❖ Initialisiere so, dass $G = \{T\}$, $S = F$ ist.
❖ Für jedes Beispiel $B$:
  – Wenn es ein positives Beispiel ist, dann:
    – Wenn $S$ für $B$ falsch ist, siehe im Graph von $S$ aus nach OBEN und ersetzte $S$ durch die erste Formel, die für $B$ wahr ist.
    – Lösche alle Elemente von $G$, die für $B$ nicht wahr sind.
  – Wenn es ein negatives Beispiel ist, dann:
    – Wenn in $G$ irgendwelche Formeln für $B$ wahr sind, dann siehe im Graph nach UNTEN und ersetze sie durch die erste Formel, die gefunden wird, die für $G$ falsch ist.
    – Lösche alle Elemente von $G$, die spezieller als $S$ sind.

Wir können überprüfen, wie dies für unser vollständiges Studentenbeispiel funktioniert. Anfangs gilt:

$G = \{T\}$

$S = F$

Das erste Beispiel (*TTFT*) ist ein negatives. Das einzige Element in $G$ ist derzeit $T$, das immer wahr ist, sodass wir von $T$ aus im Graph nach unten blicken und feststellen, dass vier Knoten Formeln haben, die für dieses Beispiel falsch sind. Sie werden alle zu $G$ hinzugefügt und ersetzen $T$.

$G = \{\neg L, A, \neg M, \neg T\}$

$S = F$

Nun wird das positive Beispiel (*TTTF*) berücksichtigt. $S$ ist für dieses Beispiel falsch, sodass wir im Graph nach oben blicken, um eine Formel zu finden, die wahr ist. Die ausgewählte Formel ist $L \wedge A \wedge M \wedge \neg T$. (Dies ist die *speziellste* Formel oder die erste, die gefunden wird, wenn man von der aktuellen Formel aus im Graph nach oben blickt.) Wir löschen außerdem alle Elemente von $G$, die für dieses Beispiel nicht wahr sind ($\neg L$ und $\neg M$).

$G = \{A, \neg T\}$

$S = L \wedge A \wedge M \wedge \neg T$

Nun wissen wir, nur basierend auf den ersten beiden Studenten, dass die allgemeinsten Regeln, die die Tatsachen abdecken, die sind, dass jeder, der hart arbeitet, eine Eins bekommen wird, oder jeder, der nicht trinkt. Die spez... Regel, die die Tatsachen abdeckt, besagt, dass nur jemand, der im vergangenen Jahr eine Eins hatte, hart arbeitet, männlich ist und nicht trinkt, eine Eins bekommen wird. Andere mögliche Regeln fallen zwischen diese Extreme (und zwischen $S$ und ein Element von $G$ auf dem Graph). Eine andere mögliche Regel besagt z.B., dass jeder, der hart arbeitet UND nicht trinkt, eine Eins bekommen wird.

Nachdem wir uns die nächsten beiden Beispiele (*FFTF* und *FTFT*) angesehen haben, die beide negativ sind, wird $G$:

$G = \{A \wedge L, A \wedge M, A \wedge T, \neg T \wedge L, \neg T \wedge \neg A, \neg T \wedge M\}$

Es gibt eine kleine Eigenartigkeit, da $G$ nun Formeln enthält, die für das bisherige positive Beispiel falsch sind, da dies nicht erneut berücksichtigt wird. Eine anspruchsvollere Version des Algorithmus könnte solche Probleme vermeiden. Nachdem wir das positive Beispiel (*FTFF*) berücksichtigt haben, wird $G$ verkleinert, da ein paar Elemente in $G$ für dieses Beispiel falsch sind, und $S$ wird allgemeiner gefasst:

$G = \{A \wedge L, A \wedge T\}$

$S = A \wedge L$

Nachdem das letzte negative Beispiel berücksichtigt wurde, erhalten wir $G = \{A \wedge L\}$, $S = A \wedge L$, was uns ermöglicht, sicher zu schließen, dass die einzige Regel des berücksichtigten Typs (eine einfache Konjunktion der Merkmale) die gegebene ist: Man bekommt eine Eins, wenn man im letzten Jahr eine hatte und hart arbeitet.

## 7.4  INDUKTION VON ENTSCHEIDUNGSBÄUMEN

Das Lernen mit der Versionenraum-Methode funktioniert recht gut, wenn es wirklich eine einfache Regel gibt, die gelernt und als Konjunktion von Tatsachen ausgedrückt werden kann. Ein Großteil des Wissens ist aber nicht so einfach. Nützlichere Regeln werden wahrscheinlich Disjunktionen (*oder*-Aussagen) enthalten. Es gibt aber keine einfache und allgemeine Methode, um diese in der obigen Methode zuzulassen. Eine maximal spezifische Formel stellt z.B. am Ende Regeln wie „Man bekommt eine Eins, wenn man sich entweder wie Gail oder wie Alan verhält" dar, die kaum interessante Verallgemeinerungen der Daten widerspiegeln! Es ist zwar möglich, das Problem zu umgehen, indem neue Merkmale eingeführt werden – wir könnten z.B. das Merkmal „arbeitet hart *oder* hatte letztes Jahr eine Eins" verwenden – dies verkompliziert aber die Methode und macht es erforderlich, dass jemand vorhersagt, welche dieser Merkmale nützlich sein könnten.

Die Methode, die in diesem Abschnitt beschrieben wird, bietet eine Möglichkeit, um eine etwas komplexere Regel zu erhalten, die Disjunktionen auf eine recht einfache Art umfasst. Sie basiert auf der Darstellung der Regel als *Entscheidungsbaum* (decision tree).

Entscheidungsbäume werden am besten anhand eines Beispiels eingeführt. Sehen Sie sich Abbildung 7.3 an, bei der es sich um einen (stark vereinfachten) Entscheidungsbaum handelt, um zu bestimmen, ob jemand, der mit Brustschmerzen in der Chirurgie eingeliefert wird, einen Herzinfarkt hatte. Die „Diagnose" wird gestellt, indem der Baum durchschritten wird und die Ja-/Nein-Fragen des Systems beantwortet werden.

Angenommen, die Antwort auf die oberste Frage (Brustschmerzen) ist „Nein". Sie würden dem Ast folgen, der mit „Nein" gekennzeichnet ist, und die nächste Frage beantworten (Krankengeschichte). Wenn die Antwort auf diese Frage „Ja" ist, würden Sie die Frage über die längste Schmerzepisode beantworten. Angenommen, die Antwort auf diese Frage lautet „Nein". Daraufhin würden wir schließen, dass ein Herzinfarkt unwahrscheinlich ist.

Entscheidungsbäume bieten eine natürliche und intuitive Darstellung dieser Art von Wissen. Sie werden häufig von Experten konstruiert und routinemäßig z.B. in der Medizin verwendet. Das gleiche Wissen *könnte* als logische Formel dargestellt werden, aber die graphische Darstellung als Baum ist leichter verständlich. Wenn solche Strukturen automatisch aus früheren Daten konstruiert werden können, lässt sich das daraus resultierende Wissen einfach überprüfen und anwenden.

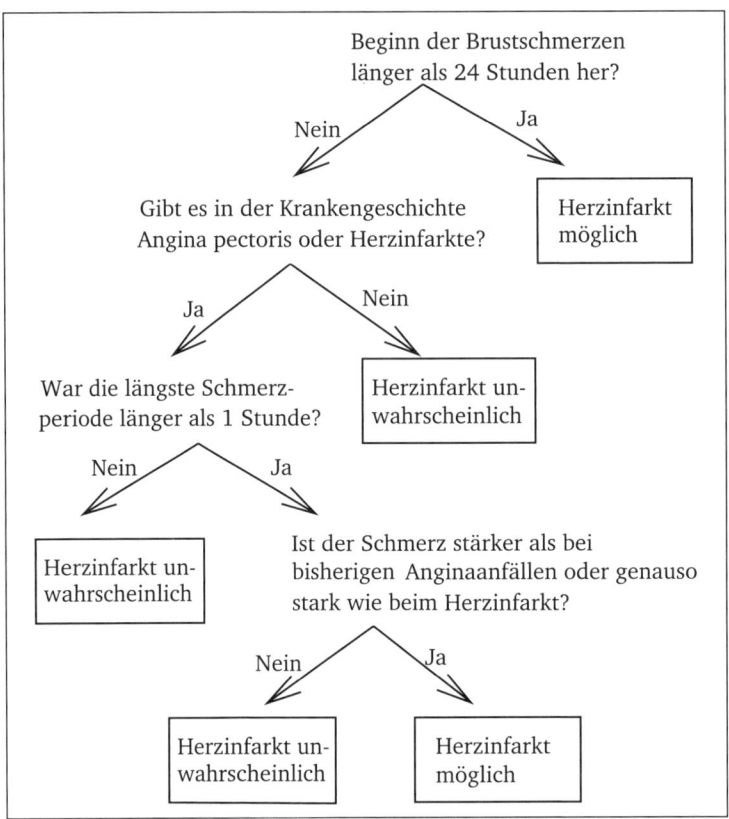

Abbildung 7.3: Entscheidungsbaum für die Diagnose eines Herzinfarkts

Systeme, die die Induktion von Entscheidungsbäumen benutzen, versuchen, den *einfachsten* Entscheidungsbaum zu konstruieren, der alle Beispieldaten aus vergangenen Fällen richtig klassifiziert. Die Idee ist, dass der Baum, wenn er einfach ist, Allgemeingültigkeiten in den Beispieldaten widerspiegeln und nützlich für das Erstellen von Vorhersagen oder Diagnosen bei neuen Fällen (Patienten, Studenten etc.) sein wird.

Ein bekannter Algorithmus für die Erstellung von Entscheidungsbäumen, basierend auf verfügbaren Daten, wird als ID3 bezeichnet. Er basiert auf wohl verstandenen statistischen Techniken (Klassifizierung und Regressionsbäume) und wurde in vielen Bereichen eingesetzt. Es sind verschiedene kommerzielle Versionen von ihm (und seinen Nachfolger-Algorithmen) verfügbar. Eine typische Anwendung könnte darin bestehen, einen Entscheidungsbaum zu erstellen, um zu entscheiden, ob jemandem Versicherungsschutz gewährt wird, basierend auf verfügbaren Daten darüber, wie viele unterschiedliche Personentypen Ansprüche erhoben haben.

Um den Algorithmus zu veranschaulichen, greifen wir auf die Studentendaten zurück, schleichen uns aber ins Büro, um einige der Ergebnisse des letzten Jahres zu ändern (andernfalls wäre das recht triviale Ergebnis des letzten Abschnitts ausreichend). Die Daten sind hier erneut dargestellt, aber diesmal mit Änderungen an den Ergebnissen von Richard und Alison.

| Nr. | Student | Eins im letzten Jahr? | Männlich? | Arbeitet hart? | Trinkt? | Eins in diesem Jahr? |
|-----|---------|----------------------|-----------|----------------|---------|----------------------|
| 1 | Richard | ja | ja | nein | ja | ja |
| 2 | Alan | ja | ja | ja | nein | ja |
| 3 | Alison | nein | nein | ja | nein | ja |
| 4 | Jeff | nein | ja | nein | ja | nein |
| 5 | Gail | ja | nein | ja | ja | ja |
| 6 | Simon | nein | ja | ja | ja | nein |

Die allgemeine Idee hinter ID3 besteht darin, nach Merkmalen zu suchen, die besonders gute Indikatoren für das Ergebnis sind, an dem Sie interessiert sind. Diese Merkmale werden dann (als Fragen) in den Knoten des Baums platziert. Bei den obigen Daten ist eine Eins im letzten Jahr der beste Indikator dafür, ob man auch dieses Jahr eine Eins bekommen wird, da alle, die im vergangenen Jahr eine Eins hatten, auch dieses Jahr eine bekommen haben, und zwei von dreien, die im letzten Jahr durchgefallen sind, auch dieses Jahr durchgefallen sind. Daher wird dies als Frage am Wurzelknoten des Baums platziert. (Ob man hart arbeitet, ist ein anderer recht guter Indikator, während die Zugehörigkeit zum männlichen Geschlecht und die Trinkgewohnheiten relativ wenig damit zu tun zu haben scheinen.)

ID3 bietet ein Maß dafür, wie gut ein bestimmtes Merkmal als Indikator für das Ergebnis ist, für das man sich interessiert. Dieses Maß basiert auf der Informationstheorie und wird ausführlich in einem Großteil der Texte beschrieben, auf die am Ende dieses Kapitels verwiesen wird[1]. Um das Beispiel durchzuarbeiten, ist es aber ausreichend, eine intuitive Vorstellung davon zu nutzen, welche Merkmale bessere Indikatoren sind.

Das Merkmal, das der beste Indikator für das Ergebnis ist, wenn alle Beispiele berücksichtigt werden, wird als Wurzelknoten des Entscheidungsbaums platziert, wie es in Abbildung 7.4 dargestellt wird. Dann werden die Beispiele aufgeteilt, sodass sich diejenigen mit unterschiedlichen Werten für das ausgewählte Merkmal in unterschiedlichen Gruppen befinden. In diesem Fall ist das beste Merkmal, ob der Student im letzten Jahr eine Eins hatte, und basierend darauf werden die Studenten in zwei Gruppen aufgeteilt, {1,2,5} und {2,4,6}.

---

[1] Für einfache binäre Merkmale und Ergebnisse wie in unserem Beispiel gilt Folgendes. Für ein Ergebnis von Interesse $R$ (z. B. eine Eins zu bekommen) können wir eine Bewertung für das Merkmal $F$ finden: $-P(R|F) \times logP(R|F) - P(R|\neg F) \times logP(R|\neg F)$. Wenn wir ein ähnliches Ergebnis außer für $\neg F$ erhalten und den gewichteten Durchschnitt dieser nehmen, erhalten wir entsprechend der Anzahl von Beispielen, nach denen $F$ und $\neg F$ wahr sind, die Gesamtbewertung für dieses Merkmal. Dadurch können wir einschätzen, wie gut das Ergebnis als Indikator für $R$ ist.

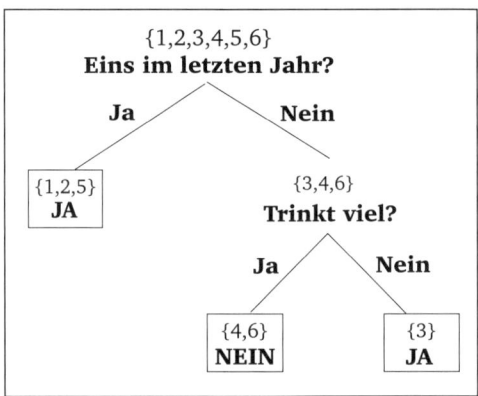

Abbildung 7.4: Entscheidungsbaum für das Studentenproblem

Wenn sich nun herausstellt, dass alle Beispiele in einer Gruppe das gleiche bestimmte Ergebnis haben, dann kann dieser Knoten nur mit dem Ergebnis beschriftet werden, wie es für die erste solche Gruppe geschieht (die Studenten 1, 2 und 5 erhalten alle eine Eins). Wenn die Gruppe aber unterschiedliche Ergebnisse umfasst, muss der obige Prozess wiederholt werden, um ein neues Merkmal zu finden (nun wird aber nur die kleinere Gruppe von Beispielen berücksichtigt). Für die Studenten 3, 4 und 6 besteht das beste Merkmal, um sie in Einser- und Nicht-Einser-Kandidaten aufzuteilen, merkwürdigerweise darin, ob sie viel trinken. Die Studentin (Alison), die nicht viel trinkt, erhält eine Eins, und die anderen nicht. Dies vervollständigt den Entscheidungsbaum, da alle „Blätter" des Baums Studenten enthalten, die das gleiche Ergebnis bekommen.

Der resultierende Entscheidungsbaum sagt vorher, dass man eine Eins bekommt, wenn man entweder im vergangenen Jahr eine bekommen hat ODER im vergangenen Jahr keine bekommen hat, aber nicht viel trinkt. Es könnte als logische Formel ausgedrückt werden ($L \vee \neg T$), aber der Entscheidungsbaum ist, wie wir bereits gesagt haben, eine einfache graphische Darstellung zur Überprüfung und Anwendung und bewahrt auch die Information, dass eine Eins im letzten Jahr in gewisser Weise wichtiger ist als das Trinkverhalten. Der Entscheidungsbaum ermöglicht auch das Stellen von Fragen, sodass mit dem hergeleiteten Baum neue Vorhersagen oder Diagnosen erstellt werden können. In diesem Fall würde der Student zuerst gefragt, ob er im vergangenen Jahr eine Eins bekommen hat. Wenn er diese Frage mit „Ja" beantwortet, werden keine weiteren Fragen gestellt. Der Entscheidungsbaum führt zwar vielleicht zu den gleichen Ergebnissen wie der entsprechende logische Ausdruck, er ist als Darstellung aber im Allgemeinen praktischer.

Der grundlegende Algorithmus, der im obigen Beispiel veranschaulicht wurde, kann wie folgt rekursiv definiert werden:

Um *MerkmalAuswählen(Beispiele)*

❖ Wähle *Merkmal*, das *Beispiele* am besten in unterschiedliche Ergebniskategorien aufteilt.

❖ Für jeden *Wert* eines *Merkmals*:
  – Finde eine Untermenge *S* von *Beispiele*, sodass *Merkmal = Wert* ist.
  – Wenn alle Beispiele in *S* sich in der gleichen Ergebniskategorie befinden, dann kennzeichne den relevanten Knoten im Baum mit dieser Kategorie, andernfalls rufe *MerkmalAuswählen* rekursiv auf *S* auf.

Die obige Beschreibung deckt auch den Fall ab, dass jedes Merkmal mehrere Werte haben kann und es verschiedene mögliche Ergebnisse gibt (statt nur Ja/Nein).

Die Induktion von Entscheidungsbäumen ist eine recht leistungsfähige, aber dennoch einfache Technik, die sich in vielen Anwendungen als nützlich erwiesen hat. Der resultierende Entscheidungsbaum kann so, wie er ist, als einfache Ausgabe eines Expertensystems oder in Regeln konvertiert und innerhalb eines regelbasierten Systems verwendet werden.

## 7.5    GENETISCHE ALGORITHMEN

In diesem Abschnitt wenden wir uns einer ganz anderen Art von Methode zu. Ein genetischer Algorithmus kann als eine Art Suchtechnik angesehen werden. Die Technik kann nicht nur auf Probleme des maschinellen Lernens angewendet werden, sondern auch auf viele andere Suchprobleme. Genetische Algorithmen wurden z.B. erfolgreich auf Zeitplanprobleme angewendet, die die Suche nach einer möglichen Verteilung von Ereignissen (z.B. Vorlesungen) auf Räume und Zeiten umfasst, wenn verschiedene Beschränkungen gegeben sind (z.B. können Personen nicht zur gleichen Zeit an zwei unterschiedlichen Orten sein!). Zeitpläne sind ein Problem, für die es viele Millionen mögliche Lösungen gibt, und es ist schwierig, automatisch die beste zu finden. Maschinelles Lernen, wenn es als Suchproblem angesehen wird (wie es in Abschnitt 7.3 ausgeführt wurde), ist ähnlich. Es kann viele Millionen möglicher Regeln geben, die die vorhandenen Daten abdecken KÖNNEN, und es kann schwierig sein, die beste dieser Regeln zu finden.

Genetische Algorithmen sind biologisch inspiriert und wurden von *Evolutions*theorien beeinflusst. Genetische Algorithmen werden manchmal auch als *Evolutionsalgorithmen* bezeichnet, obwohl dieser Begriff im Allgemeinen eine etwas weiter reichende Bedeutung hat. Die grundlegende Idee besteht darin, einen Bestand an *Genomen* zu haben, die mögliche Lösungen darstellen, diese zu mutieren und zu kombinieren, um neue zu erzeugen (*Nachkommen*), und die Leistung dieser Nachkommen mit einer Bewertungsfunktion zu beurteilen. Die *besten* dieser Nachkommen (die mit der höchsten Bewertung) überleben, um sich erneut zu „paaren".

Dies unterscheidet sich im Grunde nicht so stark von den heuristischen Suchalgorithmen (z.B. der Bestensuche), die in Kapitel 4 erörtert wurden. Hier wurde ein

Nachfolgerknoten (bei dem es sich um einen Lösungskandidaten für ein Problem handeln kann) von einem einzelnen Elternknoten abgeleitet. Die Knoten werden bewertet und die besten werden verwendet, um weitere Nachfolger abzuleiten. Der wesentliche Unterschied zu den genetischen Algorithmen besteht darin, dass neue Knoten oder Lösungskandidaten von zwei Elternteilen statt von einem abgeleitet werden. Unter gewissen Umständen kann das „Kind" WIRKLICH gut sein, wenn zwei Elternteile mit hoher Bewertung ausgewählt wurden, und die Methode erlaubt uns, uns schnell einer Lösung zu nähern.

Etwas ausführlicher: Wenn $S$ die Menge von möglichen Konzepten/Lösungen ist, dann läuft der Algorithmus wie folgt ab:

Solange $S$ keine akzeptable Lösung umfasst:

❖ Bewerte jede der Lösungen in $S$.

❖ Wähle Paare von Lösungen aus $S$ aus, vorzugsweise Paare mit hohen Bewertungen.

❖ Erzeuge Nachkommen dieser Paare, indem die Lösungen kombiniert und/oder mutiert werden.

❖ Ersetze die schwächsten Kandidaten in $S$ durch diese Nachkommen.

Normalerweise werden die ersten Lösungskandidaten willkürlich ausgewählt. Paare werden mit einer halb zufälligen Funktion für die „Züchtung" ausgewählt, die diejenigen mit einer guten Bewertung favorisiert (die aber Partner mit niedrigen Bewertungen auswählen kann – es kann sich herausstellen, dass man sich mit einem Versager paaren muss, um tolle Nachkommen hervorzubringen).

Ebenso wie heuristische Suchalgorithmen benötigen genetische Algorithmen eine Methode, um Lösungskandidaten zu bewerten. Die Form dieser Evaluierungsfunktion hängt größtenteils von dem Problem ab. Die Verwendung einer einfachen Evaluierungsfunktion bei induktiven Lernproblemen ist aber gleichbedeutend damit, einfach zu messen, welcher Anteil der Beispiele durch die fragliche Regel richtig klassifiziert wird. Bei dem Studentenproblem (und den ursprünglichen Daten aus Abbildung 7.1) erweist sich die Regel „Wenn du im letzten Jahr eine Eins hattest, wirst du auch dieses Jahr eine bekommen" für fünf von sechs Studenten als richtig. Nur Richard (der nicht sehr hart arbeitet und viel trinkt) ist eine Ausnahme. Die Bewertung für diese Regel wäre daher 5/6.

Wir benötigen außerdem eine Methode, um Lösungskandidaten so darzustellen, dass sie so mutiert und kombiniert werden können, dass die Ergebnisse immer noch aussagekräftig sind. Ein Verfahren besteht darin, eine Zeichenfolge (oder Sequenz) einer festen Länge zu verwenden. Die Zeichenfolge „T#TF" könnte genutzt werden, um die Regel „Du wirst eine Eins bekommen, wenn du im letzten Jahr eine hattest, hart arbeitest und nicht trinkst" darzustellen. Das Sonderzeichen # wird verwendet, um „egal" darzustellen (d.h., dass es aber egal ist, ob Sie männlich oder weiblich sind). Diese Darstellung kann genutzt werden, um jede der Formelarten darzustellen (darunter auch Konjunktionen, aber keine Disjunktionen), die in Abschnitt 7.3 erwähnt wurden.

Nun haben wir einerseits eine Methode, um mögliche Lösungen darzustellen, und andererseits eine Methode, um zu bewerten, wie gut eine solche Lösung ist. Also benötigen wir nur noch Methoden, um „Nachkommen"-Lösungen zu generieren. Dies erfolgt mit den beiden *genetischen Operatoren* Kreuzung (*Crossing over*) und *Mutation*. Die Kreuzung nimmt zwei Lösungskandidaten und tauscht Elemente aus, um zwei neue Kandidaten zu erzeugen. Die einfachste Form dieses Verfahrens spaltet jede Lösung in zwei auf und bildet zwei neue Lösungen aus der ersten Hälfte der einen und der zweiten Hälfte der anderen, z.B.:

T#F#

gekreuzt mit  F#TF

Ergibt  T#TF

Und  F#F#

Für unser Problem können wir uns dies als Paarung der Studenten, die im vergangenen Jahr eine Eins hatten, aber faul sind, mit den Studenten vorstellen, die im vergangenen Jahr keine Eins hatten, aber hart arbeiten und nicht trinken, um eine Kategorie von Studenten zu erhalten, die im vergangenen Jahr eine Eins hatten, hart arbeiten und nicht trinken, und eine Kategorie von Studenten, die im vergangenen Jahr keine Eins hatten und auch noch faul sind.

Im Allgemeinen ist es so, dass normalerweise einer der Nachkommen besser als jeder der Elternteile und einer schlechter als jeder Elternteil sein wird, wenn ein Elternteil aufgrund der ersten Hälfte der Konzeptdarstellung gut ist (z.B. letztes Jahr eine Eins hatte) und der andere Elternteil aufgrund der zweiten Hälfte (z.B. hart arbeitet). Der schlechte Nachkomme wird nach dem nächsten Zyklus ausgerottet.

Bei dem anderen genetischen Operator, der Mutation, wird ein einzelner Kandidat genommen und einige seiner Aspekte werden willkürlich geändert (z.B. wird ein Buchstabe willkürlich in ein T, ein F oder # geändert). Mit der Mutation allein würden die Vorteile der genetischen Algorithmen auf der Strecke bleiben. Sie muss aber im Allgemeinen eingebunden werden, falls der willkürlich ausgewählten Population eine wichtige Komponente zur Lösung fehlt.

Wir wollen unser Studentenbeispiel kurz durchspielen. Wir könnten mit einer Beispielpopulation der Lösungskandidaten beginnen:

S = {#T##, F#TF, TT##, #TT#, ###F}

Die erste Lösung entspricht der Regel, dass Sie eine Eins bekommen werden, wenn Sie männlich sind, die zweite entspricht der Regel, dass Sie eine Eins bekommen werden, wenn Sie im vergangenen Jahr keine hatten, aber hart arbeiten und kein Bier trinken usw.

Jede dieser Lösungen kann bewertet werden, indem man feststellt, welcher Anteil der Beispiele richtig klassifiziert wurde. Sehen Sie sich den ersten Lösungskandidaten an, #T##. Dieser sagt vorher, dass alle Männer eine Eins bekommen werden. In

Wahrheit hat aber nur Alan eine bekommen. Für die Regel sind nur zwei Vorhersagen richtig (Alan und Alison) und sie erhält daher die Bewertung 2/6. Der nächste Lösungskandidat hat die Bewertung 3/6 und die anderen werden mit 4/6, 4/6 und 3/6 bewertet.

Die besten Kandidaten sind die dritte und die vierte Lösung, sodass diese voraussichtlich für die Kreuzung ausgewählt werden. Die Ergebnisse sind die Lösungen TTT# und #T##, wodurch z.B. die schwachen Kandidaten #T## und ###F ersetzt werden.

S = {TTT#, #T##, F#TF, TT##, ##T#}

Die Bewertungen der neuen Lösungen sind 5/6 und 2/6. Nun könnten wir weiterhin gute Eltern auswählen und Nachkommen durch die Kreuzung produzieren, aber in Wahrheit würde dieses Beispiel niemals zur perfekten Lösung führen[1]. Die Mutation ist aus folgendem Grund notwendig: Ein wichtiges Merkmal einer Lösung ist in den Beispielen möglicherweise einfach nicht vorhanden. Nehmen wir also an, dass die Mutation auf die bisher beste Lösung angewendet wird. Es gibt viele Arten, wie sie mutieren könnte, und diese würden normalerweise zufällig ausgewählt. Eine davon führt zu unserer perfekten Bewertungslösung: T#T#. An diesem Punkt würde der Algorithmus anhalten.

Bei komplizierteren Problemen würde es an jedem Punkt viel mehr Lösungskandidaten geben und diese wären komplexer. Die Mutation würde ganz offensichtlich zufällig verlaufen. Tausende von Zyklen könnten notwendig sein, bevor die besten Lösungen erscheinen. Dies kann aber immer noch besser sein als konventionelle Suchmethoden.

Das entscheidende Merkmal der genetischen Algorithmen ist, dass durch Kombination zweier Elternteile durch Kreuzung die Wahrscheinlichkeit hoch ist, dass mindestens einer der Nachkommen besser als die jeweiligen Elternteile ist. Der Einsatz der Methode ist am einfachsten, wenn Lösungen wie oben als Zeichenfolgen fester Länge dargestellt und zwei solcher Darstellungen durch Kreuzung kombiniert werden können, um bedeutungsvolle neue Lösungskandidaten zu erhalten.

Stellen Sie sich als abschließendes und ganz anderes Beispiel die Verwendung von genetischen Algorithmen beim Lernen vor. Wir haben einen Roboter, dessen Verhalten durch eine Reihe von Produktionsregeln bestimmt wird (z.B. IF nahe-bei-wand THEN umdrehen). Angenommen, wir sind uns nicht sicher, welche dieser vielen möglichen Regeln auf eine bestimmte Situation angewendet werden soll. Eine mögliche Menge könnte als Folge wie z.B. TFTFF dargestellt werden, was bedeutet, dass nur die erste und dritte Regel benutzt wird. Nun kann sich der Lernprozess entwickeln, indem eine Umgebung mit Robotern bevölkert wird, die mit unterschiedlichen Regeln arbeiten, und man herausfindet, wie gut sie abschneiden. Dann werden

---

[1]  Wir gehen davon aus, dass die einfache „In zwei aufteilen"-Version der Kreuzung verwendet wird. In Wahrheit ist dies aber übermäßig vereinfacht und im Allgemeinen wird die Kreuzung willkürliche Anteile jeder Elternlösung zulassen. Sie könnte z. B. das T aus der ersten Lösung nehmen und das #T# aus der letzten.

die Besten „gepaart" (um neue Regelmengen zum Ausprobieren zu erhalten) und schlechte werden ausgemerzt. Schließlich findet man die beste Regelmenge. Dieses Verfahren umfasst kein induktives Lernen, da keine Beispiele für gute Roboter gegeben sind. Es ist eine Art Lernen durch Erfahrung oder Experimentieren.

## 7.6 NEURONALE NETZE

Neuronale Netze bieten eine etwas andere Annäherung an das Folgern und Lernen. Ein neuronales Netz besteht aus vielen einfachen Verarbeitungseinheiten (oder *Neuronen*), die miteinander verbunden sind. Das Verhalten eines jeden Neurons ist sehr einfach, aber zusammen kann eine Sammlung von Neuronen ein anspruchsvolles Verhalten haben und für komplexe Aufgaben verwendet werden. Es gibt viele Arten neuronaler Netze, sodass diese Erörterung auf *Perzeptronen* einschließlich *mehrschichtiger Perzeptronen* (multilayer perceptrons) beschränkt wird.

In solchen Netzen hängt das Verhalten eines Netzwerks von *Gewichten* auf den Verbindungen zwischen Neuronen ab. Diese Gewichte können anhand von Beispieldaten *gelernt* werden. In dieser Hinsicht können neuronale Netze einfach als anderes Verfahren für induktive Lernprobleme angesehen werden.

Neuronale Netze werden häufig als *subsymbolische* Darstellung von Expertenwissen beschrieben. Es wird keine bedeutungsvolle *Symbolstruktur* (z.B. Regeln oder ein Entscheidungsbaum) produziert, die von einem Experten einfach interpretiert werden kann, sondern eine Sammlung von einfachen Einheiten, die in der Kombination durch die Art, wie sie verbunden und gewichtet sind, das gesamte Expertenverhalten des Systems bilden. Das bedeutet, dass es schwierig ist, zu überprüfen, ob das gelernte Wissen vernünftig ist. Es muss bis zu einem hohen Grad als „Blackbox" behandelt werden, die aus einer Eingabe eine Ausgabe erzeugt.

Neuronale Netze sind biologisch inspiriert, sodass dieser Abschnitt mit einer kurzen Erörterung der Neuronen im menschlichen Gehirn beginnt.

### 7.6.1 BIOLOGISCHE NEURONEN

Das menschliche Gehirn besteht aus ungefähr zehn Milliarden einfacher Verarbeitungseinheiten, den so genannten Neuronen. Jedes Neuron ist mit vielen Tausenden anderer Neuronen verbunden. Die detaillierte Arbeitsweise eines Neurons ist kompliziert und wird immer noch nicht ganz verstanden, aber die grundlegende Vorstellung ist, dass ein Neuron Eingaben von seinen Nachbarn empfängt. Wenn zur gleichen Zeit ausreichend Eingaben empfangen werden, wird dieses Neuron erregt oder *aktiviert* und *ausgelöst (das Neuron feuert)*, wodurch eine Ausgabe entsteht, die von weiteren Neuronen empfangen wird.

Abbildung 7.5 veranschaulicht die elementaren Merkmale eines Neurons. Die *Soma* ist der Körper des Neurons, *Dendriten* sind Fasern, die Eingaben für die Zelle liefern, das *Axon* sendet Ausgabesignale und eine *Synapse* (oder synaptische Kreuzung) ist eine spezielle Verbindung, die gestärkt oder geschwächt werden kann, um einen größeren oder kleineren Teil eines Signals durchzulassen. Abhängig von den Signalen, die es von allen seinen Eingaben empfangen hat, kann sich ein Neuron entweder in einem erregten oder gehemmten Zustand befinden. Wenn es erregt ist, wird es diesen „Reiz" durch sein Axon weitergeben und kann so wiederum Nachbarzellen erregen.

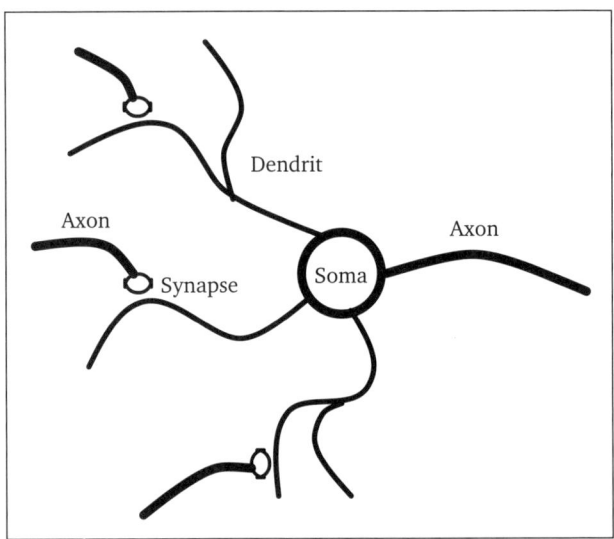

Abbildung 7.5: Elementare Merkmale eines biologischen Neurons

Das Verhalten eines Netzes hängt von der Stärke der Verbindungen zwischen den Neuronen ab. Bei den biologischen Neuronen wird dies an den Synapsen bestimmt. Die Synapse arbeitet, indem sie spezielle Chemikalien freigibt, sobald eine Eingabe erhalten wird. Diese Chemikalien heißen Neurotransmitter. Es wird ein größerer oder kleinerer Teil der Chemikalien freigegeben und diese Menge kann mit der Zeit angepasst werden. Dies kann man sich als einfachen Lernprozess vorstellen.

## 7.6.2  DAS EINFACHE PERZEPTRON: EIN ELEMENTARES COMPUTERNEURON

Ein einfaches Computerneuron, das auf dem Ablauf basiert, kann einfach implementiert werden. Es nimmt eine Reihe von Eingaben (die den Signalen von Nachbarzellen entsprechen), passt diese mit einem *Gewicht* an, um die Stärke der Verbindungen an der Synapse darzustellen, summiert sie und wird *ausgelöst*, wenn diese Summe einen Schwellenwert übersteigt. Ein Neuron, das ausgelöst wird, hat einen Ausgabewert von 1, andernfalls ist die Ausgabe 0.

Genauer gesagt, wenn es *n* Eingaben gibt (und *n* assoziierte Gewichte), findet das Neuron die gewichtete Summe der Eingaben und gibt 1 aus, wenn diese einen Schwellenwert *t* überschreitet, und andernfalls 0. Wenn die Eingaben $x_1 \ldots x_n$ mit den Gewichten $w_1 \ldots w_n$ sind:

```
if w₁x₁ + ... + wₙxₙ > t
then output = 1
else output = 0
```

Dieses elementare Neuron, das als einfaches Perzeptron bezeichnet wird, ist in Abbildung 7.6 dargestellt. Der Name „Perzeptron" wurde im Jahr 1962 von Frank Rosenblatt vorgeschlagen. Er bahnte den Weg für die Simulation neuronaler Netze bei Computern.

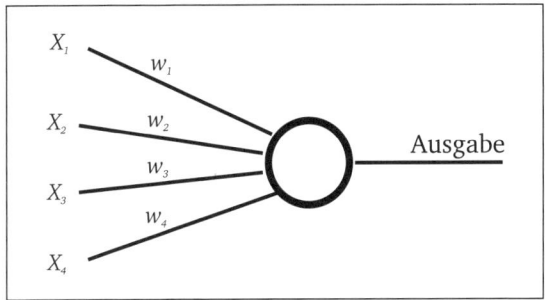

Abbildung 7.6: Elementares Computerneuron

Eine bedeutende Anwendung neuronaler Netze würde ein Netz von Hunderten oder Tausenden von Neuronen erfordern. Es ist aber möglich, auch mit einem einzelnen isolierten Neuron einen Lernprozess zu erreichen. Der Lernprozess in neuronalen Netzen umfasst die Verwendung von Beispieldaten, um die Gewichte in einem Netz anzupassen. Jedes Beispiel hat spezifizierte Ein-/Ausgabewerte. Diese Beispiele werden nacheinander berücksichtigt und die Gewichte werden um ein kleines Maß angepasst, wenn das aktuelle Netz eine falsche Ausgabe erzeugt. Dies erfolgt dadurch, dass die Gewichte auf *aktiven* Verbindungen[1] erhöht werden, wenn die tatsächliche Ausgabe des Netzes 0 ist, aber die Zielausgabe (der Beispieldaten) 1. Die Gewichte werden verringert, wenn die tatsächliche Ausgabe 1 und das Ziel 0 ist. Die ganze Beispielmenge muss wieder und wieder berücksichtigt werden, bis (hoffentlich) das Netz schließlich *konvergiert* und die richtigen Ergebnisse für alle gegebenen Beispiele wiedergibt.

Wir wollen dies anhand eines Beispiels veranschaulichen, bevor wir den Lernalgorithmus genauer erklären. Dafür kann unser Studentenbeispiel verwendet werden. Jedes Merkmal (arbeitet hart etc.) kann durch eine Eingabe dargestellt werden, sodass $x_1 = 1$ ist, wenn der fragliche Student im vergangenen Jahr eine Eins bekommen hat, und $x_2 = 1$, wenn er männlich ist usw. Die Ausgabe entspricht der Feststellung, ob sie am Ende eine Eins bekommen, sodass *output = 1* ist, wenn der Student

---

[1] D.h. diejenigen mit Eingabewerten von 1.

eine Eins bekommt. Anfangs sind die Gewichte auf einige kleine, zufällige Werte gesetzt, um aber das Beispiel zu vereinfachen, gehen wir davon aus, dass jedes Gewicht den Wert 0,2 hat. Der Schwellenwert $t$ muss ebenfalls festgelegt werden und wir setzen ihn auf 0,5. Das Maß, in dem die Gewichte jedes Mal angepasst werden, wird $d$ genannt und hat für dieses Beispiel den Wert 0,05.

Abbildung 7.7 veranschaulicht dies mit Beispieldaten aus dem ersten Studentenbeispiel (Richard). Bevor irgendein Lernprozess stattgefunden hat, ist die Ausgabe dieses Netzes 1, da die gewichtete Summe der Eingaben 0,2 + 0,2 + 0,2 = 0,6 ist, die höher als der Schwellenwert von 0,5 ist. Richard hat aber keine Eins bekommen! Also sollten alle Gewichte auf aktiven Verbindungen (diejenigen mit der Eingabe 1) um 0,05 verringert werden. Die neuen Gewichte sind 0,15, 0,15, 0,2 und 0,15.

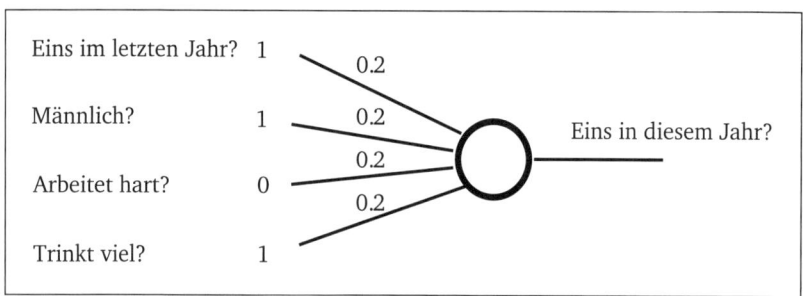

Abbildung 7.7: Neuronen mit Beispieleingaben und -gewichten

Nun wird das nächste Beispiel (Alan) berücksichtigt. Seine Eingaben sind 1, 1, 1 und 0. Das aktuelle Netz gibt eine Ausgabe von 0 aus (die gewichtete Summe ist genau 0,5), aber die korrekte Ausgabe ist 1, sodass die relevanten Gewichte um $d$ erhöht werden, was die neuen Gewichte 0,2, 0,2, 0,25, 0,15 ergibt. Beachten Sie, dass das Gewicht für „arbeitet hart" nun höher als die anderen ist, während „trinkt viel" niedriger ist: Alan und Richard sind sich auf vielerlei Weise recht ähnlich, Alan arbeitet aber härter als Richard und trinkt nicht.

Alle anderen Beispiele werden auf die gleiche Art berücksichtigt. Für Alison, Jeff oder Gail sind keine Anpassungen der Gewichte im Netz notwendig. Nachdem aber Simon berücksichtigt wurde, werden die Gewichte angepasst und ergeben nun 0,2, 0,15, 0,2 und 0,1.

Der Lernprozess endet dort noch nicht. Alle Beispiele müssen immer wieder berücksichtigt werden, bis das Netz das richtige Ergebnis für so viele Beispiele wie möglich liefert (der Fehler *minimiert* ist). Nach einem zweiten Durchgang mit unseren Beispieldaten sind die neuen Gewichte 0,25, 0,1, 0,2 und 0,1. Diese Gewichte funktionieren in der Tat für alle Beispiele, sodass der Prozess nach dem dritten Durchlauf anhält. Die Gewichte wurden nun gelernt, sodass das Perzeptron die richtige Ausgabe für jedes der Beispiele angibt.

Wenn wir auf einen neuen Studenten treffen, dann benutzen wir die gelernten Gewichte, um sein Ergebnis vorherzusagen. Vielleicht hat Tim im vergangenen Jahr eine Eins bekommen, arbeitet hart, ist männlich, trinkt jedoch. Wir würden vorhersagen, dass er eine Eins bekommen wird.

In diesem Beispiel können wir den Gewichten eine gewisse Bedeutung zuschreiben: Die Gewichte für eine Eins im letzten Jahr und harte Arbeit sind beide positiv (besonders für eine Eins im letzten Jahr), während die Gewichte für männliches Geschlecht oder Trinken weniger wichtig sind, vielleicht mit einer kleinen negativen Auswirkung. Bei komplexeren Netzen wird es aber besonders schwierig, Sinn in die Gewichte zu bringen; wir wissen nur, ob das Netz das richtige Verhalten für die Beispiele angibt.

Der grundlegende Algorithmus dafür sieht so aus:

- Initialisiere die Gewichte willkürlich.
- Wiederhole für jedes Beispiel:
    - wenn die tatsächliche Ausgabe 1 und die Zielausgabe 0 ist, verringere die Gewichte auf den aktiven Verbindungen um $d$
    - wenn die tatsächliche Ausgabe 0 und die Zielausgabe 1 ist, erhöhe die Gewichte auf den aktiven Verbindungen um $d$

bis das Netz die richtigen Ausgaben erzeugt (oder ein Zeitlimit überschritten ist).

Es gibt aber einige Beispielmengen, für die es keine Menge von Gewichten gibt, die das richtige Verhalten angibt, obwohl dieser Algorithmus für das Studentenproblem gut funktioniert hat. Ein berühmtes Beispiel ist die *exklusives Oder*-Funktion, die eine 1 ausgeben soll, wenn eine Eingabe 1 und die andere 0 ist, und andernfalls eine 0. Es ist nicht möglich, eine Menge von Gewichten für ein einfaches Perzeptron zu finden, um diese Funktion zu implementieren. Minsky und Papert haben im Jahre 1969 in ihrem Buch *Perzeptrons* formell gezeigt, welche Funktionen Perzeptronen darstellen können und welche nicht. Diese Kritik war eine der Ursachen dafür, dass das Interesse an neuronalen Netzen in den siebziger Jahren abnahm. Erst vor kurzem wurde das Interesse durch die Entwicklung komplexerer Versionen des Perzeptrons wieder belebt, die nicht die gleichen fundamentalen Einschränkungen haben. Der nächste Abschnitt wird kurz ein weit verbreitetes Verfahren umreißen.

### 7.6.3 KOMPLEXERE NETZE UND LERNMETHODEN

Bisher haben wir nur berücksichtigt, was mit einem einzigen Neuron unter Verwendung der einfachsten möglichen Methode für die Berechnung der Ausgabe und für das Lernen gemacht werden kann. Das funktioniert bei einigen einfachen Beispielen und veranschaulicht die allgemeine Idee, aber bei komplexeren Problemen müssen wir auf die Idee eines miteinander verbundenen *Netzwerks* von Neuronen (oder *Einheiten*) zurückgreifen. Diese sind in Schichten angeordnet, wobei die Ausgaben einer Schicht in die Eingaben der nächsten Schicht eingehen. Wir werden mehrschichtige *Perzeptronen* berücksichtigen.

Abbildung 7.8 veranschaulicht ein mögliches (aber sehr kleines) Netz mit drei Schichten von Neuronen. Dieses Netz hat eine *Eingabeschicht*, eine *verborgene Schicht* und eine *Ausgabeschicht*. Jedes Neuron kann mit verschiedenen Neuronen in der nächsten Schicht verbunden sein (wobei seine Ausgabe in die Eingaben dieser Einheiten kopiert wird). Die Eingabeschicht verteilt nur die Eingabewerte an die nächste Schicht und manchmal wird solch ein Netz auch als zweischichtiges Netz bezeichnet, da die Eingabeschicht nicht mitgezählt wird. Die Ausgabeschicht kann aus verschiedenen Einheiten bestehen. Dies bedeutet, dass das Netz Dinge berechnen (und lernen) kann, wenn es verschiedene mögliche Antworten gibt statt nur einer Ja-/Nein-Entscheidung (vielleicht würden für die Ergebnisse „erster", „2-1", „2-2" und „dritter" unterschiedliche Einheiten verwendet).

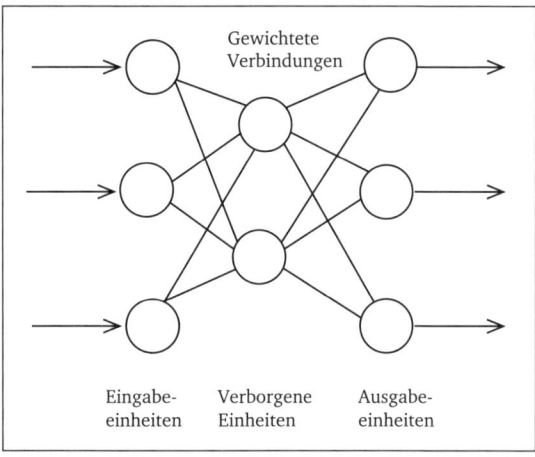

Abbildung 7.8: Ein kleines mehrschichtiges Netz

Es ist möglich, solch ein Netz zu haben, in dem jede Einheit einem einfachen Perzeptron entspricht, wie es im vorherigen Abschnitt beschrieben wurde. Anhand einiger Eingaben würden die Ausgaben der ersten Schicht von Einheiten wie zuvor berechnet und diese Ausgaben als Eingabewerte für die nächste Schicht von Einheiten verwendet. Es stellt sich aber heraus, dass es keine gute Lernmethode gibt, die angewendet werden kann, wenn die alte Regel für die Berechnung der Ausgabe einer Einheit verwendet wird. Es gibt keine Probleme mit der Anpassung der Gewichte in der letzten Schicht (die in die Ausgabeeinheiten einfließen), diese kann genau wie zuvor erfolgen. Es ist aber unklar, wie die Gewichte zwischen der Eingabe- und der verborgenen Schicht angepasst werden sollten. Komplexere Netze können mehr als eine verborgene Schicht haben und hier müssen die Gewichte zwischen den verborgenen Schichten irgendwie bestimmt werden.

Die *Backpropagation*-Regel, die im Jahre 1986 von Rumelhart, McClelland und Williams vorgeschlagen wurde, gibt an, wie dies erfolgen kann. Die Methode ist beträchtlich komplexer als das einfache Perzeptron-Lernen und wird daher an dieser Stelle nicht vollständig beschrieben. Weitere Einzelheiten finden Sie in der weiterführenden Literatur am Ende dieses Kapitels. Die allgemeine Vorstellung bringt es aber mit sich, dass zuerst eine etwas komplexere Funktion verwendet wird, um den Aktivierungszustand (activation state) (und damit die Ausgabe) einer Einheit zu bestimmen. Diese Funktion ergibt einen Wert zwischen 0 und 1 statt einem Wert von 0 oder 1. Dies bedeutet, dass es möglich ist, durch die Ausgabe eine Vorstellung davon zu erhalten, wie weit die Einheit davon entfernt ist, die richtige Antwort zu geben. Dies bedeutet wiederum, dass die Gewichte stärker angepasst werden können, wenn die Ausgabe vollständig falsch ist, als wenn die Ausgabe fast richtig ist. Die Größe, um die die Gewichte angepasst werden, hängt von dem *Fehlerterm* (error term) ab, der die Differenz zwischen dem Ziel- und der tatsächlichen Ausgabe ist. Dieser Fehlerterm kann direkt für die endgültige Schicht von Gewichten berechnet werden, um aber Gewichte in früheren Schichten anzupassen, muss er auf frühere Schichten zu*rückpropagiert* (backpropagated) werden. Der Fehlerterm für Einheiten in solchen Schichten wird berechnet, indem eine gewichtete Summe der Fehlerterme der Einheiten genommen wird, mit der sie verbunden ist.

### 7.6.4 ANWENDUNGEN NEURONALER NETZE

Neuronale Netze sind mittlerweile in praktischen Anwendungen (recht) weit verbreitet, sodass es sich lohnt, kurz darüber zu sprechen, wie eine Anwendung mit neuronalen Netzen entwickelt werden kann. Diese Erörterung wird davon ausgehen, dass die *Backpropagation*-Lernregel in einem mehrschichtigen Netz verwendet wird. Es sind noch viele andere Arten von Netzwerken und Lernmethoden möglich.

Im Allgemeinen kann die Methode immer dann genutzt werden, wenn wir viele Trainingsdaten haben und ein System erzeugen möchten, das die richtigen Ausgaben für die gegebenen Eingaben in den Daten erzeugen wird. Mit etwas Glück (und Urteilsvermögen) wird das System auch vernünftige Ausgaben für neue Eingabekombinationen erzeugen, die nicht in den Trainingsdaten existieren.

Es ist zwar möglich, neuronale Netze für viele Arten von Problemen einzusetzen, sie sind aber besonders nützlich für Aufgaben der *Mustererkennung* (pattern recognition), wie z.B. die Buchstabenerkennung. Nehmen wir als einfaches Beispiel an, dass wir eine große Menge Daten haben, die den Ziffern 0-9 in unterschiedlichen Schriftarten entsprechen (z.B. *9*, 9 und 9). Für jede Ziffer haben wir ein kleines Bitmap, das der Ziffer entspricht, und Daten darüber, um welche Ziffer es sich handelt. Wir wünschen uns ein System, dass anhand eines Bitmapbilds erkennen kann, um welche Ziffer es sich handelt. Eine Möglichkeit, um für dieses Problem ein neuronales Netz einzurichten, besteht darin, eine Eingabeeinheit für jedes Pixel in dem Bitmap zu haben und eine Ausgabeeinheit für jede interessante Ziffer. (Für eine bestimmte Ziffer würden wir es erforderlich machen, dass nur die relevante Ausgabe aktiviert war.) Es könnten eine oder mehrere verborgene Schichten zwischen diesen beiden verwendet werden. Nachdem das System mit allen Beispieldaten trainiert wurde, sollte es auch für neue Schriftarten funktionieren, die bisher noch nicht vorgekommen sind.

Um das trainierte Netz zu testen, ist es notwendig, einen Teil der Trainingsdaten für die Verwendung im Test aufzuheben. Zuerst sollten also die verfügbaren Daten in Trainings- und Testdaten aufgeteilt werden. Das Netz sollte mit den Trainingsdaten trainiert und mit den verbleibenden Daten getestet werden. Wenn es bei den Testdaten (die nicht im Training verwendet wurden) gute Ergebnisse erzielt, deutet dies darauf hin, dass es auch gute Ergebnisse bei neuen Problemen (z.B. Schriftarten) erzielen wird, für die es noch keine verfügbaren Daten gibt.

Bei dieser Beispielanwendung wäre es sehr schwierig, ein konventionelles regelbasiertes System zu schreiben, um zu bestimmen, um welche Ziffer es sich handelt, oder auch nur einen auf den Daten basierenden Entscheidungsbaum zu erstellen. Menschen finden es aber recht einfach, Zeichen durch eine visuelle Untersuchung zu erkennen. Neuronale Netze scheinen bei Aufgaben dieser Art, bei denen es darum geht, Muster in visuellen oder auditiven Daten zu finden, gut abzuschneiden. Weitere verwandte Anwendungen von neuronalen Netzen sind unter anderem das Lernen der Aussprache englischer Wörter, zu lernen, in militärischen Bildern Panzer und Felsen voneinander zu unterscheiden, die Handschrift von Personen zu erkennen und anhand des EKGs zu bestimmen, ob jemand einen Herzinfarkt hatte.

Neuronale Netze können auch auf andere Arten von Lernproblemen angewendet werden. Eine Beispielanwendung besteht darin, zu bestimmen, ob einer Person ein Kredit gegeben werden soll, wenn Daten über ihre Charakteristiken (z.B. ob sie Hausbesitzer ist) und die derzeitige Kreditwürdigkeit geben sind. Bei einigen dieser Probleme können und wurden konventionellere Lernmethoden (wie z.B. ID3 und andere statistische Methoden) genauso erfolgreich angewendet. Die Methoden können verglichen werden, indem, wie oben erwähnt, Trainings- und Testdaten verwendet werden und bestimmt wird, welches Verfahren bei den Testdaten am besten abschneidet. Häufig stellt sich allerdings heraus, dass es keinen großen Unterschied zwischen den Ergebnissen der unterschiedlichen Methoden gibt und die Ergebnisse stärker von den verfügbaren Beispieldaten und den ausgewählten Funktionen abhängen als von der beim Lernen verwendeten Methode!

Es gibt zwar einfache kommerzielle Tools für neuronale Netze, deren Verwendung so einfach wie die eines Spreadsheets erscheint. Die optimale Nutzung dieser Technik erfordert aber ein gewisses Verständnis der zugrunde liegenden Algorithmen. Für die ernsthafte Entwicklung neuronaler Netze ist es wichtig, sorgfältig zu überlegen, wie Merkmale des Problems den Ein-/Ausgabeknoten zugeordnet werden sollen, welche (wenn überhaupt) verborgenen Schichten es dazwischen geben soll, welche Lernmethode verwendet wird und wie die Parameter (wie $d$ und $t$ weiter oben) gesetzt werden sollen. Es gibt für all dies keine einfachen Regeln, sodass sowohl viel Arbeit als auch Erfahrung notwendig ist. Leider sind die beteiligten Algorithmen recht mathematisch, sodass die optimale Nutzung der Software für neuronale Netze auch eine gewisse mathematische Kompetenz erfordert.

## 7.7 LERNMETHODEN VERGLEICHEN

Dieses Kapitel hat eine Vielzahl unterschiedlicher Methoden eingeführt, die beim Lernen einer allgemeinen Regel oder eines Konzepts aus Beispieldaten genutzt werden können. Jede Methode wurde anhand eines einzelnen Problems veranschaulicht. Es gibt noch viele andere Lernmethoden, die erörtert werden könnten, und viele *statistische* Methoden, die ebenfalls angewendet werden können.

Die unterschiedlichen Methoden können auf viele Arten miteinander verglichen werden. Wir werden uns nur auf zwei konzentrieren: die Komplexität des Wissens, das gelernt werden kann, und wie gut die Methode *unscharfe* (noisy) Daten handhaben kann.

Jede Methode kann lernen, „Konzepte" (z.B. Studenten, Krankheiten, Ziffern) anhand ihrer Merkmale zu klassifizieren. Einige dieser Methoden können komplexere Zuordnungen zwischen Merkmalen und Kategorie lernen[1]. Insbesondere neuronale Netze können im Prinzip eine beliebig komplexe Funktion erlernen, die Eingaben Ausgaben zuordnet, während das Lernen mit der Versionenraum-Methode nur bei einfachen Regeln gut funktioniert, die Konjunktionen von Tatsachen umfassen. Entscheidungsbäume liegen irgendwo dazwischen. Genetische Algorithmen können auf eine Vielzahl von unterschiedlichen Konzeptdarstellungen angewendet werden – man kann sich vorstellen, dass sie dort verwendet werden, wo Konzepte als Entscheidungsbäume dargestellt werden und die Kreuzungsoperation das Austauschen von Baumfragmenten umfasst. Sie machen es aber erforderlich, dass Teile der potenziellen Lösung auf eine vernünftige Art kombiniert werden können.

Einige der Methoden machen es erforderlich, dass die Daten keine Unregelmäßigkeiten oder Ausnahmen der Regel, die wir lernen möchten, umfassen. Stellen Sie sich vor, dass wir Daten über tausend Studenten haben. Bei 999 funktioniert die Regel, „Wenn man hart arbeitet und im letzten Jahr gut abgeschnitten hat, wird man auch dieses Jahr gut abschneiden", sehr gut. Es gibt aber einen ungewöhnlichen Studenten, der aus irgendwelchen Gründen in diesem Jahr durchgefallen ist. Solche Daten werden als *unscharf* bezeichnet. Bei den meisten Anwendungen möchten wir immer noch die Regel lernen, die für die überwältigende Mehrheit funktioniert. In ihrer elementaren Form würden aber viele Methoden bei der Suche nach einer Lösung fehlschlagen. Hier ist zwar leider kein Platz, um ausführlich zu erörtern, wie die Methoden angepasst werden können, es ist aber einfach, grob zu erkennen, wie die Dinge funktionieren könnten. Es ist sehr schwierig, die Suche im Versionenraum für unscharfe Daten anzupassen, aber die Induktion von Entscheidungsbäumen kann angepasst werden, wenn man das Kriterium lockert, dass ein Endknoten im Baum Beispiele enthalten muss, die alle aus der gleichen Ergebniskategorie stammen. Wir könnten den Knoten z.B. als „Bekommt eine Eins" kennzeichnen, auch

---

[1] Beachten Sie, dass die Fähigkeit, komplexere Zuordnungen darzustellen, nicht immer eine gute Sache ist. Wenn die zu lernende Regel wirklich einfach ist, dann wird eine Methode, die NUR einfache Regeln erzeugen kann, besser funktionieren, besonders wenn es nicht viele verfügbare Daten gibt, um das System zu trainieren.

wenn das nur bei 90 % der Beispielstudenten mit den gegebenen Merkmalen der Fall war. Genetische Algorithmen können recht einfach angepasst werden, wenn wir aufgeben, sobald eine ausreichend hohe (wenn nicht sogar perfekte) Bewertung erreicht wurde. Neuronale Netze funktionieren ohne Anpassung gut.

Zwar scheinen die neuronalen Netze an diesem Punkt zu gewinnen, zumindest wenn wir anhand von unscharfen Daten komplexe Regeln lernen möchten, aber sie haben einen deutlichen Nachteil. Neuronale Netze sind nicht *transparent*: Es ist schwierig, zu überprüfen, ob die Gewichte etwas Sinnvollem entsprechen. Es werden zwar Methoden entwickelt, um Erklärungen über die Entscheidungen eines neuronalen Netzes zu erhalten und um neuronale Netze in ein stärker prüfbares Format umzuwandeln, diese Methoden sind aber noch nicht ausgereift.

Die Verwendung von neuronalen Netzen ist zwar in vielerlei Hinsicht die leistungsfähigste der beschriebenen Methoden, sie ist aber nicht immer die geeignetste. Es handelt sich im Wesentlichen um eine komplexe mathematische Technik zur Erzeugung eines *Klassifizierungs*systems aus Beispieldaten. Es können auch andere Methoden verwendet werden, von denen die Induktion von Entscheidungsbäumen besonders geeignet ist, wenn ein einfaches und verständliches Ergebnissystem erforderlich ist. Andere statistische Methoden sollten ebenfalls nicht ignoriert werden, auch wenn sie in diesem Buch nicht erörtert wurden.

Bei einem bestimmten Problem oder einer Anwendung kann die Leistung unterschiedlicher Verfahren anhand von Trainings- und Testdaten für dieses Problem verglichen werden. Bei einer praktischen Anwendung ist aber häufig die Qualität der Daten der Schlüssel. Wenn Sie ganz vergessen haben, die Studenten zu fragen, welche Note sie im vergangnen Jahr bekommen haben, dann wäre diese Tatsache für das Lernprogramm nicht verfügbar und KEIN Algorithmus könnte gut abschneiden. Wenn Sie auf ähnliche Weise nur eine kleine Menge atypischer Beispielstudenten haben (vielleicht eine Gruppe von Freunden, die wahrscheinlich einige Merkmale gemeinsam haben), dann wird das Ergebnissystem anhand der neuen Testdaten nicht gut abschneiden, egal welcher Lernalgorithmus verwendet wird. Es ist also wichtig, eine große und repräsentative Stichprobe für die Beispiele und gute voraussagende Merkmale zu haben. Bis zu einem gewissen Grad können gute Merkmale aufgespürt werden, indem Experten auf einem bestimmten Gebiet befragt werden (indem man sie z.B. fragt, welche Symptome für die Unterscheidung von Krankheiten wichtig sind). Es gibt auch statistische Methoden, die genutzt werden können, um diese Merkmale zu bestimmen. Um also die Methoden des maschinellen Lernens optimal zu nutzen, kann es nützlich sein, einige Statistiken zu kennen.

Einige Methoden funktionieren bei bestimmten Problemen gut, bei anderen wiederum sehr schlecht. Damit unterschiedliche Methoden bei einer großen Bandbreite von Problemen verglichen werden können, wurden große Beispieldatenmengen öffentlich zugänglich gemacht. Wenn eine neue Lernmethode entwickelt wird, kann mit einem Teil dieser Daten oder mit allen getestet werden, ob sie bei diesen Problemen besser abschneidet.

## 7.8 ZUSAMMENFASSUNG

- Techniken des maschinellen Lernens können genutzt werden, um automatisch Systeme für die Ausführung bestimmter *Klassifizierungs*aufgaben zu erzeugen, wenn Beispielfälle gegeben sind, die von Experten richtig klassifiziert wurden.

- Das maschinelle Lernen kann unter anderem als *Suche* nach einer Regel angesehen werden, die für die Daten geeignet ist. Das Lernen mit der *Versionenraum*-Methode bietet eine Methode, um diesen Suchprozess zu verwalten. *Genetische Algorithmen* können genutzt werden, wenn der Suchraum zu groß wäre. Genetische Algorithmen funktionieren, indem sie zwei mäßig gute, mögliche Lösungen kombinieren, um (hoffentlich) eine bessere „Kind"-Lösung zu erhalten.

- Die Lernmethoden variieren in der Komplexität der Regel, die gelernt werden kann. Die Versionenraum-Methode kann z.B. nicht einfach genutzt werden, um Regeln zu lernen, die Disjunktionen umfassen. Neuronale Netze können an sich auch willkürliche Funktionen lernen.

- Die Induktion von Entscheidungsbaumen ist eine häufig genutzte Methode, die den *einfachsten* Entscheidungsbaum erzeugt, der die Trainingsdaten richtig klassifiziert. Das beste Eingabemerkmal zum Aufteilen der Beispiele in unterschiedliche Kategorien wird gesucht und der Algorithmus rekursiv aufgerufen.

- Neuronale Netze lernen, indem Gewichte auf den Verbindungen zwischen Knoten wiederholt angepasst werden, bis die richtige Ausgabe für alle Trainingsbeispiele erzielt wird.

- In der Praxis kann die Qualität der Ergebnisse stärker von den Trainingsdaten als von der ausgewählten Lernmethode abhängen.

## 7.9 WEITERFÜHRENDE LITERATUR

Die meisten größeren KI-Lehrbücher enthalten ein oder mehrere Kapitel über das maschinelle Lernen. Es gibt bei (Luger und Stubblefield 1993) (Kapitel 12) eine recht detaillierte Liste aller oben erörterten Techniken (und anderer). Eine etwas eingeschränktere Erörterung findet sich bei (Rich und Knight 1991) (Kapitel 17-18). Russell und Norvig (Russell und Norvig 2002) (Kapitel 18-21) bieten eine sehr solide und umfassende Erfassung auf recht fortgeschrittener Ebene. Ginsberg (Ginsberg 1993) (Kapitel 15) bietet eine gute, aber recht kurze und formelle Abhandlung, die recht viel Mathematik umfasst. Ginsberg sagt weniger über neuronale Netze. Eine gute, aber recht formelle, logikbasierte Abhandlung ist bei (Pratt 1994) (Kapitel 9-10) zu finden. Die beiden letztgenannten Werke gehen nur kurz auf genetische Algorithmen ein.

Es gibt viele Bücher und Übersichtsartikel, die sich dem maschinellen Lernen, genetischen Algorithmen und/oder neuronalen Netzen widmen. Aktuelle Empfehlungen finden sich auf der Liste der Frequently Asked Questions zur KI (einen Link finden Sie auf der WWW-Seite zu diesem Buch). Eine recht leichte Einführung in neuronale Netze findet sich bei (Beale und Jackson 1990). Die *Encylcopaedia of Artificial Intelligence* (Shapiro 1992) enthält immer gute, kurze Übersichten zu diesem und anderen Themen.

Eine gute und umfangreiche Einführung in die Simulation und Anwendung neuronaler Netze ist (Zell 2000).

Die praktische Anwendung von neuronalen Netzen steht bei (Braun, Feulner, Malaka 1997) im Mittelpunkt.

Wer sich für die biologischen Hintergründe von neuronalen Netzen und Neurowissenschaften im Allgemeinen interessiert, findet mit (Kendall, Schwartz, Jessel 1996) einen guten und umfassenden Einstieg.

## 7.10 ÜBUNGEN

1. Die folgende Datentabelle enthält Informationen darüber, ob Patienten am Tag nach der Operation aus dem Krankenhaus nach Hause entlassen wurden. Versuchen Sie, *jede* der in diesem Kapitel beschriebenen Methoden zu verwenden, um zu sehen, ob eine einfache Regel oder Methode dafür gelernt werden kann, welche Patienten in Zukunft entlassen werden können. Erklären Sie die Gründe für die Probleme mit den Methoden.

| Patient | Größere Operation? | Familie zu Hause? | Alt? | Entlassen? |
|---------|--------------------|-------------------|------|------------|
| 1 | Ja | Nein | Nein | Nein |
| 2 | Ja | Nein | Ja | Nein |
| 3 | Nein | Nein | Nein | Ja |
| 4 | Nein | Nein | Ja | Nein |
| 5 | Nein | Ja | Ja | Ja |

2. Auf Probleme mit der Suche im Versionenraum kann manchmal eingegangen werden, indem ein neues Merkmal, wie z.B. „alt ODER große Operation" oder „Familie ODER nicht alt", hinzugefügt wird. Zeigen Sie, wie eine richtige Regel nun mit der Methode abgeleitet werden kann.

3. Was ist, wenn wir einen sechsten Patient mit den folgenden Daten hinzufügen?

| Patient | Größere OP? | Familie? | Alt? | Entlassen? |
|---------|-------------|----------|------|------------|
| 6 | Nein | Nein | Nein | Nein |

Dieser Patient hat die gleichen Merkmalswerte wie Patient 3, wurde aber nicht entlassen. Welche der Methoden würde Ihrer Meinung nach für diese neue Datenmenge immer noch funktionieren? Machen Sie Vorschläge, wie die Induktion von Entscheidungsbäumen modifiziert werden könnte, um mit solchen Fällen umzugehen.

4. Angenommen, wir berücksichtigen vier Altersstufen, statt die Patienten nur grob in alt und nicht alt aufzuteilen: Baby, Kind, Erwachsener, ältere Person. Wie könnte jede der Methoden angepasst werden, um mit diesen *nichtbinären* Merkmalen umzugehen?

5. (Projekt) Versuchen Sie, ein einfaches Perzeptron (einschließlich des Lernalgorithmus) zu implementieren. Testen Sie es anhand der Studentendaten.

# 8

## AGENTEN UND ROBOTER

**Lernziele**

Einführung in intelligente Agenten, sowohl Softwareagenten als auch physische Roboter

**Sie sollten in der Lage sein:**

➜ die Fähigkeiten zu beschreiben, die für einen intelligenten Agenten erforderlich sind

➜ drei Anwendungen von Softwareagenten anzugeben

➜ Produktionsroboter und autonome mobile Roboter zu beschreiben und zu vergleichen sowie anzugeben, wofür jeder verwendet werden kann

➜ zu erklären, warum menschenähnliche Roboter entwickelt werden und wie diese Arbeit einen Gegensatz zur traditionellen Arbeit der KI bildet

## 8.1 EINFÜHRUNG

Um dieses Buch abzuschließen, wenden wir uns einem Thema zu, das sowohl ein verbindendes Thema für viele der Themen in diesem Buch ist[1] als auch für sich genommen sehr interessant ist: der Entwurf von intelligenten Agenten. Ein intelligenter Agent ist etwas, was unabhängig agieren kann, mit wohl definierten Zielen ausgestattet ist und normalerweise für einen menschlichen Benutzer Aufgaben durchführt. Der Agent sollte in der Lage sein, basierend auf den Informationen, die er von seiner Umgebung oder von anderen Agenten empfängt, das, was er tut, anzupassen. Eine Gruppe von Agenten kann in der gleichen Umgebung arbeiten, miteinander kommunizieren und Informationen oder Anfragen senden. Diese Gruppe von Agenten kann auch menschliche „Agenten" umfassen.

Stellen Sie sich als einfaches Beispiel einen Agenten vor, dessen Aufgabe darin besteht, Ihre Einkäufe zu erledigen. Das anfängliche Ziel könnte darin bestehen, Mohrrüben zu kaufen. Der Agent muss in der Lage sein, unabhängig zu agieren, mit anderen Agenten (wie z.B. dem Verkäufer) zu kommunizieren, aber seine Aktionen in Abhängigkeit von dem, was er sieht und hört, zu modifizieren. Wenn er z.B. einige sehr schöne grüne Bohnen sieht, könnte das Ziel, Mohrrüben zu besorgen, überprüft werden. Wenn er auf dem Weg nach Hause die Mohrrüben/grünen Bohnen in eine Pfütze fallen lässt, muss er seinen Plan anpassen und zurückgehen, um neue zu besorgen!

---

[1]  Norvig und Russell (1995) verwenden das Konzept der intelligenten Agenten als verbindendes Thema für ihr gesamtes Buch.

Wir können intelligente Agenten in Softwareagenten, die innerhalb der Grenzen des Computers (oder Computernetzwerks) arbeiten, und physische Agenten (d.h. Roboter) aufteilen, die in der physischen Welt arbeiten und Objekte in dieser Welt erkennen und handhaben können.

Der Entwurf eines intelligenten Agenten kann einige der Techniken erfordern, die in diesem Buch beschrieben sind. Planungstechniken werden benutzt, damit er planen kann, was zu tun ist, Techniken aus der Sprachverarbeitung erlauben ihm mit dem Benutzer zu kommunizieren, mit den Methoden der Expertensysteme dienen der Lösung spezieller Probleme, mit Methoden der Wissensrepräsentation wird das erforderliche Wissen dargestellt, mit Techniken der Bildverarbeitung wird die physische Umgebung erfasst und mit Lerntechniken kann der Agent sein Verhalten anpassen und verbessern. Der Entwurf eines intelligenten Agenten bringt aber neue Probleme mit sich. Ein intelligenter Agent wird z.B. normalerweise über einen ausgedehnten Zeitraum agieren, in einer Umgebung, die sich fortlaufend ändern kann und in der neue empfangene Informationen veränderte Prioritäten bedeuten können. Traditionelle KI-Techniken sind dafür möglicherweise nicht gut geeignet und müssen angepasst oder überdacht werden. Hier ist zwar kein Raum, um diese aktuelleren Entwicklungen ausführlich zu erörtern, Sie sollten sich aber der Probleme, die auftreten, bewusst sein.

Der Rest dieses Kapitels wird einen kurzen Blick auf Softwareagenten und Roboter werfen und auch einige der unterschiedlichen Techniken erwähnen, die verwendet werden.

## 8.2 SOFTWAREAGENTEN

Ein Softwareagent ist eine unabhängige Softwarekomponente, die (normalerweise) dem Benutzer eines Computersystems Unterstützung bietet. Softwareagenten können z.B. als persönliche Assistenten genutzt werden, um E-Mails zu *filtern*, nützliche Dokumente zu *finden*, Meetings zu *planen* und sogar die Einkäufe für Sie zu erledigen. Der Benutzer *delegiert* die Verantwortung für einige seiner Routineaufgaben an den Agenten, der dann dafür verantwortlich ist, sicherzustellen, dass sie ausgeführt werden. Der Agent sollte eine Vorstellung von den Zielen des Benutzers haben und in der Lage sein, die Aufgabe *autonom* auszuführen (und dabei seine eigenen Entscheidungen zu treffen, ohne sich wegen präziser Instruktionen an den Benutzer zu wenden). Der Agent muss möglicherweise mit anderen Agenten kommunizieren, um Informationen aus seiner „Umgebung" zu erhalten (z.B. Computerdateien), und seine Handlungen als Reaktion auf die empfangenen Informationen anpassen. Der Agent ist permanent aktiv und nimmt alle Aktionen vor, die zu einem bestimmten Zeitpunkt erforderlich sind.

In den folgenden Abschnitten werden einige Beispiele für die unterschiedlichen Arten von Softwareagenten aufgeführt.

## 8.2.1 AGENTEN ZUR HANDHABUNG VON E-MAILS

Viele Menschen bekommen jeden Tag Hunderte von E-Mails. Es ist schwierig, die wichtigen Nachrichten vom Werbemüll zu trennen, der mit gutem Gewissen ignoriert werden kann. Programme, die E-Mails automatisch filtern und klassifizieren können, werden immer beliebter.

Manchmal ist es nicht klar, an wen eine bestimmte E-Mail gesendet werden soll. Vielleicht möchten Sie eine Nachricht an „die Person schicken, die Reservierungsanfragen handhabt". Hier wäre es nützlich, wenn nur diese Angabe ausreichen würde, um die Nachricht an die entsprechende Person automatisch weiterzuleiten.

Ein intelligenter Agent, der in einer Organisation die E-Mails auf diese Art handhabt, benötigt ein bestimmtes Wissen über die Rollen und Interessen der Personen in dieser Organisation. Ein einfaches System erlaubt vielleicht jeder Person nur, Regeln einzugeben, die angeben, wie E-Mails behandelt werden sollen (z.B. IF Betreff enthält „Abendessen" THEN Priorität hoch; IF Betreff enthält „gebrochen" THEN weiterleiten-an Fred). Eine Inferenzmaschine mit Vorwärtsverkettung kann genutzt werden, um die Regeln zu verarbeiten und mit den Nachrichten umzugehen.

Eine E-Mail-Nachricht besteht primär aus natürlichsprachlichem Text. Damit ein Agent solche Nachrichten ordentlich behandeln kann, sollte er ein gewisses Textverständnis haben. Wenn in der Nachricht z.B. statt „Abendessen" „Filetsteak mit Pommes Dauphin" erwähnt wird, sollte sie vermutlich trotzdem eine hohe Priorität erhalten (obwohl vielleicht „Schweinekotelett mit Rosenkohl" eine niedrige Priorität erhalten sollte). Ein System, das die natürliche Sprache vollständig versteht, wäre wahrscheinlich nicht erforderlich. Eine Analyse, um zu versuchen, die wesentlichen Themen in der Nachricht zu identifizieren, wäre ausreichend.

Einige Systeme dieser Art nutzen Techniken des maschinellen Lernens, um die Regeln basierend auf dem anzupassen, wie der Benutzer mit den Nachrichten umgeht. Vielleicht hat Maria Nachrichten von Tim immer ignoriert und daher kann das System für Maria veranlassen, dass Nachrichten von Tim eine niedrige Priorität erhalten sollen.

Ein Agent zur Behandlung von E-Mails agiert autonom hinter den Kulissen, um den Benutzer zu unterstützen. Er ist permanent aktiv und behandelt die Nachrichten, wenn sie ankommen. Er agiert in einer sich ändernden und unvorhersehbaren Umgebung, in der E-Mails jederzeit ankommen und sich die Prioritäten mit der Anzahl der empfangenen E-Mails ändern können. Expertensysteme, Sprachverarbeitung und Techniken des maschinellen Lernens können genutzt werden, um solch einen Agenten zu implementieren.

## 8.2.2 INFORMATIONSAGENTEN

Es gibt derzeit eine große Menge von Informationen, die in Computernetzwerken (wie z.B. dem Internet) verfügbar sind. Niemand hat die Zeit, die verfügbaren Informationen zu beobachten, um zu sehen, ob neue relevante Informationen aufgetaucht sind. Diese Aufgabe kann einem intelligenten Agenten übertragen werden.

Der intelligente Agent benötigt ein persönliches Profil mit den Interessen des Benutzers. Er kann dann wiederholte Suchvorgänge durchführen, um interessante Informationen zu finden, sie zu vergleichen und zu priorisieren und dem Benutzer auf Anfrage zu präsentieren. Alle diese Aufgaben können durchgeführt werden, während der Benutzer an anderen Dingen arbeitet. Der Agent wird auch hier in einer sich verändernden Umgebung arbeiten, in der die verfügbaren Informationen (und die Teile des Netzwerks) sich von Tag zu Tag ändern.

Die Techniken, die für diese Art von Agent erforderlich sind, ähneln denen, die für die Behandlung von E-Mails erforderlich sind. Techniken eines Expertensystems sind möglicherweise erforderlich, um relevante Informationen zu identifizieren, mit Techniken des maschinellen Lernens kann das persönliche Profil aufgebaut und aktualisiert werden und vielleicht werden Techniken aus der Sprachverarbeitung verwendet, um mögliche relevante Texte zu analysieren.

## 8.2.3 AGENTENBASIERTE SCHNITTSTELLEN

Ein neues Musterbeispiel für eine Benutzerschnittstelle basiert auf der Vorstellung, dass der Benutzer mit einem *Konversationsagenten* kommuniziert. Ein Konversationsagent ist ein animierter „sprechender Kopf", mit dem der Benutzer über die natürliche Sprache kommunizieren kann. Die Schnittstelle zu einem medizinischen Informationssystem könnte z.B. aus einem Bild eines Gesichts bestehen, das als Arzt erkennbar ist. Die Schnittstelle zu einem Mailsystem könnte aus dem Bild eines Gesichts bestehen, das als Briefträger erkennbar ist. Der Benutzer ist in der Lage, mit diesen Agenten (auf eine menschenähnliche Art) zu sprechen und eine Reaktion zu erhalten, möglicherweise durch Sprache, wobei die Gesichtsausdrücke des Schnittstellenagenten den Inhalt der Reaktion widerspiegeln!

Ein Schnittstellenagent kann Informationen über die bestimmten Bedürfnisse und Vorlieben des Benutzers und die tatsächlichen Informationen über den Benutzer und die Organisation benutzen. Zum Beispiel möchte der Benutzer womöglich so etwas wie „Sende dieses Memo an alle meine Kunden in München" sagen können und wissen, dass die entsprechende Aktion ausgeführt wird. Damit dies möglich ist, müsste das System offensichtlich in der Lage sein, den Satz zu interpretieren und dann auf die Liste relevanter Kunden zuzugreifen.

Ein Schnittstellenagent muss möglicherweise auch mit anderen Agenten in einem System kommunizieren, wie z.B. Agenten zur Behandlung von E-Mails und Informationen. Ein Schnittstellenagent könnte z.B. einen Informationsagent *bitten*, Informationen zu einem bestimmten Thema zu finden. Es wurden spezielle Sprachen entwickelt, um solch eine Kommunikation zwischen sich gegenseitig beeinflussenden Agenten zuzulassen. Formalismen der Wissensrepräsentation wurden entwickelt, um unterschiedlichen Agenten zu erlauben, ihr Wissen zu teilen. Die *agentenorientierte Programmierung* ist ein Programmierparadigma, das ein Denken im Sinne kommunizierender Agenten unterstützt statt einfach nur die Programmierung von Modulen oder Anwendungen.

Schnittstellenagenten können KI-Techniken verwenden, wie z.B. die Sprachverarbeitung, maschinelles Lernen und die Wissensrepräsentation. Der menschenähnliche, sprechende Kopf wird aber als Idee immer beliebter, egal, ob mit ihm eine Intelligenz assoziiert ist. Bei Online-Computerspielen wird z.B. die Hilfe manchmal durch einen sprechenden Kopf dargestellt. Das Konzept eines intelligenten Agenten kann daher eher eine Metapher als Wirklichkeit sein. Sie kommunizieren mit dem System, *als ob* Sie mit einer intelligenten Entität mit einer bestimmten Erscheinung oder Persönlichkeit kommunizieren würden, hinter dem System steckt aber möglicherweise nur wenig Intelligenz und sicherlich keine Persönlichkeit!

# 8.3 ROBOTER

Der Begriff „Roboter" wird für alles verwendet, von relativ einfachen programmierbaren Maschinen, die z.B. für das Zusammenbauen von Autos verwendet werden, bis hin zu intelligenten, *menschenähnlichen* Robotern, die sich in der Science Fiction finden. Die anspruchsvolleren Roboter können als intelligente Agenten angesehen werden, die in der physischen Welt arbeiten. Der Roboter führt Aufgaben für einen Menschen aus, hat aber seine eigenen Ziele und ist in der Lage, sein Verhalten basierend auf den empfangenen Informationen anzupassen. Der wesentliche Unterschied zwischen einem Roboter und einem Softwareagenten besteht darin, dass der Roboter in der Lage sein wird, Objekte in einer physischen Umgebung (durch Bildverarbeitung) zu erkennen und sie in dieser Umgebung zu handhaben.

Der wesentliche Unterschied beim Entwurf von Robotern besteht darin, dass die wahre Welt unordentlich ist. Es ist einfach, ein Planungsprogramm zu schreiben, das in der Theorie ausarbeiten kann, wie Objekte zwischen Zimmern hin- und herbewegt werden (Kapitel 4). In der Realität können aber Objekte im Weg des Roboters stehen (vielleicht ein Kaffeetisch), die Umgebung kann sich verändern (ein Mensch kann sich ins Zimmer schleichen und den Tisch verschieben), die Aktionen des Roboters können unpräzise sein (wie weit hat er sich nach vorn bewegt, als die Räder auf dem Teppich ausrutschten?) und seine visuelle Wahrnehmung kann unklar sein (ist das ein Papierkorb oder eine Wäscheschleuder?). Also kann auch der Entwurf eines Roboters, der nur einfache Aufgaben ausführt, sehr komplex sein.

Der Entwurf eines Roboters hängt sehr stark von der Aufgabe ab, für die er entworfen wurde. Bei einigen Aufgaben, wie z.B. im Herstellungsprozess, kann die physische Umgebung recht starr und vorhersagbar sein. Bei anderen Aufgaben ist viel mehr Flexibilität erforderlich. Zum Beispiel werden Roboter heutzutage verwendet, um unwegsame Gegenden zu untersuchen oder aufzuräumen, in denen sich Menschen nicht sicher bewegen können. Roboter für diese Aufgabe müssen *mobil* und *autonom* sein (bis zu einem gewissen Grad selbst entscheiden, was als Nächstes zu tun ist), unvorhergesehene Geschehnisse bewältigen und sich wieder von Fehlern erholen.

Dieser Abschnitt beschäftigt sich mit unterschiedlichen Robotertypen, die für unterschiedliche Zwecke entwickelt wurden: autonome mobile Roboter und menschenähnliche Roboter (die nach dem Vorbild des Menschen entworfen wurden).

## 8.3.1 PRODUKTIONSROBOTER

Roboter werden derzeit für eine Vielzahl von Produktionsaufgaben verwendet, wie z.B. zum Schweißen, zur Montage oder für Lackierarbeiten. Derzeit sind die meisten dieser Roboter recht dumm – sie führen einfach wiederholt eine standardisierte Abfolge von Aktionen aus. Dies kann recht gut funktionieren, da die Umgebung des Roboters so entworfen werden kann, dass keine unerwarteten Geschehnisse eintreten und sich alles an seinem erwarteten Platz befindet.

Ein Produktionsroboter besteht normalerweise aus einem *Arm* mit Gelenken und einem Gerät oder Ähnlichem am Ende, wie z.B. einem *Greifer* (um Dinge aufzuheben), einer Sprühpistole für Farbe oder einem Schweißgerät. Die Anzahl und Anordnung der Gelenke bestimmen die Bandbreite an Positionen und Ausrichtungen, in denen das Gerät positioniert werden kann. Für eine vollständige Flexibilität benötigen Sie sechs Gelenke, wodurch das Gerät in jeder Position innerhalb der Reichweite in jedem Winkel positioniert werden kann. (Der Arm hat sechs Stufen der Bewegungsfreiheit, drei für die $x$-$y$-$z$-Position und drei für die Ausrichtung.) Abbildung 8.1 stellt einen einfacheren Arm mit nur drei Gelenken dar, der sich nur in einer Ebene bewegen kann.

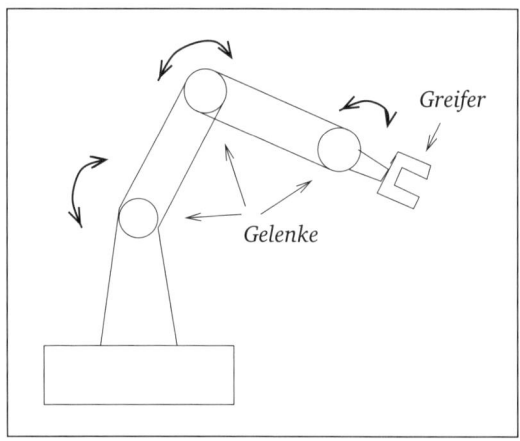

Abbildung 8.1: Ein elementarer Roboterarm

Um einen elementaren Produktionsroboter dazu zu bringen, das zu tun, was Sie möchten, müssen Sie ihn programmieren. Dies kann mindestens darin bestehen, ihm nur eine Position anzugeben, zu der er sich bewegen soll, und eine Aktion, die er ausführen soll (z.B. den Greifer an Position $P$ und Ausrichtung θ zu bewegen und ihn zu schließen). Dann werden Berechnungen ausgeführt, um genau auszuarbeiten, wie die verschiedenen Gelenke bewegt werden müssen, damit der Greifer richtig positioniert wird, die Motoren surren und sich der Arm bewegt.

Wenn der Roboter eine komplexe Folge von Aktionen ausführen soll, ist die Programmierung des Roboters auf diese Art recht mühselig – jede Position und Ausrichtung muss genau angegeben werden. Ein gängiges Verfahren besteht daher darin, einen Roboter zu programmieren, indem er erst per Hand durch die gewünschte Folge von Aktionen geführt wird und die Bewegungen dann gespeichert werden, sodass sie wiederholt werden können.

Sogar ein elementarer Produktionsroboter kann einige Informationen aus der Umgebung erhalten und sein Verhalten entsprechend anpassen. Ein sehr einfacher Aspekt dessen ist die Verwendung von Drucksensoren, um zu bestimmen, wie fest ein Objekt gegriffen wird. Wenn der Roboter etwas Zerbrechliches wie ein Ei aufhebt, ist es ganz klar keine gute Idee, einfach nur den Greifer mit seiner ganzen Kraft zu schließen! Die meisten Robotergreifer können daher mit einfachen Spannungsmessern feststellen, wie hoch der Druck auf das gegriffene Objekt ist. Dies ist ein einfaches Beispiel für die Verwendung des *Tastsinns* als Informationsquelle in Bezug auf die Umgebung.

Ein Produktionsroboter kann außerdem einige elementare visuelle Daten von einer Kamera benutzen. Da die Umgebung des Roboters aber so eingerichtet werden kann, dass für ihn alles einfach erkennbar ist, können die verwendeten Methoden recht einfach sein. Zum Beispiel kann ein Licht-„Streifen" auf ein (sorgfältig positioniertes) dreidimensionales Objekt projiziert werden. Die Kontur dieses Streifens im Bild ergibt eine deutlich erkennbare „Signatur" für jedes Objekt, wodurch die Erkennung einfach wird.

Produktionsroboter können zwar auf eine elementare Art Informationen von der Umgebung empfangen und ihr Verhalten entsprechend anpassen, die meisten Fragen bei der Entwicklung beziehen sich aber auf die Technik und die Organisation statt auf die KI. Also werden wir uns nun einer interessanteren Roboterklasse zuwenden: dem autonomen mobilen Roboter.

### 8.3.2 AUTONOME MOBILE ROBOTER

Die oben erörterten Produktionsroboter waren nur Arme, die an einer festen Basis befestigt sind. Viele Anwendungen erfordern aber Roboter, die sich frei bewegen können. Zum Beispiel werden mobile Roboter als „Lieferjungen" in großen Organisationen verwendet. Sie können instruiert werden, ein Objekt an einen Ort irgendwo im Gebäude zu bringen, sich den Weg durch das Gebäude zu bahnen (und Hindernisse in ihrem Weg zu umgehen) und die Auslieferung durchzuführen. Mobile Roboter können auch für Routineaufgaben in gefährlichen Umgebungen eingesetzt werden, wie z.B. auf der Oberfläche des Mars und in gefährlichen Abschnitten eines Kernkraftwerks oder in der Nähe eines Feuers.

Mobile Roboter sind häufig kleine unbemannte Landfahrzeuge. Es wurden aber auch Unterwasser- und sogar Luftgefährte entwickelt. Autonome Luftgefährte können z.B. verwendet werden, um Nahrungsmittel und medizinische Vorräte zu Flüchtlingen in einem Kriegsgebiet zu bringen, in die menschliche Piloten nur ungern fliegen. Unterwassergefährte können z.B. für die Untersuchung von Ölbohrgebieten und die Wartung von Bohrinseln eingesetzt werden.

Mobile Roboter können manchmal aus der Ferne von einem Menschen bedient werden, der durch seine Kamera sehen, was der Roboter sieht, und die Bewegung und Aktionen des Roboters direkt kontrollieren kann. Dies erfordert aber offensichtlich die unaufhörliche Aufmerksamkeit einer menschlichen Bedienungsperson. Dies wäre z.B. für einen Roboter zur Postauslieferung nicht sehr hilfreich, da der menschliche Bediener die Post auch einfach selbst austeilen könnte. Daher ist es besser, wenn mobile Roboter wenigstens einen gewissen Grad an Autonomie aufweisen, navigieren und Hindernisse ohne Hilfe umgehen, Routineentscheidungen fällen und bis zu einem gewissen Grad mit unerwarteten Ereignissen umgehen können. Solche Roboter passen gut in unsere Definition von intelligenten Agenten. Sie müssen gelegentlich einen menschlichen Vermittler um Rat oder Anweisungen bitten, sind im Wesentlichen aber unabhängige Entitäten mit eigenen Zielen.

Mobile Roboter arbeiten normalerweise in dynamischen und unberechenbaren Umgebungen. Die Fähigkeit, diese Umgebung zu erkennen und entsprechende Aktionen vorzunehmen, ist daher wichtig. Bei einigen Anwendungen kann dies sehr einfach sein. Roboter zum Austragen von Post können z.B. deutlich markierten Spuren in einer bekannten Umgebung folgen, wobei ihre Fähigkeiten, Hindernisse zu vermeiden, darauf beschränkt sind, anzuhalten, wenn sie etwas entdecken, was sich vor ihnen bewegt. Andere Anwendungen erfordern aber vielleicht anspruchsvollere Methoden. Sie müssen möglicherweise in der Lage sein, in unebenem, unbekanntem Gelände um Hindernisse herum zu navigieren, vielleicht eine interne Karte des Terrains zu zeichnen und geeignete Aktionen zu planen. Ein Roboter zur Feuerbekämpfung müsste z.B. seinen Weg durch ein Gebäude (oder im Wald) finden, bestimmen, wo das Feuer ist, und möglicherweise Entscheidungen darüber fällen, ob Menschen/Objekte gerettet oder Aktionen zur Bekämpfung des Feuers unternommen werden sollen.

Bis zu einem gewissen Grad können klassische KI-Techniken, wie sie in diesem Buch eingeführt wurden, bei mobilen Robotern verwendet werden. Einer der ersten mobilen Roboter, Shakey, konnte z.B. Planungs- und Suchtechniken nutzen, um anhand eines Modells der Welt auszuarbeiten, wie er von einem Zimmer in ein anderes kam. Er benötigte aber spezialisierte Routinen der unteren Ebene, um die Aktionen tatsächlich auszuführen. Bildverarbeitungstechniken können verwendet werden, um das Modell der Welt zu überprüfen und zu aktualisieren. Aktuelle Arbeiten haben aber das klassische KI-Verfahren in Frage gestellt. Beim klassischen Verfahren arbeiten Sie mit einem symbolischen Modell der Welt, planen, was zu tun ist, und tun es dann. Einige Verfechter der aktuellen Forschung verwerfen das Weltmodell (was fast sicherlich falsch ist) und arbeiten auf einer Ebene primitiverer Aktionen und reagieren direkt auf Wahrnehmungen aus der Umgebung. Es ist z.B. möglich, einen Roboter zu programmieren, sodass er Hindernisse umgeht oder seinen Weg um die Wände in einem Raum herum findet, ohne jemals eine interne Darstellung dieses Zimmers zu verwenden. Diese Aufgaben oder *Verhaltensweisen* (wie z.B. das Umgehen von Hindernissen) können als elementare Grundformen des neuen Verfahrens genutzt werden.

### 8.3.3 MENSCHENÄHNLICHE ROBOTER

Ein autonomer mobiler Roboter sieht kaum wie der menschenähnliche Roboter aus der Science Fiction aus, wie wir in Abbildung 8.2 sehen können. Sie können zwar nützliche Aufgaben ausführen, es ist aber unklar, wie viel sie uns darüber sagen, wie Menschen Schlussfolgerungen über ihre Umgebung ziehen und diese manipulieren. Es gibt also noch viel Arbeit auf dem Gebiet der Entwicklung menschenähnlicher Roboter, die vollständig mit Kopf, Augen, Armen, Händen, Fingern und möglicherweise sogar Beinen ausgestattet sind. Einige behaupten, dass die Konstruktion vollständiger Roboter, die mit ihrer Umgebung fast auf die gleiche Art interagieren können, wie Menschen es tun, zu einem größeren Fortschritt dabei führen werden, die menschliche Intelligenz zu verstehen und universellere intelligente Systeme zu produzieren. Dieses Verfahren steht im Gegensatz zu traditionelleren Verfahren in der künstlichen Intelligenz, sich auf eine bestimmte Aufgabe wie z .B. die Planung oder die Bildverarbeitung zu konzentrieren und anspruchsvolle isolierte Programme zu entwickeln, die mit komplexen, aber idealisierten Problemen umgehen können.

Ein Beispiel für einen menschenähnlichen Roboter ist „Cog", der am MIT (Massachusetts Institute of Technology) von Rodney Brooks und seinem Team entwickelt wurde. Cog hat einen menschenähnlichen Arm (mit elastischen Gelenken mit ähnlichen Eigenschaften wie menschliche Gelenke), einen Torso, der es ihm erlaubt, sich vorzubeugen, sich umzudrehen etc., einen Kopf, der auf einem flexiblen Hals befestigt ist, und zwei aktive „Augen", die in unterschiedliche Richtungen zeigen können. Cog ist bisher nicht sonderlich intelligent, aber durch die Wahl einer menschenähnlichen physischen Architektur als Ausgangspunkt werden interessante Probleme angesprochen, wie z.B., wie wir unsere Augen drehen, um uns auf interessante Objekte zu konzentrieren. Diese elementaren Fähigkeiten ähneln denen, die ein menschliches Baby in seinen ersten Lebenswochen lernt. Die Philosophie hinter Cog ist, dass es, um menschliche Intelligenz zu automatisieren, besser ist, damit zu beginnen, ein vollständiges menschenähnliches System mit den Fähigkeiten eines menschlichen Babys (oder sogar eines Insekts!) zu bauen, und von dort aus fortzufahren, statt sich auf die „erwachsene" Version isolierter Fähigkeiten zu konzentrieren und dann zu hoffen, dass wir in der Lage sein werden, die verschiedenen Komponenten schließlich zusammenzufügen. Die Hoffnung besteht darin, dass ein Roboter, der in der Lage ist, mit seiner Umgebung auf die gleiche komplexe Art zu interagieren wie ein Mensch, in der Lage sein wird, die fortgeschreneren Fähigkeiten zu *lernen*, statt sie als symbolische Schlussfolgerungsprogramme vorzuprogrammieren.

## 8.4 SCHLUSSFOLGERUNG

Dieses abschließende Kapitel bot eine recht kurze Einführung in das Thema intelligente Agenten, sowohl Softwareagenten als auch physische Agenten (oder Roboter). Intelligente Agenten haben praktische Anwendungsgebiete und können auch die Bandbreite der in diesem Buch eingeführten KI-Techniken nutzen, von der Wissensrepräsentation bis zur Bildverarbeitung.

Die Entwicklung vollständig autonomer Agenten, die in einer echten Umgebung arbeiten (ob in einer physischen Umgebung oder einem Computernetzwerk), führt zu neuen Problemen in der künstlichen Intelligenz. Frühe Arbeiten konzentrierten sich auf die Manipulation symbolischer Darstellungen der physischen Welt, aber diese Darstellungen waren idealisiert (perfekt, vorhersagbar) und es war niemals klar, wie ein physischer Roboter, der echte Aufgaben ausführt, diese symbolischen Modelle basierend auf ihren Interaktionen mit echten Objekten in der Welt erhalten würde.

Die aktuelle KI-Forschung widmet sich daher nun mehr der Bewältigung von Unvorhersehbarkeiten, Unsicherheit und Veränderung. Während die traditionelle Arbeit, die in diesem Buch beschrieben wurde, zu nützlichen praktischen Systemen geführt hat, erscheint es wahrscheinlich, dass dieser aktuelle Schwerpunkt auf der Bewältigung von Interaktionen in der Realität wahrscheinlich sowohl zu besseren praktischen Systemen als auch zu einem besseren Verständnis der menschlichen Intelligenz führt.

## 8.5 ZUSAMMENFASSUNG

- Intelligente Agenten sind unabhängig arbeitende Computersysteme, die in irgendeiner Umgebung arbeiten und ihr Verhalten anhand neuer empfangener Informationen anpassen können.

- *Autonome* Agenten können bis zu einem gewissen Grad eigene Entscheidungen fällen, ohne auf einen menschlichen Benutzer zurückzugreifen.

- Sie können in Softwareagenten, die in der Welt der Computer und Netzwerke arbeiten, und in physische Agenten oder Roboter, die in der physischen Welt arbeiten, aufgeteilt werden.

- Softwareagenten können als persönliche Assistenten zur Handhabung von E-Mails oder zum Sammeln von Informationen agieren oder nur Anwendungsprogrammen eine menschenähnliche Schnittstelle bieten.

- *Autonome mobile Roboter* sind mobile physische Agenten, die in der physischen Welt unabhängig arbeiten. Typische Aufgaben umfassen die Auslieferung von Waren in Gebäuden und das Zurückholen von Objekten aus unwirtlichen Umgebungen.

- Die Entwicklung von Agenten, die in einer wirklichen Umgebung arbeiten, hat zu einer Verschiebung des Schwerpunkts der aktuellen Arbeit in der KI geführt, wobei nun ein größeres Gewicht auf Unsicherheit, Veränderung und die Behandlung einfacher Aufgaben in realistischen Szenarien liegt.

## 8.6 WEITERFÜHRENDE LITERATUR

Russell und Norvig benutzen intelligente Agenten als Thema, das sich durch ihr ganzes Buch zieht (Russell und Norvig 2002), und haben ein Kapitel der Robotik gewidmet. Die meisten anderen KI-Texte beinhalten relativ wenig Material. Die meisten aktuellen Lehrbücher zur Robotik unterstreichen die technischen Themen und konzentrieren sich auf Roboterarme. Unter ihnen ist *Introduction to Robotics* von McKerrow (McKerrow 1991) ein besonders umfassender Text, der einiges Material zu mobilen Robotern und KI-verwandten Themen umfasst.

Eine nicht zu technische Einführung in die aktuelle Arbeit der künstlichen Intelligenz bieten wohl am ehesten die aktuellen Ausgaben der Zeitschriften *AI Magazine* oder *Artificial Intelligence Review*. Das *AI Journal* bietet technischere und spezialisiertere Artikel.

Siegert und Bocionek bearbeiten in Ihrem Buch die Programmierung von Robotern und gehen dabei auch auf Konzepte zur Umweltmodellierung, regelbasierte Programmierung und Multiagentensysteme ein.

Eine sehr praxisorientierte Abhandlung über mobile Roboter ist durch (Altenburg, Altenburg 2002) gegeben.

Murphy liefert eine umfangreiche theoretische und praktische Einführung in die Robotik inklusive der Themen Sensorik, Navigation, Planung und Unsicherheit (Murphy 2000).

## 8.7 ÜBUNGEN

1. Schlagen Sie einen Entwurf für einen elementaren intelligenten Agenten vor, um Artikel von Newsgroups zu beobachten und solche auszuwählen, die von Interesse sein könnten. Wie würden Sie Personen ermöglichen, ihre Interessen zu beschreiben? Wie könnten Artikel mit diesen Interessen verglichen werden? Wie könnte das Benutzerprofil basierend auf den Informationen darüber, welche Artikel der Benutzer kürzlich gelesen hat, aktualisiert werden?

2. Angenommen, Sie entwickeln einen Roboter, der in der Lage ist, sich in einem Raum zu bewegen. Es gibt verschiedene große Möbelstücke im Zimmer. Schlagen Sie zwei mögliche Verfahren vor, eines, das ein internes Modell des Raums verwendet, und eines, das kein solches Modell verwendet.

3. Wie könnte der Roboter in jedem Verfahren *Tastsinn*- oder *Bildverarbeitungs*systeme nutzen?

4. Angenommen, jemand schleicht sich ins Zimmer und verschiebt die Möbel. Welches Verfahren wäre robuster beim Umgang mit dieser veränderten Umgebung?

5. Ein einfacher Planer (wie er in Kapitel 4 beschrieben wurde) kann verwendet werden, um eine Folge von Aktionen zu finden, um verschiedene Objekte aus verschiedenen Räumen aufzusammeln und sie an bestimmten Orten abzuliefern, wenn eine einfache Darstellung des Gebäudes gegeben ist. Angenommen, der Roboter kann sich zuverlässig von einem Raum in einen benachbarten bewegen und hat (über ein Bildverarbeitungssystem) die Fähigkeit, zu ermitteln, ob ein bestimmtes Objekt sich im Raum befindet. Schlagen Sie einen Algorithmus für die *Ausführung* des Plans vor, der die *Überwachung* der Aktionen umfasst, um zu überprüfen, dass der Zustand der Welt wie erwartet ist. Wenn ein Objekt sich nicht am erwarteten Ort befindet, soll das System einen *neuen Plan erstellen*, um einen neuen Weg zu finden, damit es seine Aufgabe vollenden kann, das falsch platzierte Objekt aber ignorieren.

6. Nehmen Sie aktuelle Ausgaben des *AI Magazine*, der *Artificial Intelligence Review* oder Ähnliche in die Hand. Machen Sie sich bewusst, wie viele Artikel sich mit Unsicherheit oder Veränderung beschäftigen.

# A
# GLOSSAR

**Agent** eine Entität, die in einer externen Umgebung wahrnimmt, folgert und agiert (z.B. ein intelligenter Agent)

**Alpha-Beta-Algorithmus** Methode zur Verbesserung der Effizienz bei der Minimaxsuche, die für Spielsysteme verwendet wird

**Arbeitsspeicher (working memory)** Teil eines Expertensystems, das verwendet wird, um Tatsachen darzustellen, die bei einem aktuellen Problem als wahr angesehen werden

**autonom (autonomous)** imstande sein, ohne externe Kontrolle oder Eingreifen zu funktionieren (z.B. autonome Agenten, autonome mobile Roboter)

**Backpropagation** ein Lernalgorithmus, der für neuronale Netze verwendet wird

**Backtracking** Rückkehr zu einem vorherigen Auswahlpunkt in einer Suche, um andere Alternativen zu untersuchen

**Bayes'sches Theorem** Regel für die Berechnung der Wahrscheinlichkeit einer Hypothese mit gegebenen Beweisen , die auf anderen verfügbaren Wahrscheinlichkeiten basieren

**bedingte Wahrscheinlichkeit (conditional probability)** Wahrscheinlichkeit, dass etwas wahr ist, unter der Bedingung, dass andere Ereignisse eingetreten sind

**Bedingungs-Aktions-Regel (condition-action rule)** Begriff, der manchmal für Regeln in Expertensystemen verwendet wird, bei denen eine Aktion immer dann ausgeführt werden soll, wenn eine Bedingung erfüllt ist

**Bestensuche (best first)** Suchstrategie, die Heuristiken verwendet, um die Suche zu leiten, und zuerst nach den vielversprechendsten Knoten sucht

**Beweistheorie (proof theory)** Theorie, die angibt, welche Schlussfolgerungen in einer Logik gültig sind

**Breitensuche (breadth first)** Suchstrategie, die die Untersuchung aller Knoten in einem Baum bis zu einer bestimmten Tiefe (von der Wurzel aus) umfasst, bevor Knoten weiter unten im Baum untersucht werden

**Brute Force** Suchstrategie, die keine Intelligenz oder Heuristiken verwendet

**Chinesisches Zimmer (Chinese room)** Gedankenexperiment, das von Searle vorgeschlagen wurde, um zu zeigen, dass sich ein System intelligent verhalten könnte, ohne intelligent zu sein

**datenorientiert (data-driven)** Suche oder Inferenz, die mit Daten beginnt und versucht, sich vorzuarbeiten, um neue Schlüsse zu ziehen oder ein Ziel zu finden. Bildet den Gegensatz zu zielorientiert; siehe auch Vorwärtsverkettung

**deklarativ (declarative)** darstellen, *was* wahr ist, und nicht, *wie* etwas getan werden sollte (vgl. procedural)

**Differenzoperator (difference operator)** Funktion, mit der Kanten in einem Bild basierend auf den Differenzen zwischen Intensitätswerten in nahe gelegenen Pixeln gefunden werden

**Domäne (domain)** Themenbereich (z.B. Medizin). In der Logik hat der Begriff eine etwas andere Bedeutung, die sich auf die Menge von Objekten bezieht, die berücksichtigt werden, wenn die Bedeutung einer Aussage angegeben wird.

**dynamische Zeitanpassung (dynamic time warping)** Methode, die in der Spracherkennung verwendet wird, um die Tatsache auszugleichen, dass Wörter mit unterschiedlichen Geschwindigkeiten gesprochen werden können

**Entscheidungsbaum (decision tree)** Baumstruktur, bei der jeder Knoten mit einem Test oder einer Frage beschriftet ist, jeder Ast mit den möglichen Antworten und Endknoten mit einer Entscheidung oder Lösung. Indem der Baum durchwandert wird, Fragen beantwortet werden und den entsprechenden Ästen gefolgt wird, erreicht man Endknoten und es kann eine Entscheidung gefällt werden

**Erklärungssystem (explanation system)** Komponente eines Expertensystems, die genutzt wird, um Erklärungen oder Grundprinzipien für die Schlussfolgerungen zu liefern, die von einem System gezogen wurden

**Expertensystem** System, das spezielles Fachwissen verkörpert (z.B. medizinisches Wissen)

**Expertensystem-Shell** Gerüst eines Expertensystemprogramms, das die (relativ) einfache Erstellung neuer Expertensysteme erlaubt, indem neues Expertenwissen hinzugefügt wird

**fallspezifische Daten (case-specific data)** Daten, die spezifisch für ein bestimmtes Problem oder einen Fall in einem Expertensystem sind (z.B. Daten über einen bestimmten Patienten)

**fortlaufende Sprache (continuous speech)** natürliche Sprache ohne absichtliche Pausen

**Frame** datensatzähnliche Struktur, die verwendet wird, um Wissen darzustellen. Ein Frame wird verwendet, um einfache Tatsachen über ein Objekt oder eine Klasse als Slots und Slot-Werte darzustellen. Die Vererbung wird genutzt, um Folgerungen zu ziehen.

**Frequenzspektrogramm (frequency spectrogram)** zeigt die Energiemenge in verschiedenen Frequenzbereichen an (wenn z.B. eine Sprachaufzeichnung gegeben ist)

**genetischer Algorithmus (genetic algorithm)** Suchalgorithmus, der beim maschinellen Lernen verwendet wird und die Generierung neuer Lösungskandidaten umfasst, indem zwei „Elternteile" mit hohen Bewertungen kombiniert werden

**Heuristik** wird im Allgemeinen verwendet, um auf „Faustregeln" zu verweisen, die genutzt werden, um intelligente Vermutungen darüber anzustellen, was zu tun ist. In der Suche wird der Begriff spezifischer verwendet, um auf eine Schätzung der Kosten oder der Entfernung von einem bestimmten Knoten zu einer Lösung zu verweisen.

**heuristische Suche (heuristic search)** Suchmethoden, die Heuristiken nutzen

**Hierarchie** Baumstruktur, in der allgemeinere (oder dominantere) Klassen oder Objekte über den Klassen oder Objekten erscheinen, die sie beherrschen

**Hill-Climbing** Suchstrategie, bei der immer der beste Nachfolger des aktuellen Knotens verfolgt wird

**Hough-Transformation (Hough transform)** Methode, um Merkmale (z.B. Linien) in einem Bild zu finden, indem danach gesucht wird, wie viele Kantenpunkte auf jedes mögliche Merkmal fallen

**induktives Lernen (inductive learning)** das Lernen einer allgemeinen Regel aus einer Menge von Beispielfällen (mit Lösungen)

**Inferenzmaschine (inference engine)** Teil eines Expertensystems, das für neue Folgerungen anhand der aktuellen Daten und Ziele verantwortlich ist

**Inferenzadäquatheit (inferential adequacy)** die Fähigkeit eines Systems, eine Reihe unterschiedlicher Arten von Schlussfolgerungen zu ziehen

**Kantenerkennung (edge detection)** Computer-Bildverarbeitungstechnik. Es werden schnelle Veränderungen in der Helligkeit eines Bilds aufgespürt, die wahrscheinlich Kanten von Objekten entsprechen.

**Klasse (class)** Gruppe von Elementen mit ähnlichen Charakteristiken

**Klassifizierung (classification)** Zuordnung eines Objekts zu einer bestimmten Kategorie oder Klasse basierend auf seinen Merkmalen

**kombinatorische Explosion (combinatorial explosion)** Begriff, der verwendet wird, um ein Problem mit exponentieller Komplexität zu bezeichnen, bei dem eine minimale Vergrößerung der Gewichtigkeit eines Problems eine „Explosion" der Lösungsmöglichkeiten verursacht, die bei der Suche nach einer Lösung berücksichtigt werden müssen

**Konfliktlösungsstrategie (conflict resolution strategy)** Methode, um zu entscheiden, welche Regel ausgelöst werden soll, wenn bei mehr als einer Regel die Bedingungen erfüllt sind. Sie wird in regelbasierten Systemen mit Vorwärtsverkettung verwendet.

**maschinelles Lernen (machine learning)** automatisches Lernen von neuem Wissen z.B. aus vergangenen Fällen, Erfahrungen oder Untersuchungen

**mehrfache Vererbung (multiple inheritance)** Vererbung aus mehreren unterschiedlichen Quellen (wenn eine Klasse mehrere Elternteile haben kann)

**Minimax** Algorithmus zum Spielen von Spielen, der auf der Annahme basiert, dass der Gegner versuchen wird, Ihren Vorteil bei jedem Zug zu minimieren

**Mittel-Ziel-Analyse (means-ends analysis)** Problemlösungsmethode, die versucht, Aktionen zu finden, die den Unterschied zwischen dem aktuellen Zustand und dem Ziel verringern

**Morphologie (morphology)** Studium der Form und Struktur von Wörtern

**Mustererkennung (pattern recognition)** Klasse von Methoden, um einem Objekt die zugehörige Kategorie zuzuordnen, basierend auf seinem (häufig visuellen) Muster (z.B. die Identifizierung von handgeschriebenen Buchstaben anhand eines Bilds)

**natürliche Sprache** eine menschliche Sprache (wie Deutsch) statt einer Computersprache

**Ableitungsbaum (parse tree)** Baumdarstellung der syntaktischen Struktur eines Satzes

**Perzeptron** einfaches neuronales Netz

**Phonem** Grundeinheit der Sprache, Teil eines Worts (z.B. „t")

**Pixel** punktähnliches Grundelement eines digitalen Bilds; Bildpunkt

**Prädikatenlogik (predicate logic)** eine Logik, die in der KI für die Repräsentation von Wissen stark verbreitet ist

**Pragmatik (pragmatics)** Stadium der Sprachanalyse, die den Kontext berücksichtigt, in dem etwas gesagt wurde

**Produktionsregel (production rule)** Begriff, der für IF-THEN-Regeln in regelbasierten Expertensystemen verwendet wird (Die Bedeutung des Begriffs ist in anderen Bereichen der Computerwissenschaft etwas anders.)

**prozedural (procedural)** darstellen, *wie* etwas getan werden sollte (Prozeduren), und nicht, *was* wahr ist (vgl. deklarativ)

**Folgerungs-Instandhaltung (Reason Maintenance)** Aufzeichnung der Rechtfertigungen für Folgerungen, sodass alle Tatsachen, die von einer Tatsache abgeleitet wurden, entfernt werden, wenn diese Tatsache entfernt wird

**regelbasiertes System (rule-based system)** Expertensystem, das auf der Verwendung von IF-THEN-Regeln für die Repräsentation von Wissen basiert

**Repräsentationsadäquatheit (representational adequacy)** Fähigkeit, komplexe Tatsachen darzustellen

**Resolution** eine Schlussregel und einfache Beweisprozedur, die auf dieser Schlussregel basiert; wird in der Prolog-Programmiersprache verwendet

**Roboter** System, das in der Lage ist, physische Objekte in der Welt zu manipulieren, normalerweise mit Hilfe von Sensoren

**Rückwärtsverkettung (backward chaining)** Methode, die in der Problemlösung verwendet wird. Bei dieser Methode wird mit einem Ziel oder einer Hypothese begonnen und man arbeitet mit den gegebenen Regeln rückwärts, um festzustellen, welche Tatsachen notwendig sind, um das Ziel zu erreichen.

**Schlussregel (inference rule)**  Regel, die angibt, was aus bestehenden Tatschen in einer Logik gültig gefolgert werden kann (z.B. Modus Ponens)

**Semantik (semantics)**  die Bedeutung einer Aussage (ob ein Satz in einer natürlichen Sprache, eine Aussage in einer Programmiersprache oder eine Aussage in einer Logik). Sie wird außerdem verwendet, um auf das Stadium des natürlichsprachlichen Verständnisses zu verweisen, das sich mit der Ableitung der Bedeutung eines Satzes beschäftigt.

**semantisches Netz (semantic network)**  Wissensrepräsentationsschema, das auf Netzen von Knoten und Verbindungen basiert, die normalerweise Objekte und Beziehungen zwischen Objekten darstellen

**Konfidenzfaktoren (certainty factors)**  Maß der Wahrscheinlichkeit, dass eine Tatsache oder eine Schlussfolgerung wahr ist. Sie werden häufig in regelbasierten Expertensystemen verwendet.

**Spielbaum (game tree)**  Baum, der alle möglichen Züge in einem Spiel darstellt, normalerweise bis hinunter zu einer bestimmten Tiefenbegrenzung

**Sprechakt (speech act)**  Aktion, die durch das Sprechen einer Äußerung durchgeführt wird (z.B. ein Befehl)

**Spracherkennung (speech recognition)**  die Erkennung von Wortfolgen aus einem Sprachsignal

**Sprachverständnis (speech understanding)**  die Bestimmung der Bedeutung eines Satzes aus einem Sprachsignal

**Standardwert (default value)**  Wert, der angenommen wird, wenn keine genaueren Informationen verfügbar sind

**subsymbolisch (subsymbolic)**  Darstellung des Wissens in der Art, dass es keine bedeutungsvollen „Symbolstrukturen" gibt (z.B. neuronale Netze)

**Suchbaum (search tree)**  Baumdarstellung des Suchraums, die zeigt, wie mögliche Lösungen von einem anfänglichen Zustand aus erreicht werden können

**Suchraum (search space)**  Menge aller möglichen Knoten, die bei einem bestimmten Suchproblem berücksichtigt werden müssen (normalerweise diejenigen, die von einem Startknoten aus erreichbar sind)

**Suchstrategie (search strategy)**  Strategie für die Kontrolle einer Suche (in einem Graphen oder Baum) nach einem Zielknoten oder -zustand

**Symbolstrukturen (symbol structures)**  Datenstrukturen, die aus Symbolen bestehen, die Objekte oder Konzepte bezeichnen. Der Großteil des KI-Wissens wird auf diese Art dargestellt.

**Syntax**  zulässige Organisation von Bestandteilen in einer Sprache. Die Syntax des Deutschen definiert z.B. zulässige Kombinationen von Wörtern in einem Satz. Sie wird auch verwendet, um auf das Stadium des Sprachverständnisses zu verweisen, das sich mit der Ermittlung der Struktur eines Satzes beschäftigt.

**Tiefensuche (depth first)**  Suchstrategie, bei der ein bestimmter Ast eines Suchbaums in seiner ganzen Länge untersucht wird, bevor andere Äste untersucht werden

**Turing-Test**  Test, der vorgeschlagen wurde, um eine menschenähnliche Intelligenz zu prüfen, indem die Fähigkeit eines Computerprogramms, willkürliche Fragen zu beantworten, mit der eines Menschen verglichen wird

**Vererbung (inheritance)**  Folgern neuer Tatsachen, indem angenommen wird, dass das, was für allgemeine Klassen wahr ist, (normalerweise) auch für Unterklassen und Instanzen einer Klasse wahr ist

**Versionenraum-Methode (version space learning)**  induktive Lernmethode, die auf einem bestimmten Algorithmus für die Suche in einem Raum von Hypothesen basiert

**Vorwärtsverkettung (forward chaining)**  Methode, die bei der Problemlösung verwendet wird, die die Anwendung von Regeln beginnend mit den Daten umfasst und aus diesen Daten Schlussfolgerungen zieht (vgl. Rückwärtsverkettung)

**Wahrscheinlichkeitsverhältnis (likelihood ratios)**  Verhältnis, das bedingte Wahrscheinlichkeiten in einer Form ausdrückt, die bestimmte Berechnungen vereinfacht

**Wissensakquisition (knowledge acquisition)**  die Akquisition von speziellem Wissen von Experten in einer Form, die in einem Expertensystem verwendet werden kann

**Wissensbasis (knowledge base)**  Sammlung von Tatsachen und Regeln, die das Wissen des Spezialisten in einem Expertensystem einfangen

**Wissensingenieur (knowledge engineer)**  KI-Spezialist, der sich mit der Entwicklung von Expertensystemen beschäftigt

**zielorientiert (goal driven)**  Inferenzmethode, die mit der Hypothese oder dem Ziel beginnt und sich zu den Daten zurückarbeitet

**kompositionelle Semantik (compositional semantics)**  Methode, um die Bedeutung eines Satzes durch Kombination der Bedeutung seiner syntaktischen Bestandteile herauszufinden

**Zustandsraum (state space)**  Menge von erreichbaren Problemzuständen, die bei der Suche nach der Lösung eines Problems durchsucht wird

**Zustandsraumsuche (state space search)**  Lösung eines Problems durch das Durchsuchen der möglichen Problemzustände, die von einem Anfangszustand aus erreicht werden können

# LITERATURVERZEICHNIS

Allen, J. F. *Natural Language Understanding*. Redwood City, CA: Benjamin/Cummings, 1995.

Ballard, D. H. und Brown, C. M. *Computer Vision*. Englewood Cliffs, NJ: Prentice Hall, 1982.

Barr, A. und Feigenbaum, E. A. (Hrsg.) *The Handbook of Artificial Intelligence*. Stanford und Los Altos, CA: HeurisTech Press and William Kaufmann, 1982.

Beale, R. und Jackson, T. *Neural Computing: An Introduction*. Bristol, UK: Institute of Physics Publishing, 1990.

Bratko, I. *Prolog Programming for Artificial Intelligence (third edition)*. Reading, MA: Addison-Wesley, 2000.

Buchanan, B. G. und Shortliffe, E. H. (Hrsg.) *Rule-Based Expert Systems: The MYCIN Experiments of the Stanford Heuristic Programming Project*. Reading, MA: Addison-Wesley, 1984.

De Dombal, F. T. "Computer-aided decision support – the obstacles to progress". *Methods of Information in Medicine*, 26 (1987), 183-184.

Dean, T. *Artificial Intelligence: Theory and Practice*. Redwood City, CA: Benjamin/Cummings, 1995. Eine aktuellere Auflage mit zwei Koautoren ist bereits erschienen: Dean, T., Allen, J. und Aloimonos, Y. *Artificial Intelligence: Theory and Practice.*, Redwood City, CA: Benjamin/Cummings. 2002

Foley et al. *Introduction to Computer Graphics.* Korrigierter Nachruck. Boston. Addison-Wesley, 1997.

Gazdar, G und Mellish, C. *Natural Language Processing in Prolog*. Reading, MA: Addison-Wesley, 1989.

Ginsberg, M. *Essentials of Artificial Intelligence*. Los Altos, CA: Morgan Kaufmann, 1993.

Heckermann, D. E., Horvitz, E. J. und Nathwani, B. N. 1992. "Towards normative expert systems: Part I. The Pathfinder project". *Methods of Information in Medicine*, 31: 2 (1992), 90-105.

Holmes, J. *Speech Synthesis and Recognition*. Wokingham, UK: Van Nostrand Reinhold, 1988. Eine aktuellere Auflage mit einem Koautor ist 2001 erschienen: Holmes, J., und Holmes, W. *Speech Synthesis and Recognition*. Wokingham, UK: Van Nostrand Reinhold, 2001.

Jackson, P. *Introduction to Expert Systems (third edition)*. Reading, MA: Addison-Wesley, 1999.

Jain, R. C. *Machine Vision*. New York, NY: McGraw-Hill, 1995.

Jurafsky, D. und Martin, J. H. *Speech and Language Processing.* Englewood Cliffs, NJ: Prentice Hall, 2000.

Lucas, P. und van der Gaag, L. *Principles of Expert Systems.* Wokingham, UK: Addison-Wesley, 1991.

Luger, G. F. und Stubblefield, W. A. *Artificial Intelligence: Structures and Strategies for Complex Problem Solving.* 3. Aufl. Redwood City, CA: Benjamin/Cummings, 1993. 4. Aufl., Harlow, UK: Addison-Wesley, 2002.

Manning, C. D. und Schütze, H. *Foundations of Statistical Natural Language Processing.* Cambridge, CA: MIT Press, 1999.

Marr, D. *Vision.* San Francisco, CA: W.H. Freeman and Company, 1982.

Mckerrow, P. J. *Introduction to Robotics.* Wokingham, UK: Addison-Wesley, 1991.

Miller, R. A., Pople, H. E. und Myers, J. D. "Internist-I, an experimental computer-based diagnostic consultant for general internal medicine". *The New England Journal of Medicine,* 307 (1982), 468-476.

Murphy, R. *An Introduction to AI Robotics (Intelligent Robotics and Autonomous Agents).* Cambridge, MA: MIT Press, 2000.

Nalwa, V. S. *A Guided Tour of Computer Vision.* Reading, MA: Addison-Wesley, 1993.

Pereira, F. C. N. und Shieber, S. M. *Prolog and Natural Language Analysis.* Stanford, CA: Center for the Study of Language and Information (CSLI), 1987.

Pratt, I. *Artificial Intelligence.* Basingstoke, UK: Macmillan, 1994.

Rich, E. und Knight, K. *Artificial Intelligence.* New York, NY: McGraw-Hill, 1991.

Russell, S. und Norvig, P. *Artificial Intelligence: A Modern Approach.* 2. Aufl., Englewood Cliffs, NJ: Prentice Hall, 2003.

Searle, J. R. "Minds, brains and programs". *Behavioural and Brain Sciences,* 3 (1980), 417-457.

Shapiro, S. C. *Encyclopaedia of Artificial Intelligence.* New York, NY: Wiley, 1992.

Turban, E. *Expert Systems and Applied Artificial Intelligence.* New York, NY: Macmillan, 1992.

Turing, A. M. 1950. "Computing machinery and intelligence". *Mind,* 59 (1950), 433-460.

# DEUTSCHSPRACHIGE PUBLIKATIONEN

Altenburg, J. und Altenburg, U. *Mobile Roboter: Vom einfachen Experiment zur Künstlichen Intelligenz.* Leipzig: Fachbuchverlag Leipzig, 2002

Braun, H., Feulner, J. und Malaka, R. *Praktikum Neuronale Netze.* Korrigierter Nachdruck der 1. Aufl., Heidelberg: Springer Verlag, 1997.

Bungartz, H.-J., Griebel, M. und Zenger, C. *Einführung in die Computergraphik: Grundlagen, Geometrische Algorithmen, Modellierung.* Vieweg, 2002.

Görz, G. (Hrsg.) *Handbuch der Künstlichen Intelligenz.* München: Oldenbourg, 2000.

Heinsohn, J. und Socher-Ambrosius, R. *Wissensverarbeitung. Eine Einführung.* Heidelberg: Spektrum Akademischer Verlag, 1999.

Kandel, E., Schwartz, J. und Jessel, T. *Neurowissenschaften: Eine Einführung.* Heidelberg: Spektrum Akademischer Verlag, 1996.

Luger, G. F. *Künstliche Intelligenz: Strategien für die Lösung komplexer Probleme.* 4. Aufl. München: Pearson Studium, 2001.

Schöning, U. *Logik für Informatiker.* Heidelberg: Spektrum Akademischer Verlag, 2000.

Siegert, H.-J. und Bocionek, S. *Robotik: Programmierung intelligenter Roboter.* Heidelberg: Springer Verlag, 1996

Zell, A. *Simulation Neuronaler Netze.* München: Addison-Wesley, 2000.

# REGISTER

# Datenbanksysteme im Klartext

Fred D. Rolland

## Zum Buch:

»Datenbanksysteme im Klartext« richtet sich an Leser, die sich erstmals mit dem Thema Datenbanken befassen. Rolland deckt die Grundlagen ab, die in allen einführenden Vorlesungen zum Thema behandelt werden: Datenmodellierung, Datenbankentwurf, relationale Datenbanken und SQL sowie ältere Datenbankmodelle. Er verzichtet in seiner Beschreibung der grundlegenden Konzepte der Datenbanktechnologie weitgehend auf mathematische Formalismen und wählt einen praktischen Ansatz. Die Benutzung von Datenbanksystemen wird dementsprechend ausführlicher erläutert als z.B. die Entwurfstheorie. Zu jedem Kapitel gibt es zahlreiche Übungen, die ein durchgehendes Beispiel haben.

## Aus dem Inhalt:

– Grundlagen
– Entwurf von Datenbanken
– Relationale Datenbanken
  Grundlegende Konzepte
– Verteilte Datenbanksysteme
– Relationale Datenbanken
  Entwurf
– Relationale Datenbanken SQL

– Traditionelle Datenbankmodelle
– Objekt-orientierte Datenbanken
– Internes Management
– Bibliografie

## Über den Autor:

*Fred Rolland war Dozent für Informatik an der Manchester Metropolitan University.*

*ISBN: 3-8273-7066-3*
*€ 17,95; sFr 28,50*
*ca.220Seiten*
*ET 4.03*

| informatik | datenbanken |

*Pearson-Studium-Produkte erhalten Sie im Buchhandel und Fachhandel*
*Pearson Education Deutschland GmbH • Martin-Kollar-Str. 10 – 12 • D-81829 München*
*Tel. (089) 46 00 3 - 222 • Fax (089) 46 00 3 - 100 • www.pearson-studium.de*

# Computerprojekte im Klartext

Christian W. Dawson

## Zum Buch:

»Computerprojekte im Klartext« leitet den Studierenden zur erfolgreichen Durchführung von Computerprojekten an. Projekte unterschiedlichen Umfangs und Schwierigkeitsgrades sind ein wichtiger Bestandteil des Studiums. Dawsons Buch erläutert die systematische Planung und Durchführung eines Projekt in einem wissenschaftlichen Umfeld. Er stellt die unterschiedlichen Möglichkeiten der schriftlichen und mündlichen Präsentation der Projekts und der Ergebnisse vor und weist auf die Unterschiede zwischen akademischen und kommerziellen Projekten hin. Die bei der Projektarbeit im Studium erworbenen Fähigkeiten sind für den Studierenden auch im späteren Berufsleben von großer Bedeutung.

## Aus dem Inhalt:

– Einführung: was sind Computerprojekte
**Teil I: Grundlagen des Projekts**
– Auswahl eines Projekt und Verfassen eines Projektantrags
– Projektplanung
**Teil II: Realisierung des Projekts**
– Literaturrecherche und -auswertung
– Durchführung des Projekts
**Teil III: Präsentation des Projekts**
– Präsentation in schriftlicher Form
– Andere Präsentationsformen
– Abschließende Überlegungen
– Bibliografie

## Über den Autor:

*Christian Dawson* ist Dozent für Informatik an der *Loughborough University.*

*ISBN: 3-8273-7067-1*
*€ 17,95; sFr 28,50*
*ca.220Seiten*
*ET 4.03*

Klartext   Computerprojekt

*Pearson-Studium-Produkte erhalten Sie im Buchhandel und Fachhandel*
*Pearson Education Deutschland GmbH • Martin-Kollar-Str. 10 – 12 • D-81829 München*
*Tel. (089) 46 00 3 - 222 • Fax (089) 46 00 3 - 100 • www.pearson-studium.de*

# Diskrete Mathematik im Klartext

Neville Dean

## Zum Buch:

»Diskrete Mathematik im Klartext« diskutiert grundlegende Begriffsbildungen (Definitionen) der diskreten Mathematik in sehr ausführlicher und elementarer Form. Das Buch bietet Studierenden, die Mathematik eher als schwierig empfinden, einen schrittweisen Einstieg in das Thema. Dean beginnt bei der Mengenlehre und Logik und erklärt die Konzepte mit zahlreichen gerechneten Beispielen bis der Leser sicher damit umgehen kann. Die folgenden Kapitel befassen sich mit Relationen und Funktionen, die intuitiv eingeführt und dann erläutert werden. Anschließend zeigt der Autor die praktische Anwendung. Zu jedem Kapitel gibt es zahlreiche Aufgaben mit Lösungen im Buch oder auf der Website.

## Aus dem Inhalt:

– READ.ME
– Einführung in die Mengenlehre
– Aussagenlogik
– Prädikatenlogik
– Relationen
– Homogene Relationen
– Mathematische Modelle
– Ausblick
– Anhang: Selbsttest-Fragen
– Glossar

## Über den Autor:

*Neville Dean* ist Dozent für Informatik an der *Anglia Polytechnic University in Cambridge.*

*ISBN: 3-8273-7069-8*
*€ 17,95; sFr 28,50*
*ca.220Seiten*
*ET 4.03*

Klartext | Diskrete Mathemetik

*Pearson-Studium-Produkte erhalten Sie im Buchhandel und Fachhandel*
*Pearson Education Deutschland GmbH • Martin-Kollar-Str. 10 – 12 • D-81829 München*
*Tel. (089) 46 00 3 - 222 • Fax (089) 46 00 3 - 100 • www.pearson-studium.de*

# Logik im Klartext

John Kelly

## Zum Buch:

»Logik im Klartext« geht das Thema Logik praktisch an. In einem eher informellen Stil zeigt Kelly zunächst den Umgang mit dem »Handwerkszeug« des Logikers, zu dem auch »Daumenregeln« gehören. Nachdem der Leser mit dem nötigen Rüstzeug vertraut ist, wird der Stil des Buches formaler und der Autor beschreibt, wie Probleme in formalen Begriffen ausgedrückt werden und welche möglichen Wege es für den mathematischen Beweis eines logischen Satzes gibt. Die zahlreichen Übungsaufgaben in den einzelnen Kapiteln lassen den Leser das gerade Gelernte Ausprobieren und Üben. Die ausführlich erläuterten Beispiele zu Sätzen und Definitionen stammen überwiegend aus dem Bereich der theoretischen und angewandten Informatik

## Aus dem Inhalt:

– Wahrheitstafeln
– Semantische Tableaux
– Natürliche Deduktion
– Axiomatische Aussagenlogik
– Widerspruch in der Aussagenlogik
– Einführung in die Prädikatenlogik
– Eine axiomatische Betrachtung der Prädiktenlogik
– Semantische Tableaux in der Prädikatenlogik
– Widerspruch in der Prädikatenlogik
– Anhang: Glossar Bibliografie

## Über den Autor:

*John Kelly* war Dozent für Informatik am *University College in Dublin.*

*ISBN: 3-8273-7070-1*
*€ 17,95; sFr 28,50*
*ca.220Seiten*
*ET 4.03*

Klartext    Logik

*Pearson-Studium-Produkte erhalten Sie im Buchhandel und Fachhandel*
*Pearson Education Deutschland GmbH • Martin-Kollar-Str. 10 – 12 • D-81829 München*
*Tel. (089) 46 00 3 - 222 • Fax (089) 46 00 3 - 100 • www.pearson-studium.de*